通訳者と戦後日米外交

鳥飼玖美子

みすず書房

通訳者と戦後日米外交　目次

第1章　はじめに

1　透明な存在

通訳者とは見えない存在である。見えてはいけない存在と言っても良い。国連のロシア語通訳者として知られ、ソ連外交で活躍したイゴール・コーチロフ（Igor Korchilov）は、通訳について、こう語っている。

「通訳者は、声は聞こえるが姿は見せないものとされている」[1]（1997, p. 19）

しかし現実には、通訳者は姿を見せないだけでなく、自らの声も発してはいない。通訳者が語るのは他人の言葉であって、自分の言葉ではないからである。その意味で、通訳者は無言である。存在しているが、存在していない。以下の記事が、それを端的に物語っている。

アイゼンハワーとフルシチョフ、カーターとブレジネフ、レーガンとゴルバチョフ。これらの首脳が写っているどの写真にも、細身で黒髪の男性が中央に立っている。無名の存在。しかし不可欠な存在。［…］スコドレフは、存在しているが存在していない。自我を捨て、話し手の中に入りこみ、話し手の感情を我が感情としてその言葉を語る。

（インターナショナル・ヘラルド・トリビューン、二〇〇五年一〇月一～二日）

この記事が取り上げているビクター・スコドレフ（Viktor Sukhodrev）は、三〇年以上にわたり、超大国の首脳会談に同席し、瀬戸際の外交交渉に携わってきた、「通訳の王」である。だが、この記事の中に登場する大統領などの固有名詞を置き換えると、これはそのまま日本の外交通訳者にもあてはまる。「そこにいるけれど、いない存在」、「必要不可欠な存在であるのに、無名の存在」。常に、二人の人間の間に立ち、新聞写真のキャプションで首相や閣僚などが紹介される際は、「〇〇大統領、一人おいて、△△首相」となる、一人だけ名無しの存在。「一人おいて」と呼ばれて終わる存在。ゴフマン（Goffman, 1990）の言葉を借りれば、「ノン・パーソン（non-person）」――人間であって人間ではない存在なのが通訳者である。通訳者が「私」と言えば、それは通訳者のことではなく、発言をした話者を指す。通訳者は、「自我」を封印するところから、仕事が始まると言って良い。

心理学者のエリクソン（Erick H. Erikson, 1968）はアイデンティティ研究で知られるが、マイノリティの若者の「アイデンティティ」を語る中で、アフリカ系アメリカ人作家についてのエリソン（Ralph Ellison）による描写を引用し、「聞かれることがなく」「見えることのない」「名もなく」「顔のない」「歴史の外に横たわる顔なき顔、声なき声」と述べている（p. 25）。「歴史の外に横たわる顔なき顔、声なき声」――これはそのまま歴史上の通訳者に当てはまる言葉である。

たとえば、サンフランシスコ平和条約締結五〇周年を記念して二〇〇一年、日米両国で三冊が同時出版され[2]、第二次世界大戦後の日米関係における政治・経済・軍事・文化などの諸分野について第一線の日米研究者による戦後日米関係の総括とも言える論考が収められている。しかし、そのいずれにも「通訳者の存在」「通訳者が果たした役割」について言及したものはない。

これは、しかし、例外的な事象ではなく、むしろ一般的なことと考えて良い。

そもそも外交交渉についての公式記録に通訳者の姿はなく、議事録にも残っていない。戦後の日米間交渉の記録にしても、会談内容を通訳した言葉が記録されるわけではなく、公式記録は通常、英語を正としており（細谷 1999, p. xi）、外務省が提供した日本語訳は添えられているが、翻訳者についての記載はない。会談出席者氏名は記録されているが、通訳者の氏名が掲載されることはほぼ皆無である。唯一ともいえる例外は、一九六三年一一月二六日、池田勇人首相とラスク国務長官との間で行われた会議の覚書に[3]、「James Wickel, L. S., Interpreter」という記載が残されているくらいである。ただし、これも英文記録に残されているだけであり、日本側通訳者についての言及はない[4]（p. 582）[5]。しかも米国国務省言語部に非公式に確認したところ、通訳者氏名が記録に残るのは極めて異例であるとの回答であった。この訪米より以前の一九六一年六月二一日、池田首相とケネディ大統領との首脳会談がポトマック川の船上で行われたが、この「ヨット会談」について、米国側の記録には、「出席者はケネディ大統領、池田首相、宮沢議員」そして「アメリカ側の通訳者」（p. 525）と記されている。不可欠にして、無名の存在、それが通訳者である。

日本では、通訳者は「黒衣」と呼ばれる。歌舞伎に登場する「黒衣」(正式には「くろご」であるが、最近は「くろこ」と発音し表記も「黒子」とされることが多くなっている)は、文字通り、黒い衣を身に纏い、舞台上で小道具を出したり片付けたりなど、役者を補佐する役割を果たすが、あくまでも見えない存在として扱われる(Kodama, 2000, p. 49)。無論、舞台にいるのであるから、実際には見えてしまうのだが、黒い衣を纏うことで、「観客には見えない」という暗黙の約束事になっている。

通訳者も似たような存在である。主たる発言者と同じ場に立ち、対話の橋渡しという役割を果たしながら、見えない存在、透明人間として扱われる。

皮肉なのは、透明な存在である通訳者が突如、姿を現すのは、誤訳を指摘された際である。コーチロフ(Korchilov, 1997)によれば、「通訳に問題がない時には、通訳者が注目されることはない。通訳者がスポットライトを浴びるのは、何か誤りを犯した時だけ」(p. 19)であり、「良い通訳というのは空気のようなものだ。汚れるまで誰も気がつかない存在で、ふつうに通訳している時には誰も気がつかないのに、ちょっとしたミスをした途端に、注目が集まる」(p. 261)。しかし、誤訳が話題となり世間から糾弾されることがあっても、通訳者は弁明することもなく、その場も与えられず、黙して語らない。通訳した内容についての守秘義務が職業倫理だからである。通訳者は秘密を墓場まで持って行く、と言われる所以である。

2 通訳の歴史

近年、通訳翻訳の歴史に関する書が出版数を増やしてきているが、その多くは「翻訳」についてである。

たとえば、国際翻訳家連盟（Fédération internationale des traducteurs, ＦＩＴ）の協力でユネスコが一九九五年に出版した *Translators through History* は、古代から現在に至るまでの「翻訳史」であるが、全九章あるうち、「通訳の歴史」を扱っているのは最終章のみである。これは「通訳」が最近になって始まり歴史が浅いからではない。また、「国際翻訳家連盟」が翻訳を主として扱っているということでもない。英語の translator は広義には、翻訳者だけではなく通訳者も含み、「国際翻訳家連盟」には世界各国の通訳者も会員として参加している。

通訳が人間の歴史に深く関わりながら、その存在が語られないのは、「話し言葉は消えてしまう」からだと前掲書を執筆したデライル＆ウッヅワース（Delisle & Woodsworth, 1995, pp. 245-246）は説明する。紀元前三〇〇〇年のエジプトには「通訳」を意味するヒエログリフが存在したことが分かっており、古代から通訳者は欠かせない役割を果たしてきたことが想像されるが、ルネッサンス以前は通訳に関して言及されることは稀であった（Roditi, 1982）。通訳者についての記録が少ない事情には幾つか理由が考えられる。ひとつには、話し言葉より書き言葉が重視される傾向が強く、書かれた文書が残る翻訳の方が歴史として記憶されやすかったこと。通訳の場合、残されている資料は主として手紙や日記、伝記などで、通訳そのものに言及したものが稀であったこと。さらには、異文化を繋ぐ仲介としての通訳者が、「民族的文化的なハイブリッド」であり、多くの場合、女性や奴隷など社会の底辺に位置する存在だったこと。これら複合的な理由から、通訳は歴史で正当な場を与えられなかった、というのがデライル＆ウッヅワース（1995, pp. 245-246）の見解である。結果として、きちんとした記録が残されていないことから、通訳史の空白を埋めることは容易ではない。

上記の状況は日本の事情とは異なる面もあるが、歴史に埋もれている点は同様である（日本における通訳については、第3章で詳述する）。しかし、歴史上その存在が無視されていたとはいえ、コミュニケーションの場で、異文化が邂逅する場で、通訳者が重要な役割を果たしてきた事実は否めない。アンダーソン（1976）が指摘したように、「通訳者が果たす役割は集団の組織構成や相互行為の結果に相当な影響を与える可能性がある。〔…〕貿易協定、平和条約などに関する国際交渉も、通訳者の役割に関する社会学的な関心を喚起するものとなり得る」[6]。本研究がめざすのは、まさにその点である。

口頭での通訳は、その起源を聖書の時代に遡ると言われる。パウロによる「コリント人への第一の手紙」（新約聖書、一九五四年訳）に以下の記述がある。

> 世には多種多様の言葉があるだろうが、意味のないものは一つもない。（14：11）
> もし異言を語る者があれば、ふたりか、多くて三人の者が、順々に語り、そして、ひとりがそれを解くべきである。（14：27）

「異言」という日本語は耳慣れないが、英語訳では「an unknown tongue（未知の言葉）」となっている。「解く」とあるのは、英語では interpret という動詞になっている。日本語で「解く」としたのは、「解釈」の意味をこめたのであろうか。英語の interpret には「解釈」と「通訳」両方の意味があるが、この聖句での英語はむしろ日本語の「通訳」に近いように思われる。

通訳が国際関係で重要な位置を占めるようになったのは、一九二〇年代である。それまではフランス語が外交語とされてきたが、第一次大戦、パリ講和会議、国際連盟設立の場で英語など他の言語が使用されるようになったことが契機であると伝えられる（Gaiba, 1998, p. 27）。

当初は、ささやき（whispering）通訳および逐次通訳[7]が用いられたが、ウィスパリング通訳は話者の声とかぶって聞き取りにくく、逐次通訳は時間がかかり過ぎて議事進行に支障をきたすことが多かった。そこで、国際会議でのより効率的な通訳を求めて開発されたのが、同時通訳[8]である（Gaiba, 1998, pp. 28-29）。

同時通訳装置の特許を取得したのは一九二六年、ＩＢＭのフィンリー（Gordon Finley）である。フィンリーの装置は、ボストンのファイリーン・デパート創始者ファイリーン（Edward A. Filene）のアイディアに基づいて開発された（Visson, 2005, p. 51; Gaiba, 1998, p. 30）。

ヴィソン（Visson, 2005）によれば、同時通訳はこれより先、一九二八年に旧ソ連での第6回コミンテルン会議で試行され、一九三三年には共産党世界大会執行委員会で、同時通訳ブースが使用されたという。レニングラードで一九三五年に開催された第一五回国際生理学大会では、パブロフの演説がロシア語から英仏独の三カ国語に同時通訳された（Visson, 2005, p. 51）。ただし、ガイバ（Gaiba, 1998）の指摘では、このような初期の同時通訳は、「同時連続通訳」（基本的に逐次通訳）か、「同時読み上げ方式」（事前に翻訳した原稿を発言者と同時に読み上げる）かのいずれかであった（pp. 31-32）。現在のような形での同時通訳が国際舞台に登場したのは、ナチの戦争犯罪を裁いたニュールンベルグ裁判[9]が最初であった（Gaiba, 1998; Visson, 2005）。

ニュールンベルグ裁判で同時通訳を担当した通訳者の多くは、その後、国連の通訳者となり、国際会議での同時通訳の普及に貢献した。前述のコーチロフ（Korchilov, 1997）は、「一九四〇年代後半から一九五〇年代前半にかけては同時通訳がまだ目新しい時代で、国連を見学にくる人たちが見たがったのは、ルーズベルト夫人、ソ連代表、そして同時通訳者であった」（p. 21）と思い出を語っている。

このような経緯から、これまでの通訳研究は国際会議における同時通訳に焦点を当てることが多かったが、世界のグローバル化で人々が自在に国境を超えることにより各国が多言語化するにつれ、司法・法廷や医療などコミュニティでの通訳に関心が寄せられるようになってきた。モノローグが主となる会議通訳に比べ、対面コミュニケーションが中心となるコミュニティ通訳は、ダイアローグ（対話）通訳[10]とも呼ばれ、通訳者が介在しての対話に新たな光が当てられるようになってきた。

通訳者の仲介が重要な役割を果たすことは、外交交渉にも言えることである。公式会議にせよ非公式会談にせよ、首脳会談、記者会見、外交演説などの種類を問わず、通訳者は発言者の「意図（intention）」（Benjamin, 1992）、「発話内の力（illocutionary force）」（Searle, 1969）、「含意（implicature）」（Grice, 1989）を汲み取り、メッセージを理解した上で、異言語で伝える。そのような言語間の差異を埋める流れの中で、通訳者は自身の意識に関わらず、仲介者としての役割を果たす可能性を秘めている。

したがって、日本の歴史を読み解く際に、ことに対外接触に関しては、通訳者の存在を無視することはできない。一七世紀に制度が確立された長崎通詞から現在に至るまで、通訳者の果たした役割は、あらためて検証されるべきであろう。

長い通訳の歴史の中で、本書では、第二次大戦後、日本が敗戦の廃墟から立ち上がり、国際社会に復帰するまでの道程で活躍した同時通訳パイオニアに焦点を絞る。戦後外交で通訳は欠かせない存在でありながら、守秘義務という制約、口頭通訳という特質から公式記録には残らず、わずかに通訳者個人の「思い出」として、若干のエピソードが断片的に綴られただけであった。戦後五〇年の日本外交における「ことばとコミュニケーション」の問題は、学術研究の対象とならないままであったと言って過言ではない。

しかし、現実の交渉の場においては、通訳者の瞬間的判断により重要事項が通訳され相手側に説明され発言が伝えられる。そこには、通訳者自身が交渉担当者の発言の真意や意図をどのように理解し、解釈し、それを異言語で表現したか、という問題が不可避である。異言語を訳す、という作業は、異なった文化と言語との間に横たわる溝にどのように橋を架けてコミュニケーションを成立させるか、という努力を必然的に内包する。

これまで、「透明な存在」「姿なき存在」として扱われてきた通訳者の軌跡をたどり、声なき声を拾い上げ、通訳者が対外折衝に果たした役割の一端を洗い出し、日本の異文化交流史における通訳の意義を再考することが本書の目的である。

3　日本の戦後外交史における通訳

日本の戦後外交史における通訳の役割を検討することを目的に、本書ではまず五名の同時通訳パイオニアが通訳者になるまでの軌跡を追うことから始める。両親や家庭環境、受けた教育など、通訳に直接は関係がないようにみえる事柄も含まれるが、通訳者を一人の人間として見る際に、日本のあの時代に、なぜ通訳者への道を選んだのか、通訳者としての「個」を理解する上で、社会的コンテクストを知ることは不可欠であると考える。

これは換言すれば、各自の「ハビトゥス（habitus）」を理解することである。ブルデュー（Pierre Bourdieu, 1977）によれば「ハビトゥス」とは、「歴史の産物であり、個人と集団のプラクティス、そしてさらなる歴史を生成する」（1977, p. 82）ものである（「ハビトゥス」の概念は難解であるが、第4章の説明を参照されたい）。加えて、同時通訳の草分けである五名が、どのようにして、通訳者として必須の言語能力、異文化コミュニケーション能力を習得したのかを学ぶことで、今後の通訳教育、ひいては外国語教育への示唆を得ることも考えられる。

さらに本書の後半では、ブルデューの言う「場」（champ）、本書の場合には通訳という「フィールド」[11]に、一人ひとりがどのようにして出て行ったのか、「実践」[12]（pratique）としての通訳にどのように取り組んだのかを、五名の語りから探り、外交交渉にあたって先駆者は、いかなる役割意識で、どのようなポジショニングで通訳に携わったのかを分析する。

そのような、個々の通訳者の「ハビトゥス」「フィールド」「実践（プラクティス）」を分析するために、本書ではオーラル・ヒストリー手法を用いる。個人の経験から社会や文化の諸相を読み解こうとするオーラル・ヒストリーは、通訳者の生き様を通して戦後日本の外交をコミュニケーションの視点から読み解こうとする本研究の目的に合致するものであり、また、口頭（オーラル）での言葉を扱う通訳者の人生を追うにあたっては、文字ではなく「語り」から歴史を再構成するオーラル・ヒストリーがふさわしいと考えられるからである（オーラル・ヒストリー手法の詳細については次節を参照のこと）。

具体的には、日本で初めて同時通訳を試みた五名のパイオニアにライフストーリー・インタビューを実施し、それぞれの語りから、同時代の記憶を再構築する。

主たるポイントは以下の通りである。

（1）戦後の日本で、どのような人々が、なぜ、どのようにして通訳者になったのか。
（2）同時通訳の先駆者は、自らの役割をどのように認識していたのか。
（3）実際の通訳現場では、どのような役割を果たしていたのか。

以上の三点を通して、戦後日本の対外関係における通訳者の存在を考察することにより、最終的に五名の事例から、「黒衣」としての「透明な存在」の現実を洗い出し、通訳の透明性に深く関わる「正確性」「中立性」などの「通訳倫理」「通訳規範」をも検討し、通訳者の役割を再考する。

五名の通訳者は外交で活躍したのみならず、同時通訳のパイオニアでもあるが、本研究は、同時通訳プロセスを言語心理学、認知心理学、情報処理などの視点から研究するものではなく、社会言語学や語用論からダイアローグ通訳に接近するものでもない。対面コミュニケーション、対人コミュニケーションとして通訳を研究する最近の成果を参照しつつも、これまで研究されることの少なかった外交における通訳を中心に、生身の人間としての通訳者のライフストーリーを通し、ゴフマン（Erving Goffman）の「参与フレームワーク（participation framework）」など社会学的アプローチに依拠しながら、通訳者の役割を模索するものである。

4　研究手法としてのオーラル・ヒストリー

オーラル・ヒストリーとは何か

オーラル・ヒストリーとはオックスフォード英語辞典によれば、「テープレコーダーによって録音され、語り手の個人的な知識から引き出された歴史情報、その情報を学問的問題として扱うこと、又は分析すること」と定義されている。トンプソン（Paul Thompson）はオーラル・ヒストリーについて、「歴史を作り、歴史を経験した人々に、彼ら自身の言葉を通じて中心的な場所を与え」「歴史を見る際の焦点を変えるために使われうると同時に、新しい歴史研究の分野を切り開く」としている[13]（トンプソン 2002, p. 20）。オーラル・ヒストリーという新しいアプローチの利点としてトンプソンが挙げるのは、「複数的な視点を再構成できること」（p. 24）、「歴史に何らかの視点の移動をもたらすこと」（p. 25）である。

オーラル・ヒストリーは、「個人の歴史」に関する「語り」をもとにする（前掲書、p. 44）アプローチであり、インタビューによる口述史料の収集をその出発点とする。口述の史料を使った歴史、語りによる歴史は、日本でも古くから広範に存在するが、トンプソンと酒井（2002, pp. 554-556）によれば、方法論としてのオーラル・ヒストリーの「ダイナミズム、妥当性に関する議論はいまだ進行中」である。

社会科学の立場から「ライフストーリー・インタビューという言語的コミュニケーション」（p. 13）を方法論として研究する桜井厚（2002）は、「ライフヒストリー研究法」「ライフストーリー研究法」「個人誌的研究法」「ナラティブ研究法」「オーラル・ヒストリー研究法」などと称される一連の方法の特徴として、「変動する社会構造内の個人に照準し」「個人がこれまで歩んできた人生全体ないしはその一部に焦点を合わせて全体的《ホーリスティック》に、その人自身の経験から社会や文化の諸相の変動を読み解こうとするもの」であり、「主体の経験の主観的な意味やアイデンティティなどを重視する」ことを挙げる（p. 14）。

上記に桜井が挙げた方法論は、いずれもインタビューを調査方法にしている点では同じであるが、「ライフヒストリー」と「ライフストーリー」とでは方法論の鍵概念に変化が見られる、と桜井（2002）は述べる。

> ライフヒストリーは、調査の対象である語り手に照準し、語り手の語りを調査者がさまざまな補助データを補ったり、時系列的に順序を入れ替えるなどの編集を経て再構成される。それに対し、ライフストーリーは口述の語りそのものの記述《アカウント》を意味するだけでなく、調査者を調査の重要な対象であると位置づけているところが特徴なのである。調査者の位置づけが異なるところにライフストーリーをライフヒストリーから区別する大きな理由がある。（p. 9）

本研究は、調査対象者である同時通訳パイオニアの語りを時に文献から補完し、テーマに沿って編集し再構成したという意味では、通訳者の「ライフヒストリー」だといえる。ただし、本章の最後で記述するように、調査者の存在自体がインタビューに与えた影響は無視できないことも事実である。また、歴史学よりは社会学に近いといえるが、見えない存在とされてきた通訳者に照準し、「英雄を指導者から見出すのではなく、社会の大多数を構成する無名の人々の中に見出す」（トンプソン p. 49）オーラル・ヒストリーでもある。「オーラル・ヒストリーは人生を歴史自体に組み込んでいくことであり、歴史の範囲を広げるものである」(同 p. 49) とトンプソンは語ったが、通訳者の人生を戦後日本の外交史に組み込み、戦後史の範囲を広げることを本研究は射程に入れる。

妥当性、信頼性、代表性という問題

ライフストーリーにせよライフヒストリーにせよ、オーラル・ヒストリー研究に常につきまとう批判は、データとして扱う語りやナラティブ[14]が「真実」なのかどうか、という点である。語られた物語が本当であるかどうか、真偽をどのようにして確かめるのか。あるいは、ひとつの出来事について異なった語りが存在する場合、ひとつひとつの語りをどのように評価し、どれが正しいかをどのように決めるのか。

これに対しプラマー (Ken Plummer) は、黒澤明監督の映画『羅生門』を例に引き、それぞれの語りは、それぞれの見方を反映しており、語られた時点では真実であると考えられ、最終的にどの語りが正しいかというのは問題ではない、と主張する (2001, p. 239)。

個人の語りが「真実の証言」であるか否かという問題に関し、リースマン (1993) は、次の見解を紹介している。

> 自分たちの人生を語る時、人は時に嘘をつくし、忘れることも多く、誇張したり、混乱したり、勘違いもある。それでも、彼らは真実を明かしている。客観的レベルでの「実際にあった」過去を明らかにしているのではなく、体験という真実を与える。[…]

> 科学が理想とする絶対的真実とは異なり、個人の語り《ナラティブ》は証明することができず、自明でもない。私たちが語りの真実を理解するのは、解釈を通すほかない。語りを形成するコンテクストと語りを支える世界観に注意を払って解釈することのみが真実の理解を可能にする。
>
> （The Personal Narratives Group, 1989, p. 261, Riessman, 1993, p. 22 所収）

プラマー（Plummer, 2001）によれば、信頼性[15]と妥当性[16]という方法論上の問題はこれまでライフヒストリー研究では本格的に論議されてこなかった。信頼性は「他の研究においても同様の結果が得られるか」という一貫性に主としてこだわり、妥当性は「研究目的に合致した研究方法であるか」を問う（p. 155）ものであるが、アトキンソン（Robert Atkinson, 1998, p. 59）は、「信頼性や妥当性は必ずしもライフストーリー・インタビューに適した評価基準ではない[17]」と主張し、プラマー（Plummer, 2001）も同様に、従来の評価法はライフストーリーに不適な場合が多いことを挙げ、「目的やデータが異なれば、評価方法も変化しなければならない」（p. 153）と指摘する。

プラマー（p. 154）の見解によれば、信頼性と妥当性は相互に奇妙な関係を持っている。例えば、口述史料による研究では「自由な語り」が特質であり、それが信頼性に欠けるという批判を招くことになるが、信頼性を保証するアンケートなどの方法は、個人の語りから歴史を見るという研究目的を考えると、妥当性を欠くことにつながる（p. 155）。そこでプラマーが提案するのは、「妥当性をまず最初に考えること」であり、主観的な物語を求めるのなら、ライフストーリーというアプローチが最も妥当な方法である（p. 155）とする。

妥当性を阻害する要因を、プラマー（2001）は三点挙げる。インタビューの「調査対象者」、「調査者」、さらに「調査対象者と調査者の相互関係」である。

最初の阻害要因として考えられるのは、「調査対象者が嘘をついたり、誤魔化したり、ふだんとは違う面を見せたり、調査者を感心させようとしたり」「調査者のために一貫性のある話を作り上げようと試みる」可能性である（p. 155）。

次の阻害要因は、インタビューを行う調査者である。質問を準備するにあたって偏見や思い込みがあるかもしれず、年齢や性別、社会的階層などによる先入観も排除できない（p. 156）。インタビューを重ねているうちに聞き方の技術が向上したり調査対象者とのラポール形成が巧みになるなど調査者の態度が変わってきたり、録音技術や調査者の解釈なども問題になる可能性が考えられる（Webb et al., 1966, p. 22）。

第三番目の阻害要因は、調査される側と調査する側との相互作用自体が及ぼす影響である。両者の関係によって、インタビューが硬くなりすぎて冷たい感じになったり、逆に打ち解けすぎてまともな答えが出なかったりすることがある。ゴフマン（Goffman, e. g. 1959）が論じた相互作用は、ライフストーリー・インタビューにも当てはまるとプラマー（Plummer, 2001, p. 156）は考える。

それでもプラマーは、あらゆる先入観や阻害要因を除去することは、人間的なものをすべて排除し関係者全員が顔のないロボットにならないかぎり無理だと喝破する。むしろ真実というのは、先入観などを通して組み立てられるとも考えられ、阻害要因を排除するのではなく、その存在に気づき、そのような要素からどのようにして「真実」を引き出したのかを描くことが研究者の任務であるという（Plummer, 2001, pp.

156-157)。無論、場合によっては公的記録と付き合わせるなどの確認は必要であるが、公的記録がすべて信頼できるわけではない（p.158, cf. Douglas, 1967）、とも指摘されている。

プラマー（Plummer, 2001）は、最終的に重要なのは研究の目的であると強調する。目的によって妥当性の問題が劇的に変わるからである。例えば、歴史家によるオーラル・ヒストリーは、過去についての情報を得て数十年前の真実を掘り起こすのが目的かもしれない。そのような場合は、あらゆる種類の客観的な材料を収集し突き合わせるという膨大な妥当性チェックが必要になる。それに比べ社会学的なライフヒストリーは、文化の諸相について洞察を得ることが目的であり、インタビューの時点で一人の人間が自分のライフヒストリーをどのように見ていたかを探求しようとする。心理学的なライフストーリーの目的が人間の発達についての情報を得ることにあるのに対し、社会学的ライフヒストリーでは、人が自分の人生のある一時期について語る言葉自体が関心の対象となる。語りによってイデオロギー、コンテクストや言語など、より広範な問題に光を当てられるからである（pp. 158-159）。

本研究は、日本外交史の研究を目的とするのではなく、個々人の内的発展を追及する心理学的研究でもない。通訳者の語りを通して、戦後日本の対外関係という社会文化的コンテクストにおける通訳の役割を探ることを目的とする、一種の社会学的ライフヒストリーといえる。その目的からインタビューの妥当性を考えてみると、プラマー（Plummer, 2001）の挙げる三点の阻害要因のうち、「調査者」自身および「調査者と調査対象者との関係」について、問題がないとは言い切れない。

以下に、調査者自身および調査者と調査対象者との関係について、説明する。

とが多い」(Portelli, 1997, p. 24) と指摘する。「外部者」による解釈が真実を見えなくする恐れはリースマンも言及しており、調査者の住む世界が語りの意味解釈を形成すると説く[18]。

そのような観点から見ると、本研究は例外的といえる。調査者である筆者はかつて会議通訳者であり、調査対象者を以前から知っており、厳密には「外部者」ではないからである。

調査者について

筆者は戦後、東京に生まれ、大学二年生の時に同時通訳訓練を半年間受けた。指導は、国務省で國弘正雄などの訓練にあたった青山清爾である(国務省プログラムが事実上、訓練ではなかったことは第6章に詳述)。秋には国際会議でデビューし、在学中からテレビ番組でのメディア通訳も手がけた。アポロ宇宙中継の同時通訳は、調査対象者のうち相馬雪香以外の四名が関わったが、筆者自身も民放で担当しており、計算尺で換算しながら同時通訳をしていた村松増美の姿を記憶している。アポロより一年ほど前には、國弘正雄とも会っている。民放テレビから、大森実と加瀬俊一が海外からの識者を招く対談番組での同時通訳を依頼され、前任者の名前を聞いたところ、「同時通訳の神様」として知られていた國弘であった。絶句した女子大生を面白がったプロデューサーが、「神様に会わせてあげる」と紹介してくれたのであった。当時、既に外務大臣秘書官として活躍していた國弘は「君はいずれ自分の歌を唄いたくなるよ」と水をかけたが、これについては第6章で詳述する。

五名の調査対象者のうち、筆者が話をしたことがなかったのは相馬一人であるが、第6章で記述するように、長女の不二子は旧知であり、国際会議で不二子が相馬から叱られた姿を目撃している。

調査対象者五名には著書並びに新聞・雑誌記事が多いが、その多くを筆者は読んでおり、また調査対象者も、筆者がこれまで刊行した著書や記事等をある程度は知っていると推察される。

このように、筆者は調査対象者を、会議通訳の大先輩として、或いは友人、知人として知っており、ある意味では「通訳ハビトゥス」を共有している。インタビューで語られた通訳者の問題や悩みは、実は、筆者自身の問題であり悩みであった。

プラマーは、「なぜこの研究をするのか？」(Plummer, 2001, p. 215) と根源的な問いを投げかけたが、それに対する筆者の答えは、「私自身の問題であったから」となる。筆者は同時通訳者としての仕事を二〇年間続けたが、國弘の予言通り、十年を過ぎた頃から苦しくなり徐々に通訳から遠ざかった。あれだけ打ち込んでいた通訳がどうして苦しくなったのか、自分の歌を唄うことと通訳は両立しえないのか、という疑問を抱き続けた筆者にとって、通訳者の役割とアイデンティティの問題はいつか正面から取り組まねばならないテーマであった。従って本研究は、先輩諸氏の語りから筆者すなわち調査者自身が学びつつ、自らの疑問に対する答えを模索するものでもあった。このような調査者による調査は、おのずから調査対象者との関係及びインタビューそのものに影響を与えたはずである。その影響にはプラスの面もあっただろうし、マイナス面も否定できないであろう。

調査を行う筆者と調査対象者が既知の間柄であったことがプラスに作用した面としては、同時通訳パイオニア五名全員から調査協力を得られたこと自体が挙げられる。全くの外部者であれば、これほどまでの協力を得られたかどうか不明である。また、通訳職に関する知識や体験が筆者自身にあることから、基本的な質問から始める必要がなく、時間を有効に使うことができた。ライフストーリー・インタビューには必須のラポールも既に存在しており、同業者同士の打ち解けた話から得られたことは多かった。さりげない一言に秘められた意味を調査者が汲み取ることも、同業者だからこそできたといえる。

しかし、これらのプラス要素は裏をかえせば、そのままマイナス要因になりえる。調査者自身が通訳者であったことから、思い込みによる解釈があったかもしれず、双方が知っている事柄であるがゆえに重要な点を追求しないままに終わったものがあるかもしれない。先輩として調査に協力しようという気持ちが語りに影響を与えたり、逆に、知り合いだからこそあえて語らなかった可能性も排除できない。通常の調査に比べ、はるかにくだけたインタビューであったことも認めなければならない。

このような要因は予見できたため、インタビューアーとしての筆者は意識的に自身の発言を最小限にとどめ、話が脇へそれてもあえて戻さず、一段落したところで質問に戻るなど、可能な限り介入を避けることにより、調査対象者が自由に心おきなく語るようこころがけた[19]。

しかし、黙って聞いているだけでは、対話から意味を生み出すことにならないため、調査対象者との距離をどのように保つかは難しい課題であった。プラマー（Plummer）は、調査者の介入を「見知らぬ他人」「知り合い」「友人」という三種類の役割に分類し、ライフヒストリー研究では主観性が重要であり、調査者が対象者と深く関わることは「必須」だとする（2001, p. 209）。調査対象者から距離を置きテープレコーダーを回すだけの客観的観察者では、客観的な話は録音できたとしても、「対象者の世界に長期間浸り内側から見ようとする調査者が得るような深い見方はできない」からである（p. 209）。そのような観点からは、もともと内部の世界を熟知している調査者としての利点を最大限生かしつつ、単なる内輪話に終わらないよう注意を払いながらインタビューを行ったといえるであろうか。

オーラル・ヒストリー技法に対する批判で信頼性、妥当性と並んで頻出するのが「代表性」[20]の問題である。ライフヒストリー研究で取り上げるのは特異なケースが多く物語としては面白いがそれだけのものであって、代表性が欠如している、という攻撃である。これは、「事実」や「一般化」を目的とはせず、事象の理解をめざすライフヒストリー研究の特質を誤解している、とプラマーは反論する（2001, p. 153）。

プラマー（Plummer, 2001）は、「代表性スケール（continuum of representativeness）」（p. 153）を提示し、典型的な事例を集める研究から一般化を度外視する研究まで両極端ある中で、一般化できることが研究として必ずしも優れているわけではなく、ユニークだからこそ語らなければならない物語もあると説く（pp. 153-154）。同時に中間に位置するものとして、ある世界を熟知しているインフォーマントを数名取り上げるような研究は、知識のない一千名を統計調査するよりはるかに代表性があると主張する。

代表性に関しポルテッリ（Portelli, 1997）は、オーラル・ヒストリーは「これまで聞かれることのなかった個人の声を聞く」ものであり、平均像を求めるよりは「特殊で並外れた存在をこそ代表的だと考える」と語る（p. 58）。

「一人の創造的な語り手は、見事な言語のアーティストとして、どんな統計より豊かな知見を与えてくれる」（p. 58）とするポルテッリの描写は、本研究に登場する五名全員を想起させる。五名のパイオニアは「平均的な日本人」の範疇からは外れるかもしれないが、「通訳の世界を熟知しているインフォーマント」であり、それぞれが創造的かつ素晴らしい「言語のアーティスト」として個性豊かな語りを提供し、通訳社会への洞察、戦後日本社会の全体像に「豊かな知見」を与えた。

5　ライフストーリー・インタビュー

本研究におけるライフストーリー・インタビューは、以下の三点の解明を主要な目的として実施された。

①戦後日本の外交に関わった通訳者は、どのような人々であったのか。
②異なる言語と文化を架橋するにあたり、どのような苦労があったか。
③通訳者の役割をどのように認識していたのか。

実際に準備された質問要旨は以下の通りである。

*言語能力と文化リテラシーについて
（1）言語をどのように習得したか。
（2）いつ、なぜ通訳者になったか。
（3）どのような通訳訓練を受けたか。

*外交交渉での通訳について
（1）最初に通訳をした時期、場所、会議のテーマ、通訳モード（同時か逐次か）。
（2）最も苦労した会議や交渉。

（3）最も成功した会議や交渉。
（4）忘れられない通訳とその理由。
（5）話者の意図をどのように推察し、どのように訳出に反映したか。
（6）通訳者の役割をどう考えて通訳にあたったたか。
・透明な存在か文化の仲介者か。
・話し手重視か聞き手重視か。

上記は主として「インタビュー・ガイドライン」的なものとして準備され（ただし、トンプソン[21]によるガイドラインほど精緻ではない）、実際のインタビューでは自由に語ってもらうことを優先したことは本項の最初に説明した通りである。

質問要旨を事前に各調査対象者に送付した半構造化インタビューの予定であったが、おおまかな質問の枠組みを設定するだけにとどめ、ブルデューの提案する「能動的な聞き方[22]」をめざした。結果として、調査対象者はいずれもメモに頼らず質問要旨を見ることもなく語り、調査者は質問の順序や表現を柔軟に変更し、「自由な流れ」を尊重するインタビューとなった。

トンプソンは、「情報収集が主目的ではなく、一人の人間が自らの人生を振り返る主観的な記録を求めるなら」自由な流れのインタビューは「効果的である」（1988/2000, p. 227）とする。

ポルテッリ（Portelli, 1997）は、インタビューアーが「介入しないというのは虚構である」（pp. 11-12）と断じ、現実のインタビューは単純な質疑応答ではなく、「答えから質問が生まれる」「濃密な対話」（p. 11）、であるとした。

インタビューアーとしての立場を模索しながら、大きな枠組みの中で自由な流れを尊重することは容易ではなかったが、質問から離れたり、一見、無関係な思い出など「脱線」に思えるような語りが、後から聞き直すと、思わぬ指摘や重要な問題を含んでおり、ひとつひとつのインタビューから学ぶことは絶大であった。


インタビューは個別に、それぞれ異なる時期に、指定された場所で行った。西山千、村松増美、國弘正雄の三名は東京港区の国際文化会館(23)を希望し、相馬雪香は憲政記念館内にある尾崎行雄財団を指定した。小松達也だけは調査者の勤務大学を訪問することを選択した。相馬は二〇〇四年八月のインタビューであったが、他の四名は二〇〇三年八月から九月にかけて調査を実施した。五名の調査対象者には、著書、参考書、論文などの出版物が多くあり、本人について書かれた記事も数多いが、それらは時に補完として使用し参考にしながらも、研究の中核は、インタビューを録音した「口述史料」である。関係資料も可能な限り参照したが、公文書については通訳の場合、殆ど記録されていないことが判明した。インタビューは各人のペースに合わせて実施したことから、かかった時間とテープの分量には相当な差があるが、平均して四時間から五時間をかけた。インタビューの場での調査対象者は五名とも、並み外れた記憶力で闊達に語り、その記録は本研究の核をなしている。しかし膨大な量の語りをすべて盛り込むことは物理的に不可能であったため、インタビュー音声はＣＤ化し、書き起こし全記録と共に別途、保存する。(24)

インタビューは調査対象者の了解を得て録音した上、書き起こしたものを各人に送付し訂正などの確認を行った。若干の削除があったほかは、ほぼインタビューそのままを資料として用いる許可を得た。調査対象者は全員、研究目的を理解した上でインタビュー記録を点検し、日本語のオリジナル並びに英訳双方の保存と出版に同意し、実名の使用を許可した。

村松は長時間にわたったインタビューの最後を、「私たちも、歴史の一部になるのですね」との一言で締めくくった。以下に、「歴史の一部」として登場する五名の調査対象者のプロフィールを紹介する。

6　同時通訳パイオニア

本書で取り上げる五名の同時通訳パイオニアは、西山千、相馬雪香、村松増美、國弘正雄、小松達也の各氏である（敬称略、生年順）。いずれも日本の戦後復興期から経済大国として国際社会で認知されるまでの時期に、日本の外交、特に日米関係構築に多大な貢献をしている。

先に述べたように、同時通訳の歴史は海外においても浅く、公式には第二次大戦後のニュールンベルグ裁判が同時通訳の誕生とされる。日本人で初めて欧州での同時通訳を目の当たりにし、自身でも試みたのは、西山千と相馬雪香が戦後間もなく、スイスで開催されたMRA会議で行ったのが最初である。

同時通訳訓練を国家として行ったのは、米国である。国務省が各国語の通訳訓練プログラムを開発し、日本からも希望者を募り、国務省内で試行錯誤を重ねつつ訓練を行った。これは、日本の戦後復興を援助する意味で各界の指導者を米国視察に招く日本生産性本部との共同プログラムで必要となる通訳者を養成する目的があった。このプログラムに参加して日本からの視察団に同行し通訳を行ったのが、村松、國弘、小松である。後年、この三名は帰国して国際会議を専門とするサイマル・インターナショナルを設立し、専門職としての同時通訳の確立に寄与した。

以下、五名の同時通訳パイオニアのプロフィールを紹介する。

西山千は、一九一一年、米国ユタ州で日本人の両親のもとに生まれた。現地で教育を受け、ユタ大学大学院で電気工学の修士号を取得するが、開戦間際の日米関係の悪化から就職もままならず、父親も亡くなったことから、母親と帰国。逓信省電気試験所に就職し、その縁で終戦後は進駐軍（GHQ）民間通信局に勤務。やがて米国大使館広報文化局顧問となり、ライシャワーをはじめとする歴代駐日大使の通訳を務める。一九六九年には、アポロ月着陸の衛星中継をNHKで同時通訳したことから、全国的に「アポロの同時通訳」として知られるようになった。主著に『通訳術』（実日新書）、『通訳術と私』（プレジデント社）、『誤解と理解』（サイマル出版会）など。二〇〇七年七月二日逝去。

相馬雪香は、「憲政の父」として高名な尾崎行雄の次女として、一九一二年誕生。母親が日英混血だったため、母とは英語で、父とは日本語で話すというバイリンガル環境で育つ。国際的視野を早くから身につけ、岸信介首相など政治家の通訳を多く務める。MRA運動に深く関わり、国際MRA日本協会会長を務め、現在は名誉会長。一九七九年に「インドシナ難民を助ける会」を設立、一九八四年「難民を助ける会」と改称した後も引き続き会長として難民援助に関わる。長女の原不二子も同時通訳者として活躍中。主著に日野原重明との対談『明日の日本への贈り物』（毎日新聞社）。伝記に『心の開国を——相馬雪香の

90年』（西島大美著、中央公論新社）。

村松増美は、「ミスター同時通訳」として親しまれる。一九三〇年七月、東京の下町で生まれ、終戦直後はＧＨＱでタイピストとして働くが、発奮して通訳者を志願。やがて、日本生産性本部駐米通訳員に応募し、一期生として国務省へ派遣される。日米貿易協議会調査部長を含め通算一〇年ほど米国に滞在した後、一九六五年に帰国。六六年、サイマル・インターナショナルを仲間と設立し初代社長に。経済関係の通訳に長け、先進国首脳会議をはじめ数々の国際会議を手がけた。二〇〇〇年ＮＰＯ法人えむ・えむ国際交流協会を設立。ユーモアの研究にも打ち込む。主著にベストセラー『私も英語が話せなかった』『だから英語は面白い』（共にサイマル出版会）など。

國弘正雄は、「同時通訳の神様」と呼ばれる。一九三〇年八月東京生まれ。ハワイ大学で文化人類学を専攻。東京国際大学教授などを経て、現在は英国エジンバラ大学特任客員教授。ＮＨＫ教育テレビ講師、日本テレビ・ニュースキャスターも務める。三木武夫外務大臣に請われ秘書官となり、三木内閣では外務省参与として活躍。土井たか子社会党委員長からの要請で出馬し、護憲派参議院議員として名を馳せる。Ｅ・ホールの名著『沈黙のことば』（南雲堂）をはじめＤ・クリスタル『地球語としての英語』（みすず書房）などの訳書、ベストセラー『英語の話しかた』（サイマル出版会）、『操守ある保守政治家　三木武夫』（たちばな出版）など自身の著書も多く、合計一〇〇冊を超える。

小松達也は、五名の中では最も若く、一九三四年名古屋生まれ。東京外国語大学在学中から原水協で同時通訳ボランティアを経験。いったん就職してから日本生産性本部駐米通訳員として一九六〇年渡米。米国国務省言語課勤務後、六五年に帰国し、翌年のサイマル・インターナショナル設立に関わって以来、沖縄返還をはじめ数々の外交交渉、サミットなどでの通訳を担当する。九九年より明海大学外国語学部教授として通訳コースを担当。二〇〇五年NPO法人通訳技能向上センター（CAIS）を設立し理事長を務める。主著に、『訳せそうで訳せない日本語』（ジャパンタイムズ）、『通訳の英語 日本語』（文春新書）など。

〔インタビューを実施した日時・場所〕

國弘正雄　二〇〇三年八月四日　国際文化会館
西山千　二〇〇三年八月五日　国際文化会館
小松達也　二〇〇三年八月一八日　立教大学
村松増美　二〇〇三年九月一〇日　国際文化会館
相馬雪香　二〇〇四年八月二日　憲政記念館（尾崎行雄記念財団）

ライフストーリー・インタビューは以上の五名を対象に、二〇〇三年夏から二〇〇四年夏にかけ、それぞれ個別に数時間ずつかけ実施した。五名の語りからは、日本の外交で通訳者が果たした役割が鮮明に浮かび上がる。それはある意味で、日本の外交史の知られざる一面を掘り起こし、政治・経済面での対外交渉における言語と文化の意味を洗い出し、国際関係の研究と異文化コミュニケーション研究を結ぶことにもなり得る、と考える。

注

（1）本書における日本語への翻訳は、特に記載がない限り、筆者による訳である。
（2）Iriye & Wampler；Hosoya & A50 Editorial Committee；細谷千博＆A50日米戦後史編集委員会。
（3）Memorandum of Conversation between Prime Minister Ikeda and Secretary of State Dean Rusk.
（4）Office of Language Services, United States Department of State.
（5）赤谷源一外務審議官の名前が出席者にあることから、赤谷氏が池田首相及び大平外相の通訳を務めたのではないかと推察される。
（6）Pöchhacker & Shlesinger, 2002, pp. 209-210 所収。
（7）consecutive interpreting
（8）simultaneous interpreting
（9）War Crimes Trial, 1945-1946
（10）dialogue interpreting
（11）ブルデューの基本概念のひとつである champ は、日本語では「界」「場」「領野」「領域」などと訳されているが、本書では英語訳の「フィールド（field）」を使用する。「一定の自律性を持った社会システム」（ブルデュー、石崎晴己訳『構造と実践』藤原書店、一九九一年、三一六頁）と定義づけられる「フィールド」をブルデューは、ゲームをする盤やスポーツを行うフィールドになぞらえて説明している。
（12）これもブルデューの基本用語であり、「日常的・慣習的行動」の意味合いが強い「実践」をさす（ブルデュー、石崎晴己訳『構造と実践』藤原書店、一九九一年、三二八頁）。

(13) Thompson (1978/2000). The voice of the past : Oral history. トンプソンからの引用は原則として、酒井順子訳『記憶から歴史へ——オーラル・ヒストリーの世界』(青木書店、二〇〇二年)による。

(14) 「ナラティブ」の定義は文学研究や言語学など専門分野によって異なるが、本章では社会学における広義の解釈を採用する。

(15) reliability

(16) validity

(17) Plummer, 2001, p. 153 所収。

(18) The Personal Narratives Group, p. 261, Riessman, 1993, p. 22 所収。

(19) Evans, 1973, pp. 62-63 (Thompson, 2000, p227 ; Riessman, 1993, p. 34 所収) を参考のこと。

(20) representativeness

(21) Thompson, 2000, pp. 309-323 所収。

(22) Bourdieu, 1993 (Thompson, 2000, pp. 226-227 所収)

(23) 国際交流を目的に一九五二年、松本重治が設立。

(24) インタビュー音声CD(日本語)及び書き起こしの英訳全文は、博士論文と共に、英国サウサンプトン大学図書館 (Hartley Library, the University of Southampton, UK) にて保存。

第2章　これまでの通訳と翻訳に関する研究

1　翻訳と通訳

英語の'translation'は一般的かつ包括的な用語である。日本語では、書記言語を訳すのが「翻訳」であり、音声言語を扱うのは「通訳」として区別されるが、英語の「トランスレーション」は翻訳を指すこともあれば、通訳を含む場合もある。マンデイ（Jeremy Munday, 2001）によれば'translation'は、訳すことに関する分野全体を指す場合もあれば、訳出されたもの、もしくは訳出のプロセスを意味することもあるなど、いくつか異なった意味がある（pp. 4-5）。

日本語では、翻訳をするのは翻訳家あるいは翻訳者であるが、通訳をする人間はかつて「通詞」「通弁」などと呼ばれた。現在は「通訳」という呼称が多く使われるが、最近になって「通訳者」「通訳士」「通訳人[1]（法廷において）」という呼び方が定着しつつある。英語の'translator'は翻訳者・通訳者いずれをも指す語であるが、区別する際には翻訳者が'translator'、「通訳者」が'interpreter'である。ちなみに、英語の'interpret'には「解釈する」という意味もあり、'interpreter'は「解釈する者」という意味にもなる。通訳と

「解釈」の問題については後述する。

通訳には、会議場でブースに入りヘッドフォンを使用して行う同時通訳（simultaneous interpreting）と、メモを取りながら区切りごとに訳す逐次通訳（consecutive interpreting）とがある。会議通訳者（conference interpreter）はどちらの方式も行う。速度が速いのは同時通訳であるが、精度から言えば逐次通訳の方が正確度は勝る。メディア通訳（media interpreting）では、ニュースは同時通訳、トーク番組などでは逐次もしくは耳元でささやくウィスパリング（whispering）通訳にすることが多い。警察や入国管理事務所での司法通訳（legal interpreting）、裁判での法廷通訳（court interpreting）、病院での医療通訳（medical interpreting）等は、「コミュニティ通訳（community interpreting）」と総称されるが、対話を主体とすることから「対話通訳（dialogue interpreting）」とも呼ばれる。最近は、手話通訳（sign language interpreting）の研究も盛んになっており、「音声通訳者（voice interpreter）」に対する「視覚言語通訳者（visual language interpreter）」という新語も生まれている（Roberts et. al, 2000）。

セレスコヴィッチ（Danica Seleskovitch, 1978）は、「翻訳（translation）」と「通訳（interpretation）」の違いは決定的だと説明する。翻訳は、「書かれたテクストという恒久的な場に封じ込まれており、形式的に不変で時間的にも固定され、良くも悪くも静的」である上、「原文も訳文も未知の読者を対象」に書かれる。それに比べ通訳は、話者と聞き手の双方が同席する場で「一瞬のうちに消え去る言葉」を扱う。その言葉は、形式よりも中身が重要である。通訳者は対話に参加し、訳した言葉はその場にいる聞き手に向けられ、その反応を確認する。会議通訳の場合は、この作業を翻訳の三〇倍の速度で行う（1978, p. 2）。

そのような違いがあるにしても、通訳と翻訳が根本的に共有する要素も存在する。ひとつには、ソシュール（Saussure）が分類した「ラング（langue）」と「パロール（parole）」として考えるなら、通訳も翻訳も共に、「ラング」の知識を基盤にしながらも、扱うのは「パロール」である。

いまひとつの類似点は、翻訳も通訳も、「解釈」が訳出作業の出発点になることである。ただ通訳の場合は不思議なことに、「解釈」が入るとは一般的には想像できないようで、「言われた通りに訳して下さい」という依頼を受けることは珍しくない。たとえば文学の翻訳なら解釈が入って当然だとみなすが、通訳は右から入った言葉をそのまま左から違う言語で出すという、あたかも「導管」のように考えられている。しかし、同時通訳であっても通訳者は原文の意図を自分なりに「解釈」して、その意図を異言語で表現する。そういう意味では、翻訳者と変わることはない。そもそも先に述べたように、「通訳」を意味する英語には、「解釈」という語義も入っている。

セレスコヴィッチは、通訳には「理解」「内容と言語に関する知識」「表現」の三要素が必須であると主張し、演目を理解しなければ演ずることができない音楽家や俳優と同じように、「通訳をするには、まず理解しなければならない」（1978, p. 11）と説いた。

セットン（Robin Setton, 1999）は、同時通訳を認知言語学の視点から分析し、「同時通訳は、発話意図、内容、そして言語を一度に処理するという、今世紀までは考えられなかったような認知活動」（p. 267）であると指摘している。セットンによれば、スピーチ・コミュニケーションは、「発話者の意図」「発話者の世界観の表象」そして「言語」の三つの相互作用から成立し、翻訳通訳も例外ではない。ただし、翻訳通訳が通常のコミュニケーションと異なるのは、①理解が産出を目的としていること、②内容が外部から与えられること、③内容と発話意図を保持しながらコードを変換することの三点である。そして通訳が翻訳と異なるのは、「外部から訳出ペースを規定される」点であり、同時通訳が特異なのは、「聴取と発話が同時に起こる」ことにある（Setton, 1999, p. 2)。つまり、それ以外は、通訳と翻訳に相違はなく、「刺激—処理—反応」の基本原理は通常のスピーチ・コミュニケーションと変わらない、というのがセットンの見解である。

スタイナー（George Steiner）は、「すべての理解は能動的な解釈」であり、どんな直訳であっても解釈学的な一面を持つと主張する（1975, p. 295)。エーコ（Umberto Eco, 2003, pp. 20-26）にとって訳すという行為は、「ある文化的環境において、ある歴史的瞬間に生まれた二つのテクストの間で起こるプロセス」であり、テクストを理解し翻訳するには、「まずそのテクストによって描かれている世界を分からなければならない」という。

バフチン（Mikhail Bakhtin, 1986, pp. 103-105）は、書かれたものにせよ話されたものにせよ、テクストには必ず作者（話し手か書き手）がおり、「(発話の）意図とその実現へ向けてのダイナミックな相互関係と苦闘がテクストの性質を決める」という。理解という点についてバフチンは、「作者を理解することは、他者の異質な意識と世界を理解すること」であり、「理解は常に、ある程度は対話的である」と説く（1986, p. 111)。

バーバ（Homi Bhabha, 1994, p. 36）によれば、「解釈（interpretation）とは決して、「私」と「あなた」の間の単なるコミュニケーション活動ではなく、意味を生成するには、この二つの場所を「第三の空間（a Third Space)」を通して結集しなければならない」という。

通訳も翻訳も、おそらく「第三の空間」で起こる営為である。両者の違いは、オング（Walter Ong, 1982)

のいう「声（orality）」と「文字（literacy）」にあるが、テクストの意図を解釈することによりコミュニケーションを実現するという意味では、同じである。

2　翻訳研究

翻訳は「バベルの塔と同じくらい古くから行われている」（Edwin Gentzler 2001, p. 1）が、翻訳理論は古代には存在しなかった。ヴェヌティ（Lawrence Venuti, 2004）によれば、西欧で翻訳についてのコメントが初めて登場した頃は、系統だった論議ではなく、レトリックの分野で述べられた感想程度であることが多かった。それでも古代ローマでは既に、「逐語的な忠実な訳」か「意味を重視する意訳」かという、翻訳論争が起きていた（Venuti, 2004, p. 13）。

ヤーコブソン（Roman Jacobson）は、翻訳を「言語内の翻訳（言い換え）」、「言語間の翻訳（本来の翻訳）」「記号間の翻訳（移し換え、変換）」の三種類に分類した（1959, Venuti, 2004, p. 113 所収）。本稿が問題にするのは、第二番目の「言語間翻訳」（本来の翻訳）である。

欧米における翻訳研究（translation studies）の出発は、一九七二年コペンハーゲンで開催された第三回国際応用言語学会の翻訳分科会における、ホームズ（James S. Holmes）の発表とされている[2]（Gentzler, 2001, p. 93）。ホームズはこの中で、翻訳研究全体を概観し、純粋な理論研究と、翻訳訓練、翻訳批判などの応用研究とを峻別した。

翻訳研究は言語学の一部、あるいは、文学研究の一分野と考えられることが多いが、一九八三年には、独立した学問分野として認知されている[3]。マンデイ（Munday, 2001）は翻訳研究を「翻訳という現象と理論に関連する新しい学術分野」として定義し、その性格上、「多言語であり、言語学、コミュニケーション研究、哲学、カルチュラル・スタディーズなどを包摂する学際的な研究分野」だとした（p. 1）。

一九九八年にベーカー（Mona Baker）が翻訳事典を編纂した頃には、「等価（equivalence）」「翻訳のずれ（shifts）」「翻訳可能性（translatability）」などは「伝統的な問題」（Baker, 1998, xiii）とされ、この一〇年から二〇年にかけて多くの新たな理論が生まれ広範な問題点が論議されるようになっていることが紹介された。[4]

本書で、そのすべてを網羅することはできないが、通訳研究にも深く関連するような事項に絞り、「等価」「規範」「倫理」「スコポス理論」「翻訳の自立性」「ポストコロニアル的視点」「社会学的アプローチ」などを簡単に紹介する。

等価（Equivalence）

「直訳」か「意訳」か、という翻訳の古典的議論は即ち「原文に忠実」（faithful）か「自由」（free）か、という選択であり、古代から聖書翻訳をめぐって「等価」の問題として論じられてきた。逐語訳（word-for-word）よりは意味（sense-for-sense）を重視したジェローム等の主張は、中世からルネッサンスまで英仏を中心に支持されたが、一八世紀になってドイツの作家を中心に異なる見解が出された（Venuti, 2004, p. 15）。

シュライエルマッハー（Friedrich Schleiermacher）が一八一三年にベルリン科学アカデミーで行った「翻訳の異なる方法について」と題する講義は、[5] その見解を代表する。シュライエルマッハーは「直訳」「意訳」の議論を、著者と読者という「別々の二人の人間」を繋ぐ翻訳者、という関係性として考察し、翻訳者には「出来る限り著者をそっとしたまま読者を著者の方へ動かすか、読者を出来る限りそっとしたまま著者を読者の方へ動かすか」の二つの道しかないと説き、この二種類の方法を混交することはできないし、するべきではないと主張した（Schulte & Biguenet, 1992, pp. 41-42所収）。第一の方法では、翻訳者は原語で作品を理解できない読者に対し、その言語を知っている自分が得たと同じ印象を読者に伝えようとする。つまり読者を自分の見方に近づけることになる。第二の方法は、あたかも著者が対象言語で書いたように訳すことで、著者を違った言語の作者に変身させることになると注意を喚起している。

聖書翻訳で知られるナイダ（Eugene Nida, 1964）は、形式的等価（formal equivalence）のみを求めることに終始することは翻訳の使命ではないと主張し、「動的等価（dynamic equivalence）」という考えを打ち出した（詳細は第6章を参照）。ナイダによれば、「形式等価」は根本的に起点言語重視であり、①文法単位、②語使用の一貫性、③原語のコンテクストにおける意味、の三要素から構成されるのに対し、「動的等価」は受け手の反応に注意を向ける（1964, p. 166）。つまり、オリジナルの意味と意図を反映しながらも、バイリンガルが「そう、そういう風に言う」と言えるような訳出をするのが、「動的等価」である。「オリジナルに最も近く、かつ自然な訳」をめざす「動的等価」は、①原文との等価、②受容言語での自然さ、③上記の二点を組み合わせた近似、という三要素から構成される（p. 166）。二番目の「自然な訳」を達成するためには、①受容言語と文化全体、②コンテクスト、③受け手、を考慮に入れなければならないというのがナイダの考えである（pp. 166-167）。

二つの異なった言語で等価の訳がありえるかという議論は、言語は人間の思考を規定する、あるいは影響を与える、とするサピアとウォーフの仮説（Sapir-Whorf Hypothesis）とも関わってくる。「言語相対説」は、その根源に翻訳不可能説をかかえこむことになるが、これについては一九六三年、ムーナン（Georges Mounin）が、「等価は言語と文化の普遍性に基づく」という見解を出している（Venuti, 2004, p. 148）。

ベンヤミン（Walter Benjamin）は、「翻訳可能性（translatability）」を出発点として論じ、翻訳者の使命は［intention］（意図）を探ることにあると述べ、「忠実性（fidelity）」の問題を「純粋言語（pure language）」と呼ぶ概念を使って説明した（1923, Schulte & Biguenet, 1992 所収）。

これまでのところ、等価と忠実性をめぐる議論は時代と共に左右のパラダイムの間を揺れ動いてきているが、後述するポストコロニアル的視点からの翻訳論では、この問題を、言語を使用する人間の権力関係という枠組みでとらえようとしている。

翻訳の規範（Translation norms）

翻訳における「等価」という概念を、原典への適正さという観点から解き放ち、対象言語を構成する「複合システム（polysystem）」に焦点化させることで変容させたのが、イーブン・ゾハール（Itamar Even-Zohar）とトゥリー（Gideon Toury）である（Venuti, 2004, p. 210）。トゥリー（Toury, 1995）が提案した記述的翻訳研究は、機能、産出物、過程の相互依存関係を明らかにすることを目的としており、翻訳における規範（norms）の性質と役割を分析することが含まれる（p. 21）。トゥリーによれば、「規範こそが、実際の翻訳における等価（の種類と範囲）を決定する」（1995, p. 61）ので、「社会文化的な場における翻訳活動を方向付ける」規範の役割に注目した (p. 53)。社会文化的な制約は、絶対的な「規則 (rules)」から完全な個別性まで幅があるが、この両極端の中間に位置するのが「規範 (norms)」である (Toury, 1995, p. 54)。

社会学および社会心理学分野での規範は、「地域共同体が共有する一般的な価値観や考えを反映したものであり、何が正しく何が誤っているか、何が妥当で何が適切でないか教示するもの」として定義されている (p. 55)。したがって、二種類の言語と文化的伝統が関与する翻訳という営為にあっては、少なくとも二種類の規範が関係してくる、というのがトゥリーの見解である (1995, pp. 53-56)。

つまるところトゥリーのアプローチは対象言語重視となるが、これについてトゥリーは、翻訳とは所詮、文化に関わる事項、「特に対象言語の文化に関わる問題」(pp. 24-29) であることから、「翻訳規範 (translational norms)」は厳密には受け手の側にしか適応できないものだと主張する (p. 53)。翻訳規範の多重性と歴史的コンテクスト化を論じる中でトゥリーは、翻訳規範を総体的に理解する上で翻訳者の役割をより明確にする研究が必要だと述べている (pp. 61-64)。

トゥリーが取り上げたのは文芸翻訳における規範であったが、シュレシンジャー (Miriam Shlesinger, 1989) は、翻訳規範という概念を通訳規範に拡張する可能性を論じ、通訳方式にせよ言語の組み合わせに着目するにせよ、記録された訳出データがほぼ皆無であり、方法論的に障害が多いと結論づけた (pp. 112-114)。ハリス (Brian Harris, 1990) はこれに対し、通訳にも規範は存在するが、場所によって規範が異なる点を指摘した (p. 115)。一例としてハリスは、西欧の会議通訳では常識となっている、「A言語 (第一言語)」への訳出と言う「一方通行の規範」は、他の地域では現実的ではない可能性を挙げている (pp. 116-117)。この例は、両方向の通訳が当然となっている日本の状況にも該当する。最終的にハリスは、基本的な「正直なスポークスパーソン（honest spokesperson）」を普遍的な規範として例示している（p. 118）。

スコポス理論（*Skopostheorie*）

スコポス理論（*Skopostheorie*）はフェルメール（Hans J. Vermeer）によって一九八九年に提示された。翻訳の「目的（skopos）」に焦点を合わせた理論である。フェルメール（Vermeer, 1989, Venuti 2004, pp. 227-238 所収）にとって翻訳とは「原語テクストに基づく訳出行動」であり、「どのような行動にも目的がある」（p. 227）。同時にフェルメールは、翻訳者とは専門家であり、専門家というのはエクスパートだとみなされているからこそ必要とされ依頼を受けるのだと説明し、専門家の知識と、その知識を使う義務は尊重されなければならないと主張する。従って、訳出行動の中で原文テクストがどのような役割を演じるのかを決めるのは専門家としての翻訳者であり、その際の決定的要素は、その状況におけるコミュニケーションの「目的、スコポス」である（p. 228）。

そのようなスコポス理論では、翻訳における原文テクストに新しい概念が与えられる。原文に「起点テクスト」という位置づけが与えられるのは、起点文化の中での状況に合わせて書かれるからであり、それゆえに翻訳者の役割は異文化コミュニケーションの過程の中に存在する。フェルメールにとって「言語は文化の一部」（1989, p. 228）であり、原作者に目標言語の文化やテクストについての知識があれば、その文化の状況に合わせて目標言語でテクストを書くだろうと指摘する（p. 228）。

一九三〇年代末、オルテガ（José Ortega y Gasset）は、「翻訳は原作のコピーではない」と断じ、「翻訳とは独自の規範と目的を有した別個のジャンルである」と説いた（1937, Schulte & Biguenet, 1992, p.109所収）。良い文章を書くということは、文法や既存の語法または一般的な言語規範を絶え間なく侵害する「恒常的な反抗」（p. 94）であり、そのような、他人の書いた反抗的なテクストを扱うには、文法的制約に抗うのではなく「翻訳者は原作者をふつうの表現という牢獄に閉じ込めなければならない。つまり翻訳者は著者を裏切る。「翻訳は反逆なり（*Traduttore, traditore*）[(6)]」なのである」（p. 94）。

翻訳の自立性を認める考えは、二〇世紀に入り新たな視点から補強される。ベンヤミン（Benjamin, 1923）は翻訳を、外国語テクストの後に生まれる新たな命「afterlife（*Überleben*）」と呼び、言語はそれぞれ異なってはいても、言語の中にある表現すべき意図（[Intention]）としてア・プリオリに繋がっている部分があり、それは総体としての「純粋言語（pure language）」の中で実現されるという概念を提示した。したがって、翻訳者の使命とは、原文で意図された効果を発見し、その残響を訳出することである（Schulte & Biguenet, 1992, pp. 73-77所収）。

シメオニ（Daniel Simeoni, 1998）は翻訳の自立性を、翻訳者の追従という独自の角度から考察した。プロの翻訳ではない、あるいは、だめな翻訳と批判されるものの中には、「自立への求めが挫折した」（1998, p. 28）と考えられるケースがあるとシメオニは指摘する。翻訳者の仕事は規範に従うことを余儀なくされるが、これは必ずしも受動的なものではなく、「意思的な服従（*servitude volontaire*）」（p. 23）とでも呼べる形態をとり、翻訳者自身が規範の維持に役割を果たし、規範を創出する可能性もある（p. 26）。トゥリー（Toury, 1995）が、ほぼ完全に規範に従う翻訳者の姿を描いたのに対し、シメオニ（Simeoni, 1998）は、翻訳規範そのものより、むしろ翻訳ハビトゥスに重点を置いて観察するべきであると論じる (p. 33)。

訳者はなぜ、好むと好まざるとにかかわらず、常に規範に従うことを選択するのであろうか (pp. 6-7)。シメオニのこの疑問に関し、ジャニス (Maria Jänis, 1996) は、演劇を専門にする翻訳者一八名を調査し、「劇作家と役者、観客という複数の主人に仕える召使のような感覚を抱いたことがあるかどうか」を尋ねた。「誰の召使にもならない」と答えた一人を除いた過半数が、自分たちを「劇作家に仕える召使」だと回答した (Jänis, 1996, p. 352)。すなわち、西欧で翻訳者になるということは、「クライエント、一般読者、著者、テクスト、言語そのもの、場合によっては特定の文化やサブカルチャーに服従する」ことに同意し、「有能で、きちょうめんに時間厳守、勤勉かつ沈黙を守り、そして、見えない存在」という召使そのものになることである、とシメオニは結論づける (p. 12)。

翻訳能力獲得を「外部規範を内面化」もしくは「翻訳に関する社会化」として見ることはシメオニもトゥリーと同じであるが (Simeoni, 1998, p. 14 ; Toury, 1995, p. 250)、大きな違いは、シメオニ (1998) がブルデューの「ハビトゥス」概念を用いて翻訳者の規範追随を考察している点である (pp. 14-15)。翻訳者の「ハビトゥス」形成についてシメオニは、「社会文化的な歴史が複雑に個人化された結果」(p. 32) と説明し、個別のインタビュー調査から訳者としての軌跡をたどるという、これまで行われなかった研究手法が、訳出にあたっての判断過程を理解することにもつながると期待し、個人誌的研究という新たな方向性を提案している (Simeoni, 1998, p. 31)。

二〇〇一年、"The Translator"(7) の特集号では「倫理」が取り上げられ、編集代表のピム (Anthony Pym) は、「規範から遠ざかっていた時期を過ぎ、翻訳研究は再び倫理の問題に戻ってきた」(p. 129) と宣言した。

チェスタマン（Andrew Chesterman）は同じ特集で、倫理を五種類に分類⑻し、規範ベースの倫理はそのうちのひとつであると定義している（2001, pp. 139-154）。ピムはまた、倫理を言語的な等価や忠実性としてではなく、文化や特定の状況という新たな角度から考えること、テクストではなく関わっている人間に光を当てることを提案し、研究者のポジショニング自体も問題にした（p. 137）。

ポストコロニアル的視点

ベルマン（Antoine Berman）は「訳出行動の倫理的目的」を論じ（1985, Venuti 2004, pp. 276-289 所収）、ハイデッガー（Heidegger）の思想に依拠しつつ、翻訳に内在する「デフォルメ化（deformation）」傾向が、「異質化の試練⑼」を妨げるとして、「異質なものを異質なものとして受け取る」翻訳を主張した（p. 276）。ベルマンは規範の問題よりは。翻訳倫理を言語や文化が不可避的に抱える自己中心性（p. 278）から論じていることから、最近のポストコロニアル的視点の翻訳論に通底するものがある。

ポストコロニアル思想が翻訳研究に登場したのは一九八〇年代のことであり、一九九〇年代以降、スピヴァク（Gayatri Spivak, 1992）、ディングウェイニーとマイヤー（Anuradha Dingwaney & Carol Maier, 1995）、バスネットとトリヴェディ（Bassnett & Trivedi, 1999）、ティモツコとゲンツラー（Tymoczko & Gentzler, 2002）等によって研究が進められた。中でもヴェヌティ（Lawrence Venuti, 1995, 1998）は、シュライエルマッハーやベルマンの研究を新たな視点から理論化し再構成した。

ヴェヌティ（Venuti, 1995, p. 20）は、文化的他者が明示される場としての翻訳という観点から、シュライエルマッハーのいう第一の道を、「読者を海外に送り出す翻訳」であり、「外国のテクストが有する言語的文化的差異を対象言語に表す〈異質化（foreignizing method）〉」と呼び、第二の方途を「著者を読者の国に連れてくる翻訳」と表現し、「外国のテクストを対象言語の文化的価値に還元する〈受容化（domesticating method）〉」と呼んだ（p. 20）。ヴェヌティは、すべての翻訳は根源的には「受容化」という暴力性を秘めているとし、読者が異質性を感じない、読みやすく流暢な翻訳は、透明で見えない訳者という幻想を生み出すが、それは幻想にしか過ぎず、実際は外国テクストの「受容化（domestication）」が覆い隠されており、かえって訳者の介入が大きいというパラドックスを焙りだす。

ヴェヌティの「異質化」論は、今日の世界における英語の覇権を背景に、自文化中心主義や人種差別、帝国主義に抗する方略として「異質化」翻訳をとらえ（p. 20）、たとえばナイダの翻訳論に代表される、「自然」で読みやすい翻訳を追求する姿勢に真っ向から異を唱えるものである（p. 21）。

ただしヴェヌティは最近、コミュニティ通訳などの場においては受容化によって社会的弱者を平等な立場に位置づけることが可能になると認めている。権力関係の不均衡が明白である場合には、歴史的、地理的、政治的、社会的なコンテクストに関する情報を付与することで文化的な差異を埋める介入は、「異質性と受容性の間に共通理解を生み出すコミュニケーション行動だと見ることで正当化される」（2004, p. 500）としている。

社会学的アプローチ

翻訳研究（そして通訳研究）はこれまで言語学的もしくは記号論的アプローチが主流であったが、近年になって社会学的もしくは人類学的アプローチへパラダイムを転回してきている（Bassnet & Trivedi, 1999）。

たとえばコミュニティ通訳の研究では、メイソン、ワデンジョーを中心にゴフマンの相互行為理論が積極的に応用されている。

前述の学術誌“The Translator”は二〇〇五年、ブルデュー社会学と翻訳通訳研究に関する特集号を刊行している。[10]編者であるインギレーリ（Moira Inghilleri）によれば、ブルデューの社会理論への関心が高まっているのは、「翻訳研究が、訳出されたテクストを問題にすることから、翻訳通訳を社会的、文化的、政治的な行為として考える視点へ移った」（p. 125）ことの表れである。ブルデューの理論的洞察は翻訳研究パラダイムを新たな視座に広げただけでなく、訳すという営為に及ぼされる社会文化的制約を考察する上で、規範や慣習よりはるかに強力な概念を提供する（Inghilleri, 2005, p. 126）。たとえば、「ハビトゥス」「フィールド」「資本」「イルーシオ」などの概念は、翻訳者や通訳者自身に焦点を当て、その役割を社会的かつ文化的な行為者として批判的に分析することに多大な貢献をする[11]（p. 126）。

3　通訳研究

第1章で述べたように、通訳の歴史は古いにもかかわらず、通訳に関する研究はフェラン（Mary Phelan, 2001）によれば「比較的新しい分野」であり、「翻訳分野の一部として取り込まれることが多い」（p. xiii）。前述のホームズ（Holmes, 1972）が翻訳研究の全体像を初めて提示した際、通訳は「（機械翻訳ではなく）人間による翻訳」の下位カテゴリーとして位置づけられている（Venuti 2004, p. 186 所収）。

通訳に関する研究が少なかった理由についてフェラン（Phelan, 2001, p. 1）は、「文字として記録されていない」ことと「歴史的な資料に通訳者の名前が残されていない」ことの二点を挙げる。

通訳研究は、ヨーロッパでは一九五〇年代に始まっており（Franz Pöchhacker, 1998, p. 169）、当初は同時通訳の情報処理メカニズムを認知心理学的観点から分析しようとするものが主流であった。近年は、例えば通訳における非言語コミュニケーションの影響についての研究（Poyatos, 1987）、ポライトネス理論や関連性理論など語用論の知見を取り入れた分析（Hickey, 1998 ; Gutt, 1991 等）、社会学や言語人類学的アプローチにより通訳者の役割を分析した研究（Mason, 2001 等）などが出てきている。

初期の通訳研究で重要なのは、セレスコヴィッチ（Seleskovitch, 1968/1978）による「意味の理論」（théorie du sens）である（次項に詳述）。通訳とは言葉を訳すのではなく、意味を訳すことである、とするセレスコヴィッチは、オリジナル発言を聞いた途端に通訳者は言葉を捨て去り（deverbalization）、メッセージを伝える、と主張し、通訳研究に影響を与えるが、後年、実証的ではなく科学的裏付けに欠ける点を批判される。

その後、同時通訳がどのようにして可能なのかについて様々な研究が行われ、モーザー・ムーサー（Barbara Moser-Mercer, 1997）による「プロセス・モデル」（process model）、ジル（Daniel Gile, 1985）による「努力モデル」（effort model）をはじめ、いくつかのモデルが提案されている。同時通訳プロセスを認知言語学や語用論で分析する試みも、セットン（Setton, 1999）等により行われている。

二一世紀の現在、通訳研究で顕著なのは、通訳者の役割についての問題意識である。国際会議における同時通訳が中心を占めていた頃は、通訳者の役割は「中立」かつ「透明な存在」とされ、黒衣に徹し、独自の解釈や編集を加えた訳を試みることは厳しく戒められてきた。

しかし、世界的に多文化・多言語の社会が趨勢となり、たとえば米国、カナダやオーストラリアのように移民を多く受け入れ、多文化主義を国是としている国々では地域での生活一般に関わるコミュニティ通訳の重要性が増してきている。そのような対話通訳（dialogue interpreting）の場では、対面コミュニケーション（face-to-face communication）の通訳という、国際会議での同時通訳とは異なった要素が大きな割合を占めることになる。また、通訳サービスを必要とする人間が社会的弱者であることも無視できない現実として存在する。例えば法廷の場で、文化の違いについての説明を加味することなく被疑者が正当な判決を受けることが可能なのか、という問題も生じている。そのような状況から、「コミュニティ通訳」の重要性への認識が高まり、平行して「通訳者の役割」および「通訳の倫理・規範」について、再考する動きが出て来ている（たとえばWadensjö, 1998; Katan, 1999; Roberts et al. 2000; Cronin, 2002.; Angelelli, 2004）。それに伴い通訳研究も、同時通訳偏重ではなく、「コミュニケーションの出来事」（communicative event）としての分析が始まりつつある。

以下、通訳研究の中で、本研究のテーマに関連する事項をいくつか紹介する。

通訳史研究

通訳の歴史を扱った文献は、序章で紹介したユネスコが一九九五年に刊行したものの他に、ハーマン（Alfred Herman, 1955）による古代の通訳に関する研究が先駆的とされている（Pöchhacker & Shlesinger, 2002, pp. 15–22）。

外交通訳を取り上げたものには、政治学専門のローランド（Ruth A. Roland）が、「歴史家は通訳と翻訳をこれまで無視してきた」（1922, p. 8）と考え、国際政治における通訳を研究したものがある。

特定の時期に焦点を当てたものとしては、カートゥネン(Frances Karttunen)が新世界の通訳者像を描き(1994)、ガイバ(Francesca Gaiba)はニュールンベルグ裁判での同時通訳について調査した(1998)。翻訳と通訳研究に関する包括的な事典[12]を編纂したベーカー(Baker)は、第二部を各国における翻訳と通訳の歴史に充て、その理由を「翻訳研究の中で、歴史が殆ど顧みられていない」現状に帰し、「歴史を知ることにより、時代によって異なる翻訳者像、通訳者像を知り、それぞれの社会で翻訳者や通訳者が果たした役割について興味深い洞察を得ることになる」と記している(p. xiv)。

通訳研究の推移

ジル(Gile)は西欧における通訳研究の歴史を、①一九五〇年代、②実験心理学の時期、③一九七〇年代から八〇年代中葉まで、④通訳研究の「ルネッサンス」(1994, pp. 149-152)から成る四つの時期に分ける。

一九五〇年代には、エルベール(Jean Herbert)による通訳用参考書が刊行され[13]、英国外務省通訳官であったパネス(Eva Paneth, 1957)による会議通訳をテーマにした修士論文[14]がロンドン大学に提出されるなど、同時通訳に関する研究が誕生した(Pöchhacker & Shlesinger 2002, p. 30)。

一九六〇年代から七〇年代初頭にかけては、心理学者や心理言語学者による実験研究が盛んになった。一九六五年のオレロン&ナンポン(Pierre Oléron & Hubert Napon)をはじめ、ガーバー(David Gerver)が一九七一年オックスフォード大学に提出した博士論文、ロンドン大学ユニバーシティ・カレッジ心理言語学教授ゴールドマン・アイスラー(Frieda Goldman-Eisler)が一九七二年に発表した論文など、同時通訳と情報処理に関する研究が多く発表された。

一九六〇年代末になると、カーツ（Ingrid Pinter-Kurz 一九六九年に通訳研究で博士号取得）のように、通訳者自身が研究に取り組むケースが増える。

一九七〇年代には、通訳研究はいくつかの学派に分かれる。セレスコヴィッチを中心とするパリ学派、カーデ（Otto Kade, 1968）のように通訳を言語学とコミュニケーション理論から解明しようとしたライプチヒ学派、国連ロシア語主任通訳を一九七六年から一九八二年まで務めたチェルノフ（Ghelly V. Chernov, 1973/1978）が率いる、心理言語学中心のソビエト学派などが知られる。七〇年代から八〇年代にかけては、通訳研究に関する修士と博士論文は合わせて二〇本、一九七三年から一九九〇年にかけては一〇本を越える博士論文が提出された（Gile, Snell-Hornby et. al. 1994, p. 150 所収）。

一九八六年、通訳研究は新たな展開を迎えたとジルは考える。トリエステ大学で開かれた通訳教育の理論と実践についての会議で、パリ学派による「意味の理論」が批判され、翻訳研究や認知科学など関連領域からの知見を取り入れ、より実証的な研究を展開することが喫緊の課題とされたのである（Gile, Snell-Hornby et. al. 1994, p. 151 所収）。

「意味の理論（Théorie du sens）」

セレスコヴィッチ（Danica Seleskovitch）は通訳研究のパイオニアである。ニュールンベルグ裁判で同時通訳を担当した一人であり、一九七三年に逐次通訳に関する研究で博士号を取得[15]。一九七四年にはソルボンヌ大学に通訳翻訳専門の大学院（ＥＳＩＴ）を立ち上げ、実務者養成だけでなく研究者を輩出するなど通訳の学術研究に寄与した。ＡＩＩＣ（Association Internationale des Interprète Conférence）の創始者の一人として長年、運営にも携わった。

セレスコヴィッチの通訳原理は「意味の理論（*théorie du sens*）」として知られる。セレスコヴィッチ（1968）は、通訳プロセスを三段階に分類する。

①意味を運ぶ言語的発話を聴覚的に感知する。分析と解釈を通して言語を把握しメッセージを理解する。

②即座に意図的に言葉を捨て、メッセージの心的表象を保持する（概念、考えなど）。

③目標言語で新たに発話を産出する。それは二つの要件を満たさなければならない。原語でのメッセージを、そのまま全体として表現すること、そして、それは受け手に向けられねばならない。（1978, p. 9）

言葉を捨て去りメッセージの内容だけを保持するという「非言語化（deverbalization）」の概念は論議の的となり、実証的ではなく経験主義的なものとして、一九八六年以降は批判を浴びることが多くなる（Snell-Hornby et al., 1994, p. 156）。それに伴い、一九九〇年代の通訳研究は実証研究が主流となる。

ダイアローグ通訳

一般に「コミュニティ通訳」と総称される通訳職は、警察や入国管理事務所での司法通訳、裁判での法廷通訳、病院での医療通訳のほかに、地域で必要とされる福祉や教育関係の通訳も含む。フェラン（Phelan, 2001）は、近年の通訳研究における重要性が会議通訳からコミュニティ通訳へ移った主たる理由を二点挙げる。ひとつは、ビジネスや学問の世界では英語が国際語となり会議での英語使用が増えるのに平行して通訳の必要が減少したこと。もう一点は、観光だけでなく仕事などで海外に住む人が増え、不法移民や難民などを含め、人々が国境を超えて移動することが多くなった状況である（pp. xiii-xiv）。

会議通訳とコミュニティ通訳の主要な違いは、ディスコースの種類と通訳者の役割の二点にある。会議通訳では演説や発表などのモノローグが主体となるが、コミュニティ通訳は面と向かってのダイアローグ（対話）が中心であり、ダイアローグ通訳（対話通訳）とも呼ばれる（第７章を参照）。それゆえに研究の焦点は徐々に、国際会議での同時通訳を情報処理の観点から分析することから、対話をする二者間のコミュニケーションとして考察することへ移っていった。コミュニティ通訳を専門に研究する国際会議（Critical-Link）も定期的に開催されるようになり、ポライトネス理論（Brown & Levinson, 1978/1987）や参与フレームワーク（Goffman, 1981）など学際的な方法論による研究が進んでいる。

対話性という特質、通訳をする場の要請などにより、通訳者の役割も変更を迫られている。会議通訳が始まったのは一九一九年パリ講和会議である。第一次世界大戦の終戦処理について各国首脳が集まった際、ウッドロー・ウィルソン米大統領とロイド・ジョージ英首相が、それまでの外交用語であるフランス語を解さなかったことから、逐次通訳が用いられた。この状況での通訳者は、目に見える存在であった。それが変化したのは、第二次世界大戦後の一九四五年一一月から一九四六年一〇月までニュルンベルグ裁判に同時通訳が導入されてからである。会議で目に見える存在だった通訳者は、ブースの中でマイクとイヤフォンを使って同時通訳をする「声だけの存在」となった（Phelan, 2001, p. 2）。二一世紀初頭の現在、多言語社会でのコミュニティ通訳の重要性が増すにつれ、通訳者は再び目に見える存在となり、これまでの通訳者の役割が再考される機運を生んだといえる。

通訳者の役割再考

それまで事実上、未踏の研究分野であった通訳者の役割について取り上げたのは、アンダーソン（Bruce W. Anderson）である。アンダーソンは一九七六年に社会学の視点から通訳を考察し、「異文化間相互行為における社会的活動」としての通訳研究への道を拓いたと言える。

ポェヒハッカー（Pöchhacker, 2004）によれば、プロフェッショナルとしての通訳者の役割は二〇世紀に入ってから、「職業上の倫理と実践」の不可欠な要素として考えられるようになった（p. 147）。「役割」という概念は、社会学では「社会的立場に関連して期待される一連の行動規範」だと定義されており、通訳を分析するにあたって中心的な問題だとポェヒハッカーは主張する（p. 147）。役割という概念が通訳の中立性と不可視性にどう関連するかについて、ポェヒハッカー（Pöchhacker, 2004）は次のように説明する。

（通訳者の）職業的役割を厳密に解釈した場合は、正確にして完全、かつ忠実な訳を規定し、通訳者の側から発言のイニシアティブをとることを禁止するのが一般的であり、通訳者は対話者の間で中立な立場をとる「人間でない人間（non-person）」として扱われる。そこから、「通訳者の機能は、A言語で言われたことをB言語に多かれ少なかれ文字通り直訳することにあるのだから、機械とほぼ同じである」（Knapp-Ponthoff & Knapp 1986, p. 152）という考えが仕事や教育の場で蔓延することになる。この通訳機械説から、通訳者の役割を描写する、「忠実なこだま」「チャンネル」「導管」「スイッチ装置」「送信ベルト」「モデム」「インプット・アウトプット・ロボット」などのメタファーが登場するに至った（2004, p. 147）。

このような「目に見えない翻訳機械」としての通訳観は、会議での同時通訳から生まれたと一般的に考えられているが、ポェヒハッカー（Pöchhacker, 2004）は、むしろ「法廷通訳分野に根強い」と指摘する。司法関係者は伝統的に、法廷通訳人が意味を扱うこと（たとえば「解釈」すること）を許容せず、一語一句言葉通りに訳すことに通訳人の役割を制限した（p. 147）。その結果、コミュニティという場で通訳者が台頭するに従い、「役割」に関する議論が通訳研究の中で最も重要な問題のひとつとなった（p. 147）。

ワデンジョー（Cecilia Wadensjö）は、入国管理取調べと医療の場での対話通訳をテーマにした博士論文（1992）を一九九八年に出版した⑰。通訳は「インターアクション（相互行為）」であると定義し、「通訳者は見られることに慣れていないし、「目立たない」ことに誇りをもったりする。通訳と通訳者がより見えるように本書が貢献できれば幸いである」（p. xi）と記している。

一九九九年には、カタン（David Katan）が、通訳翻訳を「文化を訳す」行為であるとした解説書を刊行している⑱。カタンによれば、訳者を仲介者として考えること自体は新しくないが、これまでは「言語」の仲介が強調されてきた（Katan, 2004, p. 16）。「文化の仲介者（cultural mediator）」という用語を最初に使ったのはカタンによれば、ボヒナー（Stephen Bochner, 1981, *'The Mediating Person and Cultural Identity'*）である。ただし、「文化の通訳（cultural interpreter）」という言葉はカナダ・オンタリオ州では既に使用されているとも、カタンは伝える。その定義は、「言語を伝える一環として、関連する概念的・文化的要素を伝えること」

とされ、目的は「効果的なコミュニケーションと相互理解」にある[19]（Katan, 2004, p. 16）。カタンの見解では、「文化の通訳」も「文化の仲介」も、文化の溝を越えてコミュニケーションを円滑に進めるために仲介者として積極的に介入する（p. 20）、という概念において共通している。

アンジェレーリ（Claudia V. Angelleli）は、古代エジプトから現代まで終始、異文化コミュニケーションの中心として活躍してきた通訳者が「見えない」「ことばの導管」とされていることに疑問を抱き（2004b, p. 1）、言語処理面だけに通訳研究の焦点が当てられてきたことを問題視する。アンジェレーリによる「社会的な実践としての通訳」、「言語、文化、そしてコミュニケーションにおける社会的要素を調整する役割を果たす通訳者」（Angelleli, 2004a）については、第7章で詳述する。

ボット（Hanneke Bot, 2003）は、心理治療の場で通訳者が介入せず中立に徹することは非現実的であると主張し、セラピスト、患者と通訳者から成る「三者心理セラピー」を提案する（p. 27）。

リム（Hyang-Ok Lim, 2004）は、通訳に関する主要四団体[20]の職業倫理規定を調査し四団体とも「守秘義務」と「資格／能力」を職業倫理としてあげているものの、他の要素に関しては団体ごとに異なることを報告している。たとえばＡＵＳＩＴとＮＡＪＩＴは「中立性（impartiality）」と「正確性・忠実性（accuracy/faithfulness）」を挙げるが、ＡＩＩＣ[21]では明記せず、ＲＩＤとＮＡＪＩＴは「通訳者は個人的に介入してはならない」と規定するが、ＡＩＩＣにもＡＵＳＩＴにもその規定はない（p. 92）。ＡＩＩＣのような団体が規定しているから中立性という規範意識が根強い、というのがこれまでの一般的な見方であるが（たとえば Angelelli, 2004a）、これは事実に反することが分かる（第6章を参照）。各団体が異なった倫理規定を設けているのは、ハリス（Harris, 1990）が主張する「ところ変われば規範も変わる」ことの証左かもしれない（本章第2節を参照）。

規範と倫理の問題は通訳者の役割と密接に関連し、究極的には通訳者のアイデンティティの問題に繋がる。翻訳と通訳を異文化研究として位置づけた学会[22]の設立大会（二〇〇四年、ソウル）では、まさにその点が議論の中心となった。

メイソン（Ian Mason, 2005）は、対面通訳の場におけるアイデンティティを文化と言語の接点ですべての参与者が向き合う問題として論じ、ゴフマンの参与フレームワーク[23]を援用しながら通訳者の役割を以下のように分類した。

（i）非人間（a non-person）：会話の内容にはコミットせず、話されたことを別の言語でオリジナルに近く訳し、対話者同士が直接コミュニケーションをするよう助ける。

（ii）コミットした訳者（an involved translator）：ゴフマンの「発声体（animator）」か「作者（author）」の役割を果たすが、積極的な介入はしない。

（iii）完全に承認された参加者（a fully ratified participant）：ゴフマンの「本人（principal）」としての役割にまで踏み込んで介入する。

メイソンによればコミュニケーションは、権力や距離、役割などの変数を不可避的に伴う動的なものであり、出来事としてのコミュニケーションが進むにしたがい参与者同士によって構築されていく。したがって、対話参与者が互いについて抱く意識を基盤にしたポジショニングの過程は極めて重要な概念であるとしている（p. 32)。

ヘイル（Sandra Hale, 2005）は、教育面、職業面、対人面から相反する要求が錯綜した結果、コミュニティ通訳に期待される多様な役割をどう方向づけるか苦労している（2005, pp. 14-15）のが現状であり、コミュニティ通訳が「職業的なアイデンティティの危機」にあると憂慮する。ヘイルは通訳者の役割をめぐる議論について、「結果がどうなるか」という視点と「発話した本人の権利と責任を尊重する」ことが死活的であると指摘する（2005, p. 26 第6章を参照)。

ヘイルの指摘で特に重要なのは、「正確性」は必ずしも直訳を意味しないという点である。ヘイルの考える「正確性」とは、「語用的にオリジナル（原発言）を再構成する」（House, 1977）ことであり、「原発言の意図を、言語内の力と要点（illocutionary force and point）を含めて、異言語で再生すること」である（Hale, 2005, p. 26)。一語一語の等価を求めることが「正確な」通訳とは限らず、発言の意図を語用的に「正しく」反映させることこそが「正確性」だという視点があれば、「単なる通訳」「通訳を使う」（p. 27）という常套句に見られる通訳観が払拭され、複雑な要素が絡む通訳という行為の意義が認識されることになろう。

まとめ

第2章では、通訳と翻訳の相違と類似点を解説し、これまでの通訳と翻訳に関する研究を概観した。

次章では、日本に視点を移し、翻訳と通訳が日本の社会と文化に与えた影響を検討する。通訳が社会的状況における営為であるならば、本研究で取り上げる同時通訳パイオニアが生きてきた時代背景、社会的文化的コンテクストを理解した上で、それぞれの軌跡を位置づけること（Sameh F. Hanna, 2005）は不可欠であり、個々の通訳者を取り囲む複合的なネットワークの中で、通訳という営みを解明すること（Inghilleri, 2005, p. 126）が求められる。そのような問題意識をもって、以下に日本における通訳と翻訳の歴史を簡潔にまとめてみる。

注

（１）法廷通訳は、法律上は〝通訳人〟と呼ばれ、通訳を必要とする事件ごとに裁判所によって選任される。（http://www.courts.go.jp/saiban/wadai/1703_2.html 二〇〇七年七月七日検索）

（２）*The Name and Nature of Translation Studies*（1972/5, 1988）

（３）*Modern Language Association International Bibliography*

（４）*Routledge Encyclopedia of Translation Studies*

（５）*On the different methods of translating*

（６）イタリア語で 'translator' と 'traitor' をもじった諺（Seleskovitch, 1978, p. 18）。「翻訳は反逆なり」。

（７）翻訳通訳と異文化コミュニケーションに関する学術誌。

（８）代表の倫理（ethics of representation）、サービスの倫理（ethics of service）、コミュニケーションに関する理念上の倫理（philosophical ethics of communication）、規範をベースにした倫理（a norm-based ethics）、コミットメントに関する倫理（an ethics of commitment）。（2001, pp. 139-154）

（９）'trial of the foreign'（l'épreuve de l'étranger）

（10）"Bourdieu and the Sociology of Translation and Interpreting"（2005）

(11) ブルデュー社会学を応用した翻訳研究については、本章でシメオニ（Simeoni, 1998）、終章でグアンヴィック（Gouanvic, 2005）を簡単に紹介している。
(12) *Routledge Encyclopedia of Translation Studies*, 1998/2001
(13) *Interpreters Handbook*, 1952
(14) "An Investigation into Conference Interpreting"
(15) "Language and Memory : A study of note-taking in consecutive interpreting"
(16) 日本の裁判所も法廷通訳人について、次のように述べている。「裁判においては、中立・公正な立場で、法廷での発言を忠実かつ正確に通訳することが必要になります」（http://www.courts.go.jp/saiban/zinbutu/tuyakunin.html 二〇〇七年七月七日検索）
(17) *Interpreting as Interaction*
(18) *Translating Cultures : An Introduction for Translators, Interpreters and Mediators*
(19) http://www.kwmc.on.ca/services/cis.html
(20) AIIC（Association Internationale des Interprète Conférence）, RID（The Registry of Interpreters for the Deaf）, AUSIT（The Australian Institute of Interpreters and Translators）, NAJIT（The National Association of Judiciary Interpreters and Translators）
(21) ＡＩＩＣは一九五三年設立。ジュネーブに本部。世界各国二七〇〇名以上の会議通訳者を会員とする。「職業倫理」では「誠実性」「プロ意識」「守秘義務」を明記。詳しくは第6章を参照。（http://www.aiic.net/ 二〇〇六年三月二一日検索）
(22) IATIS＝International Association for Translation and Intercultural Studies
(23) Participation Framework, Goffman, 1981

第３章　日本における通訳と翻訳——その歴史と社会文化的な意義

日本の歴史の中で、翻訳と通訳は極めて重要な役割を果たしてきている。飛鳥時代の六世紀頃には既に、翻訳を通して中国文明が日本へ入り（Semizu, 2001, p. 131）、日本人は「漢文訓読」という独特の翻訳方法を編み出し長らく中国古典を学んでいる（Osawa, 2005, pp. 135–136 ; Wakabayashi, 2005, p. 21）。一六四一年から一八六七年まで続いた鎖国時代も、長崎通詞を通して西洋文明が日本にもたらされていた。明治の近代化は大量の翻訳による欧米文明吸収により可能になったと考えられ（丸山＆加藤 1998, pp. 43-47, p. 49, p. 53 ; 柳父 1998, p. 112）、現代社会においても、外交交渉での通訳やビジネス通訳、国際会議での同時通訳から法廷通訳、海外ニュースの放送通訳、観光通訳、小説の翻訳、映画の字幕翻訳にいたるまで、通訳翻訳はさまざまな異文化接触の場で橋渡しとして貢献している。

1　長崎通詞から同時通訳へ

日本における通訳の歴史は、古くは遣唐使の頃に遡ることができるが、制度としては長崎で中国との交易に従事する唐通事から始まったと言ってよい（林 2000）。その創設は江戸幕府が長崎を直轄支配地とした直後、一六〇四年とされる。

やがて日本が西欧と接触するにしたがい、ポルトガル語の通詞が登場し、鎖国時代には唯一出入りを許されたオランダとの交易のために阿蘭陀通詞が活躍した。

長崎通詞の大きな特徴は、その職が通訳・翻訳にとどまらず、地役人として外交・貿易の庶務にかかわっていたことである。長崎奉行の外交・通商上の諮問も受ける長崎通詞はいわば「公務員」であり、代々、男子がその職を受け継ぐ「世襲制度」を取っていた（片桐 1995；林 2000）。長崎通詞が貿易だけでなく、日本の異文化受容の面で多大な影響があったことは、シーボルト事件を扱った吉村昭の小説『ふぉん・しーほるとの娘』（新潮文庫）にも詳しいが、たとえば新井白石と宣教師シドッチの対話でも明らかである。当代随一の思想家であった新井白石が、一七〇八年ローマから密入国したシドッチ（Giovanni Battista Sidotti）を尋問した内容は白石自身による『西洋紀聞』に記録され日本の思想史に残るものとされており、禁教政策と分離した洋学摂取への道を開いたとされるが、その歴史的対話を可能にしたのは、今村源右衛門英生を中心とする阿蘭陀通詞が猛勉強して学んだラテン語による通訳であった（片桐 1995, pp. 89-161；Semizu, 2001, p. 134）。

長崎通詞は、政府の下級官僚として幕府の命を受けて業務に携わり、したがって、通訳をする際も「中立」を尊重する通訳というよりは、幕府の利害を主として考慮する通訳を行ったが、これは現代の通訳者にはあてはまらない。

第二次大戦後から現在にいたる通訳者は、基本的には「フリーランス」が通常の形態であり、むろん世襲をするような職業とは考えられていない。企業内の人間が通訳をする場合は別として、専門職としての通訳者が言語を異にする複数の人間の間に入り通訳を行う場合は、「中立」を保つことが原則と考えられている。また、誰に対しても通訳内容の「守秘義務」を負うことは当然の通訳倫理と考えられている。このような「現代的な通訳業」が、どの時期から存在したのかは不明であるが、第二次大戦の戦犯を裁いた極東裁判では、通訳者が中立を守ったことが報告されている（渡部 1998, pp. 104-113）。東京裁判は一九四六年五月三日から一九四八年四月一六日まで続き、東条英機をはじめとする二八名の戦争指導者が被告となった。ナチの戦犯を裁いたニュールンベルグ裁判ではドイツ語、フランス語、ロシア語、英語の同時通訳が行われたが、東京裁判ではＩＢＭのブースは用意されたものの、基本的には「同時読み上げ」であり、尋問や証言は「逐次通訳」で行われた。日本語―英語の通訳者は二七名であり、その他に中国語、フランス語、ロシア語、オランダ語の通訳者が少数いた。日英の通訳は、日系二世が中心であり、その他に日系米人の軍属が四名、「モニター」として通訳のチェックと修正を担当したという（前掲書）。

日本国内で初めて同時通訳を試したのは、戦後間もなく、ＧＨＱで必要に迫られ自己流で同時通訳を始めた西山千が最初である。組織的なものとしては米国国務省が、戦後日本の復興を目的とする日本生産性視察団の同行通訳を訓練した。

国際会議での同時通訳を日本人で最初に試みたのは、一九五〇年スイスで開催されたＭＲＡ国際大会での相馬雪香と西山千である。日本国内では原水爆禁止世界大会において毎年、大学生ボランティアが同時通訳を行い、「原水協通訳」からは小松達也をはじめ多くの同時通訳者が育った。

正式の外交会議で同時通訳が導入されたのは、ケネディ‐池田政権下での日米貿易経済閣僚会議であり、箱根で開催された第一回会議には西山が参加、ワシントンでの第二回会議では國弘正雄や村松増美などが本格的な同時通訳を行った。

「昭和の遣唐使」と呼ばれる日本生産性視察団に同行した国務省通訳官は、やがて日本に帰国し、国際会議の企画運営を専門とする企業を立ち上げた。日本における国際会議専門の同時通訳が職業として誕生したことになる。

国際舞台に会議通訳が登場したのは第一次大戦後の一九一九年パリ講和会議が最初とされるが、この時代は外交官や学者が逐次通訳をするにとどまっており、同時通訳が正式に導入され世界的に注目されたのは第二次大戦後のニュールンベルグ裁判である。日本において同時通訳者の存在が一般大衆に認知されたのは、一九六九年のアポロ月着陸の宇宙中継である。

2　日本人の言語観と通訳

アポロ宇宙中継を契機として通訳者の存在が世に知られるようになったということは、通訳という仕事が十分に理解されたことにはならなかった。

テレビ画面でヘッドホンを装着して宇宙からの声を同時通訳する姿が「神業」であるかのような印象を植え付け、普通の人間にはできないことをやる不思議な人たち、というイメージを与えるにいたった。一方で、一九六四年の東京オリンピックや一九七〇年の大阪万国博などで大量に通訳者が必要とされたことから、何らかの形で通訳実務を体験した層が広範囲に生まれ、「通訳」というものが身近になったと同時に、英語が出来れば誰でも簡単にできる仕事としての通訳観も広まった。通訳を必要とする状況で、「同時通訳ならともかく、普通の通訳なら、あの人で十分出来る」と周囲にいる海外帰国子女や留学経験者などに気楽に依頼する風潮が生まれ、通訳は同時であれ逐次であれ、言語と文化に関する専門性が不可欠であることへの認識が欠如したまま現在に至っている。

これはとりもなおさず、日本人の通訳観、ひいては言語観を反映したものと推察できる。伝統的に、そして今日にいたるまで日本人は、人間が生きていく上で言語が重要な役割を占めているとは考えないできているかのようである。「目は口ほどに物を言う」「口は災いのもと」「以心伝心」「腹芸」「そこまで言ってはみもふたもない」となり、女が三人寄って「姦しい」と書かれる言葉は、決して肯定的なイメージではない。口数が多いのは「言わずもがなのことを言い」「口先ばかり」で軽佻浮薄である。そこには、言葉を人間の基本と考えるギリシャ以来の伝統を持つ西欧思想からはほど遠い言語観がある（鳥飼 2004）。

加藤周一は、『私にとっての二〇世紀』（2000）の中で、ナショナリズムと言語の関係を論じ、日本では「言語がナショナリズムの根拠になっていない」と断じ、「もっと言葉に対しての誇りが強ければ、日本の他の伝統を強調する必要もなくなるのではないか。自分の国の言葉をナショナリズムの重要な柱として見れば、ナショナリズムが人種的偏見と結びついて攻撃的になるのを、ある程度は防ぐことができるのではないか」（pp. 218-219）と語っている。

「言葉に対する誇り」が欠如しているというのは、すなわち、言葉そのものへの無関心あるいは無理解となって表れる。もっとも、より仔細に分析すると、「言語」や「言葉」をすべて、ひっくるめて論じるのはいささか正確さを欠くかもしれない。

明治の近代化はもとより日本のこれまでの歴史を振り返れば、海外から他国の文明を学び、吸収する方策として翻訳が多大な役割を果たしたことから、同じ「訳す」という営みであっても、翻訳の重要性は従来から認められてきた。しかるに音声言語についての感覚は、最近になっても「沈黙は金」という価値観にいまだ支配されているかのようである。その違いは、たとえば翻訳に関する出版物の多さに比して、通訳に関する書物は驚くほど少なく、あるとしても大半が技術面に終始した実用書であるか通訳者の回想記であることに端的に表れている。また例えば翻訳をする人間は「翻訳家」と呼ばれるのに対し、通訳の場合は過去に使われた「通詞」「通弁」は消滅したものの、たんに「通訳」と呼ぶことがいまだに主流であり、法廷では「通訳人」が使われ、稀に「通訳士」「通訳者」が登場しても、決して「通訳家」ではないことにも象徴される。

それは恐らく、通訳が対象とするのは音声言語であり、翻訳が扱うのは文字言語であることに由来するのではなかろうか。書き言葉の優位性は欧米諸国にも存在するとオング（Walter Ong）は指摘するが、日本では特に、「話し言葉」を重要視しない風土がこれまでは存在したように思われる。

しかしながら昨今の日本では、グローバル社会に対応することを目的に英語コミュニケーション能力の重要性が強調されてきている。コミュニケーション能力には本来、読み書きも含まれるのだが、現在、英語力増強の必要性が喧伝されるにあたっては、読み書きなどは逆に存在感が薄く、焦点はもっぱら「英語を話す力」「生きた英会話」である。これまでの日本的言語観からは隔世の感がある。もっとも、このような英会話熱は終戦直後から見られたのみならず、島崎藤村の『夜明け前』（岩波文庫）に描かれた明治時代にも登場するくらいであるから、日本人にとっての英語は独特の存在感と魔力を有した言語であり、日本語での話し言葉とは同列に論じることはできない。

したがって、社会の表層部分での新しい潮流がどのようであれ、日本人の心情が根こそぎ変革したようには考えられない。根本的な部分で日本人の言語観は変わっていないし、「話し言葉」に対する軽視の姿勢は社会現象のさまざまな場で検証できる。英語の必要性が謳われながら、現実に英語を流暢に話す日本人に対しては、愛憎半ばした気持ちが見られ、それは、そのまま通訳者への反応となって表れる。

通訳者は現在も多くの日本人にとって、一方で、ことばを操る特殊な存在でありながら、他方では、通訳なんてちょっと英語ができればこなせること、という感覚もある。さらに言えば、言葉を操る特殊な存在という際にイメージされるのは、むしろ機械的に単語を変換する自動装置としての特殊性であり、だからこそ通訳をするにあたっては背景の知識が不可欠であるという基本的なことすらなかなか理解してもらえないという状況が生まれる。同時に、たかだか英語をしゃべる機械ならば無料で使える手近な英語使いで済ませよう、と考えることになるのも自然な成り行きと言えよう。ひとりの人間の生命や人生を左右する医療通訳や司法通訳が、訓練を受けないボランティアに多く依存している現状が、それを物語る。

そこには、人間にとって言語の何たるか、言語が内包する文化の問題、コミュニケーションという行為がはらむ言語と文化の葛藤についての深い認識はない。当然、そのような言語とコミュニケーションを扱う専門職としての通訳への理解も欠けている。

3　通訳訓練と通訳研究

以上のような通訳観から出てくる問題は、通訳訓練にも反映されている。

ジュネーブに本部を持つ国際会議通訳者協会（AIIC）は、世界の通訳訓練機関を三ランクに分けて認定しているが、大学院レベルでの体系的教育を前提としているため、日本の教育機関はリストに入っていない。

日本では今日、コミュニケーションに使える英語教育への強い要請に後押しされ、学部レベルに通訳講座を設置している大学は数十校までになったが、大学院レベルに関しては二〇〇七年現在、一桁台であり、博士号を授与できる通訳コースは数大学にとどまる。研究科名に「通訳」を冠した大学院は未だ登場していない。

日本における従来の通訳訓練は主として、民間の外国語学校か国際会議企画運営会社付属の訓練機関で実施されるのが常であった。こういった機関での訓練は、実技訓練を主体とし、一日も早く現場に出すことを目的としているわけであるから、通訳翻訳理論の学習などが省みられることはなく、異文化コミュニケーション論を学んだ上で通訳を行うこともほぼ皆無であったと言ってよい。国際基督教大学の同時通訳コースで、コミュニケーション理論の専門家による訓練が実施されていた時期があったものの、大方は民間の訓練機関で、理屈をこねるよりは現場で先輩の芸を盗みながら覚えていく、という訓練方法であった。体系的な教育方法論が確立されていたとは言いがたい。

したがって十数年前は、大学の学部レベルでさえも通訳コースを導入することに違和感があり、アカデミックな場にそぐわない、そんなものは巷の語学校でやればいいことである、と反発がみられた。通訳というのは技術訓練以上のものではなく、研究に値するものでもなければ、理論化が可能な学問領域とも考えられていなかった。

しかし第2章で紹介したように欧米では、同時通訳プロセスの解明が研究課題として盛んに取り上げられ、通訳・翻訳ともに独自の研究領域として認知されてきているのが海外での動向である。日本でも、遅まきながら通訳を理論的側面から研究しようという動きが一九九〇年から、一部の現役通訳者や大学教員を中心に始まり、一〇年間続いた通訳理論研究会を母体に、二〇〇〇年九月には日本で初めて通訳学会が誕生するに至った。通訳に関する研究が日本でもようやく緒についた、と言える。

第22期国語審議会答申では、「言語や文化の接点における情報交換、とりわけ高度の判断に基づく議論が必要な会議や交渉、異なる言語を用いる者の間に発生した問題の解決などにおいては、言語の背景にある文化的・社会的事情を熟知した通訳者の存在が重要である」と指摘されている。これまでのように、一握りの達人が名人芸を見せるような通訳では足りなくなってくるほど通訳者の必要数も増加するはずである。すなわち、通訳者として養成する対象の裾野を広げ、かつその質を高く保つためには、通訳教育を体系化する必要があり、それはコミュニケーション理論、異文化コミュニケーション論、言語学、応用言語学などの学際的領域に裏打ちされた通訳理論・翻訳理論に基づくものでなければならない。

その点を国語審議会答申では、以下のように提案している。

「通訳は、高い母語能力と外国語能力、言葉の文化的背景を含む幅広い教養など高度な能力を要する専門職である。我が国における通訳教育は、大学のほか、外国語学校、民間企業などで行われているが、今後は大学における学部・大学院の教育を充実し、国際化に対応するための日本の人的資源として、高度に訓練された職業通訳者及び高い見識を有する通訳理論の研究者を養成することが望まれる。」

4　通訳教育と英語教育

最近の日本では外国語と言えば英語であるかのような様相を呈しており、英語教育は国民的課題として真剣に論議されている（鳥飼 2002, 2006 ; Torikai, 2005）。それでいて、いっこうに成果が上がらないのは、加藤周一の言葉を借りれば「日本の社会は英語を話したいと思っているように見える。しかし本当に英語を話したいのか話したくないのかはよくわからない」（2000, p. 219）ことに起因しているのではないか。英語は国際語であるから必要であると考え、話せたらよい、と多くの日本人が思っているようであるが、どの程度、本気で話したいのかは不明である。日常的に英語が不可欠な社会でないのだから切実な思いにはならないと言えるし、そのような状況にあることは考えてみれば幸せなことなのである。

しかし現実問題として、日本人全員とまではいかなくても、対外的な折衝をする場に身をおく可能性のある日本人は増えつつあり、外国との接触が日常的なものとなるのが、二一世紀のグローバル時代であると考えられる。そうなると英語を話す、話さないという次元以前に、異なった言語や異なった文化に対する柔軟な感性が不可欠となろう（Torikai, 2006）。

それは教育の責任として、若い世代に培っていくべきものである。そして、それは本来的には教科を越えて学校教育の中で総合的に養うべきことであるのだが、直接的に関わる教科としては外国語教育であり国際理解教育、異文化理解教育である。

そのように考えた場合、通訳教育を何らかの形で教育現場に導入することは意味のあることと言える。ただし、プロフェッショナルをめざさないにしても、ある程度の外国語能力がなければ通訳を試みること自体が不可能であるから、中高の段階でしっかりした母語能力と外国語の基礎力を習得することが極めて重要になってくる。その上で、大学レベルであれば、通訳訓練を一般の英語教育に応用することは可能である。

同時通訳の基礎訓練である「シャドーイング」は、外国語の音とリズムなどのプロソディ訓練になるばかりでなく、リスニング力向上にも効果的である（玉井 2001）。プロ通訳者の専門用語攻略法は語彙増強に応用できる。同時通訳に欠かせない未知語の推測や先を読む予見は、学習者の読む力、聞く力を伸長することに応用できる。コミュニカティブ・アプローチが重視しない正確性は、逐次通訳を練習することで補完できる。さらにまとまった内容を英語で発言するのは負荷が重いが、何か言われたことを逐次通訳することから始めることで「英語で話す」ことを段階的に訓練することが可能になり、人前での発表能力も鍛えられる。通訳に不可欠な背景知識や異文化コミュニケーション能力は、英語学習者にとっても有用である。

さらに、より重要なこととして、「通訳をする」という行為を通して、母語と外国語との関係に立脚して言語に真正面から向き合い、さらにはその奥にある文化の存在を身近に体得することは、言葉に対する感性を育成するのに又とない方策となる。

5　通訳教育のあり方

一般的な外国語教育に通訳教育を組み込むことが、異文化理解、異文化コミュニケーションの視点から有益であることを指摘したが、それは専門家としての通訳者予備軍を育てることにも直結する。大学レベルでボランティア通訳程度の素養を身に付けた後、能力があり意欲と関心のある学生は、さらに高度な訓練を積むことによりプロ通訳者としての道へ進むことが可能である。そういった能力を持った人材の裾野が広いほど、有能な通訳者が多く育つことにつながる。

そのことは、ふたつの面から有意義である。

ひとつには、本格的な通訳教育を受ける前段階として、まず外国語能力を獲得することを現実化することである。外国語能力を十分に習得してから通訳教育を受ける欧米と異なり、日本の実情は「英語学習をしながら通訳訓練を行う」という変則的な同時平行訓練になる場合が多く、外国語学習と通訳訓練を明確に分離するどころか渾然一体とならざるをえない。これは、専門家養成の観点からは実効があがりにくい。外国語教育を改革し通訳が可能なくらいの外国語能力を習得させることが実現した暁には、大学を卒業後に高度専門職としての通訳訓練を行う、という本来的な姿にはじめてなるわけである。

第二に、十分な外国語能力を習得することにより、日本語から外国語へ訳す、いわば「発信型の訳」が可能になる点である。これまでの日本は、通訳にしても翻訳にしても、外国語から日本語へ訳すことが主であり、いわば諸外国から学ぶための「受容のための訳」であった。国語審議会答申では、その点を「日本は歴史的に、海外の情報を取り入れることに重点を置いた時代が長かったが現代では様々な分野で、日本からの情報を世界に発信したり、言語の違いを超えて意思疎通を図ったりすることの重要性が増している」と分析し、その観点から、通訳・翻訳の意義や役割を見直すことを提言している。

現在、多くの学校で進行中の外国語改革が成功し充実した内容の言語教育が実施されるようになると、十全な言語能力を有する人材が大学院において通訳者として養成され、新しい時代に即した発信型通訳を担うことが現実のものとなろう。さらに、こういった通訳・翻訳に関する大学院レベルでの教育研究が世界に開かれたものとして機能するようになれば、日本語能力を有する外国人通訳者の養成も視野に入ってくるはずである。

6　これからの通訳者

多文化が共存する二一世紀社会にあって、通訳の重要性は一段と増すであろう。そしてその業務の内容は、機械翻訳の守備範囲を越えるような極めて人間的要素の強い場面においての交渉、対面コミュニケーションが要請されるような場での微妙な折衝など、困難な作業が宿命となるであろう。

機械翻訳の技術進歩が期待されるにしても、国語審議会答申が指摘するように、「場面に応じ、発言の背景となる文化や状況、人間関係などを踏まえ、言葉の微妙な意味合いまで訳し出すことは、人間にのみ可能である」のであり「今後、質の高い通訳の重要性はさらに増大するものと考えられる」。

そのような時代にあって、これからの通訳者の役割は、いかなるものになるのであろうか。オリジナル発言者になりきっての通訳なのか、聞く側に立ち、聞きやすさを第一義に考える通訳なのか。あくまで中立を守り、透明な存在としての通訳者に徹するのか。異文化の橋渡しを任務と心得て、場合によっては積極的に介入し文化の仲介者としての役割を果たすのか。これは、さまざまな要因を考慮に入れた地道な研究を通して、通訳者自らが答えを模索していかなければならないことである。本書は、そのような試みの一環として、二一世紀社会の異文化コミュニケーション研究、日本の対外交渉研究に貢献することを願うものである。

第4章　通訳者の「ハビトゥス」

第4章では、同時通訳パイオニアの英語習得歴と共に、育った環境にも触れ、第二次大戦との関わりを語ってもらう。これは、ブルデュー（Pierre Bourdieu）のいう「ハビトゥス（*habitus*）」を知ることで、「どのような人間」が通訳者となるのか、通訳者を一人の人間として理解することを目的としている。

ブルデューによれば、「ハビトゥス」とは、「行為主体の性向の体系」であり、「客観的状況を行為主体のうちに内在化しつつ行為主体の一群の性向の集まりを統一する構造」（牧野 1999, p. 153）である。「行為を構造に従属させるのでも、構造を無化するのでもなく、多様な実現形態をとりつつもパターン化され性向づけられた行為を生み出す産出母体」であり（糟谷 2003, p. 144）、「思考、感覚、表現そして行動を生み出す無限の可能性であり、それを規定するのは歴史的、社会的な状況である」（Bourdieu, 1990, p. 5）。換言すれば、ハビトゥスは個々の行為主体を「世界の中の世界（"world within the world"）」（Bourdieu, 1990, p. 56）となすものである。

最近の翻訳研究では、インギレーリ（Inghilleri, 2003, 2005）をはじめブルデューの社会理論を応用するものが登場してきている。グアンヴィック（Gouanvic, 2002, 2005）は、ハビトゥスを「個人の歴史と共に家族や階級など集団の歴史からも産み出されるもの」(Bourdieu, 1990, p. 91) と解釈した上で、翻訳者のハビトゥスの何が翻訳者をして特定の作者を翻訳対象として選ばせるのかに関心を抱く。そしてアメリカ文学を翻訳したフランス人翻訳者三名を調査対象に、ハビトゥスが翻訳者と作者、作品との関係に及ぼす影響を考察した (Gouanvic, 2005, pp. 158-161)。シメオニ (Simeoni, 1998) は、ハビトゥスという概念をふまえ「翻訳者のハビトゥス」を翻訳研究として位置づけることの重要性を主張しているが、通訳においても「通訳者のハビトゥス」に焦点を合わせた研究は必要であると考えられる。

そこで本研究においては同時通訳パイオニアの語りを通し、五名の通訳者個々の志向や思考、決定や行動を産み出すハビトゥスに光を当てる。具体的には、言葉の習得を軸として、幼少の頃の思い出から学校生活にいたるまでの自由な語りから、言語に対する感性がどのように培われたかの軌跡をたどる。

同時通訳ついての一般の印象といえば、「バイリンガル」であろう。二ヶ国語の間を自在に行き来し、同時通訳の場合はその作業を瞬時に行うことから、それはごく自然な感覚である。ところが、バイリンガルな人間がどのようにして通訳者・翻訳者になっていくのか、という道筋は余り知られていないし、単純な問題ではないということも認識されていない (Toury, 1995, p. 241)。トゥリー (Toury, 1995) は、バイリンガルであることが、そのまま翻訳能力を意味すると考えるのは単純化し過ぎである、と戒めている (p. 245)。

国際的な会議通訳者団体であるＡＩＩＣは、会員の言語をＡ・Ｂ・Ｃ(1)に分類している。

・能動的に使える言語（Active languages）として二種類。

A　母語かそれに準じる言語。

B　母語以外の言語であるが、同時でも逐次でも通訳できるくらいに完璧な運用能力がある言語。

・受動的に使える言語（Passive languages）として一種類。

C　完全に理解できる言語。

ヨーロッパでは、B言語から母語であるA言語へ通訳するのが通常の形態であるが、日本の場合は、BからAだけでなくAからBも行い、日本語と外国語の間で双方向を通訳することが多い。これは必要に迫られてのことではあるが、どちらの言語へ通訳するのが理想的なのかに関しては、さまざまな意見や研究結果があり、一概には決められない。

プロ通訳者がどのようにして三言語を獲得するかについてまでAIICは言及していないが、「同時通訳者となれば海外で育ったバイリンガル」というのが大方の理解であろう。

本書で取り上げる五名のパイオニア通訳者のうち、「子供の頃から英語で育ったバイリンガル」という一般的なイメージに該当するのは、日系二世の西山千である。西山は、「通訳をするときなんかは、どっちの言葉でも考えずに出てくるわけですね。日本語なら日本語、英語なら英語と、もちろん自然に出てくるようになりましたけど」と述べているが、日本育ちで渡米したのは二三歳という小松達也は、英語を日本語に訳すことは最初からできたが、逆方向の、日本語から英語への通訳は苦労したと述懐する。

小松　日→英の通訳は、やっぱり苦労した覚えがありますね。それはずっと、そういう意味では日→英の通訳はやっぱり、英語はそんなにうまくないわけですからね、それはいろいろそういう意味では苦労したという覚えはずっとありますね。

鳥飼　そうすると、AIICが言っているように、母語へという一方通行が本当は望ましいということなんでしょうけどね。

小松　まあ、望ましいというんだけど、しかし現実的には全然そうじゃないですからね。ですからそれはやっぱり、私にとっても日→英の通訳というのは、いまだにチャレンジであり、常に不十分だと思っていますよ。

村松増美、國弘正雄も小松と同じく、日本生まれ日本育ちであり、第二次大戦中に中学生として、当時は「敵性語」とされた英語を学んでいる。英語学習には最悪の時代であると言って良い。相馬雪香は、父親とは日本語で、日英混血の母とは英語で話すという特異な環境で育っている。

五名とも育った環境が異なり、英語を母語同様に自然に「獲得」したバイリンガルばかりではなく、意識的に「学習」した者が多い。クラッシェン（Stephen Krashen）は、言語学習を考察するにあたり「学習（learning）」と「獲得（acquisition）」を区別した。「獲得」は子どもが母語を獲得するように無意識に習得することを指し、「学習」は学校教育などで明示的、意識的に第二言語を学ぶことを指す（Krashen, 1987, p. 10）。また、英語教育理論では、英語が使用されている社会に住み第二言語として英語を学ぶESL（English as a second language）と、外国語として英語を学ぶ日本のようなEFL（English as a foreign language）環境を区別して考えるが、村松・國弘・小松は三名とも、日本の学校教育で外国語としての英語を学習した。

本稿では五名の同時通訳パイオニアの言語習得に関し、上記のような外国語習得の分類にしたがい、「外国語として英語を学習した村松・國弘・小松」と「バイリンガル環境で英語を獲得した西山・相馬」の二グループに分けて検討する。

1　外国語として英語を学ぶ

村松増美、國弘正雄はいずれも一九三〇年東京生まれ、小松達也は一九三四年名古屋生まれで、三名とも戦前に生まれ、第二次大戦中から戦後にかけて英語を学習している。

國弘はインタビューの中で幾度も、昭和二〇年（一九四五年）の終戦を「旧制中学三年」で迎えたことを語り、戦時中は「敵性語」とされた英語を学習した状況を克明に記憶している。

敗戦の年が、つまり昭和二〇年が戦争に敗れた年ですね、そのときは中学三年生。〔…〕とにかく戦争中ということでしょう。そうするとまず第一に、いろんなことが言えるんだけど、一つはね、〝鬼畜米英〟という時代なんですよ。イギリスとかアメリカとかいうのはね、これは鬼畜であると。鬼であり畜生であるというね。で、鬼畜米英という時代ですよね。僕らのころは〝鬼畜英米〟だったな。まだイギリスのほうが優位に立っていた。そのうちに、だんだんアメリカが先に立って、〝米英〟になったんだけどね。で、鬼畜英米とか鬼畜米英とかいうときですから、英語というものはね、「敵性語」という言葉で呼ばれていたわけ。敵の、それからサガという字ね、「敵性語」という言葉で呼ばれていたわけ。だからね、そうだねぇ、英語を勉強する環境としては、決して好ましい時代ではなかった。

國弘は、それに加え、戦時中の食料不足と空襲を挙げ、とてもではないが英語学習の環境ではなかった状況をつぶさに語った。

それからね、食糧問題がね、大変に深刻でしてね。当時ね、大都会――神戸も大都会ですけども、大都会に住んでいた庶民、平均的な日本人、つまりお偉方に何かコネがあるとか伝手があるとかというようなことのない、平均的な庶民が手にすることのできた配給される食料の量というのは、カロリー摂取量というのは、一人一日一二〇〇カロリーということだったわけね。

そう言われてもね、君らはピンとこないと思うのよ。でもね、一二〇〇カロリーというのはね、今で言うとね、重篤な――変な話だけども――糖尿病患者が一日に摂ることが許されているカロリー、これが一日一二〇〇カロリーなわけ。

だからね、僕らは食い盛り、育ち盛り、伸び盛り。中学三年生ですからね。そのときにね、そういう食料の配給しか受けられないという劣悪な生活環境に置かれていた。

加えて――話がそれてゴメンナサイ――一二〇〇カロリーといってもね、ちゃんとしたご飯とか、ちゃんとしたものが配給になるわけじゃないのよ。ひどいときはね、サツマイモの葉っぱが食料の配給の一部分としてくるわけよ。

鳥飼　葉っぱ！

國弘　葉っぱ、あるいは茎、そういうものがね。それでね、ジャガイモ……サツマイモもね、当時、農林何号とかいう――今だったらおそらく家畜用の餌ですよ。人間サマが食べるものではないですよね。家畜用の餌にしかならないようなジャガイモだの、あるいはサツマイモだのというものが、葉っぱごと――葉っぱも食えというわけですよね――食糧として配給された。

だから、食糧状態というのが本当に劣悪だったということが一つあるわけね。だからね、はっきり言えばね、英語なんぞを勉強するね……勉強するムードではなかったよ。

それで、中学二年のときから始まったんですけど、空襲というのがね、結構ね、敗戦直前には一週間に二回ぐらいあったねぇ。空襲がね。それで僕は三回焼け出されたわけですよね。で、近くの、僕の、大変よく面倒を見てくれていた――今で言えば大学だろうな、大学の、勉強を見てくれていたお兄さんが、大腿部に焼夷弾が直撃しましてね、そして隣のお兄さんだけど、本当に見る見る顔青ざめて亡くなった。僕の腕の中で。

鳥飼　そうなんですか……

國弘　亡くなったというのは、痙攣するんですよ。こういうふうに痙攣するんだね。痙攣して亡くなった。僕は彼の頭をこうやって腕に支えていたんだけども、もう何もできない。もうできないというね、見る見る亡くなりましたよね。

そういうような体験をしたもんだから、僕が非戦なのはそうなのよ。当たり前なのよ。「戦争、結構」なんて言えない。逆立ちしてもね。だからそういうことが、僕の英語の勉強のときの一番最初のスタートですね。

育ちざかりの中学生が食料難で空腹を抱え、空襲におびえていた戦時中は、敵の言葉である英語など、勉強する意欲も体力もない状況であったことが、よく分かる。

2　英語学習の動機づけ

村松増美が生まれて初めて「言葉の力」を体験したのは、少年の頃、近所のいじめっ子と喧嘩をしたときである。

鳥飼　どんな子だったんですか。

村松　ともかく好奇心のかたまりみたいな、そして非常に口の達者な子供だったです。きたないことは言わなかったけれども、下町ッ子で、親の影響もあって、非常にタンカ切るのがうまかったですよ。

　これはどこかに書いておこうと思うんですがね、パワー・オブ・スピーチ（power of speech）を初めて意識したのは、小学校に入るか入らないかごろ、近所にいじめっ子がいたんですよ。ブリボーイ（bully boy）ですよね。非常に背の高い、子供がみてもカッコいい、色白な美少年ですよ。後に実は鳥越のあの辺で――浅草ですけども――御神楽の伝統をずっと引き継いでいる名門の跡取りで、新聞に載ったりしたぐらいですよ。

鳥飼　それがいじめっ子だったんですか。

村松　いじめっ子だったんですよ。それでわれわれにとっちゃ、もう恐怖だったですね。ところがあるとき、何人かがいじめられているときに、私が彼に猛烈――私は腕力は強くなかったので――罵倒したんですよ。「この、ヒョウロクダマァ。ミソ汁で顔洗って出直してこいッ。トットと消えなッ」とか一気にダーッとやったらば、何が起こったかというと、彼はおいおい泣いて帰ったんですよ。

鳥飼　ええッ。

村松　それで私は一躍、近隣の英雄になったわけですよ。私はそれで、要するに腕っぷしじゃない、口だということね。

村松は、東京下町、蔵前の生まれ育ちである。父親は、当時のいわゆる「モボ」（モダン・ボーイ）で、オペレッタや映画が趣味だった。

［…］で、私の父はモボだったんですよ。この写真、みてください。三〇歳の父親と一週間目の私ですよ。たぶん一週間だろうと思うんですが。私だといわれていますけどね。母親はなんと二五歳。自前の髪の毛で。たぶんお宮参りだろうと思われるんですよ。これは焼け残った写真を親戚からもらって、それこそコンビニで一〇円でコピーとったのを、それをラミネートしただけですけどね。

そのおやじがね、蔵前に住んでいたけど、しょっちゅう浅草へ映画とか連れていってくれた。彼は、あのころ浅草オペラというのがあって、いわゆるオペレッタですよね、それをしょっちゅうハミングをやっていて。たとえば「風のなかの、羽根のように」というようなね。それから「いつも変わる女心……」とかね、そういう昔の歌がありましたね。そういう歌詞もすぐ覚えてこっちも真似をするし。

それから、小学校のころによく蔵前から、子供の足だと三〇分ぐらいかかったかな、浅草六区まで映画館へ連れてってくれて、よく西洋映画、洋画をみたんですよ。最後のサイレント映画は何本も覚えているんですよ。で、徳川夢声ではないかと思うんですが、やっている弁士のパフォーマンスも覚えているんですよ。

そういうのに非常に親近感をもって育ったでしょう。ですから戦争中、空襲のときに家で、空襲警報でいよいよ防空壕にもぐるときまで、ラジオで私がよく聴いたのは、徳川夢声の「みやもとむさし……」という講談ですよ。それから落語も、あのころですから兵隊落語というのがあってね、あれは柳家小さんだったかな、ああいうのをよく聴きました。

いまでも覚えているのは、小学校へ入ってほんの一年ぐらいのときに、私はオッチョコチョイなものだから、先生が「村松くん、何か」と言われたら、「はい」といって教壇へ上がって、「エー、まいどお古い話で……」という、知っている落語の真似をしたことを覚えていますよ。

國弘も、村松とは違う意味で、父親の影響を色濃く受けて育っている。國弘によれば、言語への強い関心が生まれた要因は二つあり、そのひとつが、父親から漢文の素読を習ったことである。

國弘　しかしどういうわけかね、言葉というものに対する関心が非常に強くてね。

それはね、二つの理由が僕はあったと思うんだけど、一つはね、小さいときからものすごく本を読むことが好きで、それで〝書に淫する〟というかね、そんな言葉が当てはまると思うぐらいに、やたらにものを読んだわけね。それは、たとえばその中には日本の古文もあったし、たとえば芭蕉の作品なんていうのもあったし、それから親父の関係で漢文をかなり仕込まれたわけよ。で、漢文の素読と称することを親父にやらされたわけ。

鳥飼　そういうことをやってらしたんですか。

國弘　うん。僕の親父はね、かなり〝Sinophile〟というのかな、中国文明愛好家みたいなところがありましてね。それで彼の主張はね、「中国をわからずして、日本がわかると思うな。中国語がわからずして、日本語がわかるようになると思うな」というのが彼の基本的な考え方だったわけね。中国語といっても、彼は現代中国語ができたんだけども、僕には現代中国語は教えてくれなかった。それが僕は非常に残念ですけどね。今にして思うと。しかし漢文は相当程度、徹底的にたたき込まれたわけよ。小さいときから。

小学校のね——いや、小学校入る前だよ。

鳥飼　前!?

國弘　前。四書五経だとかね、唐詩選だとかね……唐詩だとかね、そんなようなものを黙って素読するわけよ、彼はね。オレは黙って、何も意味がわかってもわからなくても、声を出して読む——読むって、後をつけて言うわけよね。それが僕の言葉に対する一つのイニシエーションであった。これが一つね。

國弘の言語への関心を生起せしめた第二の要因は、東京生まれの國弘が父親の転勤で神戸に引っ越し、初めて関西弁に接したことにある。

それから二つ目はね、僕は関西に行ったもんだからね、東京弁と関西弁というのはね、今ほど同じじゃなかったわけよ。当時はまだテレビがないですからね。だから関西弁の、大阪弁の漫才師とかあるいは落語家というようなものが、われわれ関東に住んでいる人間の耳に入ったりすることは、まずなかった。だから関西弁というのは、全く一個の独立した外国語であるかのように存在していたわけよね。それを、僕は東京弁で育って……東京で生まれて、東京弁で育って、東京弁でかなり本をよく読んだりなんかしていたわけだけども、さあ、中学二年のときに、初めて関西に行くわけよね。［…］

そうするとね、ホントにね、外国語だったよ。ほんとに外国語なんだ。

それでね、特にね、ちっちゃな子供なんかがね、小学校の子供なんかがね、遠慮会釈なしに関西弁でしゃべるわけよね。そうするともう何を言ってるかわからないぐらい。たとえば親戚の子が来たりして、神戸から。それでその子供がね――まだ小学校に入ってなかった、アイツ。まだ幼稚園のチビぐらいのときに来たんだけどね、ほんとに通訳が必要だった。じゃないとね、どうしようもなく――つまりコミュニケーションの、意思疎通ができないんですよ。日本語同士でありながら。

漢文の素読と関西弁との出会いによって、國弘は言葉というものに対して「否が応でも関心を持たざるを得なかった」。そして、「言語への道を進むっきゃなかった」と語る。

「敵性語」として英語を学んだ國弘や村松と異なり、二人より若い小松達也は終戦後になって東京の私立中学へ入学している。大学に入るまでは「特別な英語教育はなにも」受けなかったが、終戦直後からの英会話ブームを反映するかのように、小松は当初から「英語は非常に好きだった」。敗戦から一ヶ月しか経っていない、一九四五年九月には『日米会話帳』が二ヶ月半で三六〇万部を売る大ベストセラーになり、ラジオでは『カム・カム・エブリバディ』で始まる平川唯一の英語講座が人気を博した頃である（鳥飼 2005, p. 249）。

十代の小松は、このような時代背景の中で、かつて敵国であったアメリカへの強い興味と関心を抱いた。インタビューの間、「アメリカが好きだった」という言葉を小松は何度も口にした。

私はアメリカが非常に好きだったものですからね。それは英語が好きだということもあるんでしょうね。ですからたとえば外語［東京外国語大学］のときも、シェークスピアなんか非常に好きでしたから、あるいはイギリス文学、アメリカ文学ですね。そういうものはやっぱりかなりやりましたね。［…］それからやっぱり、卒論もアメリカ政治でしたから［…］ですからそういう点でもアメリカが好きでしたので、そういう点で、好きで興味をもっていろんなことを読んだり聞いたりしたということでしょうね。

小松が通った私立中学は、有数の進学校であるが、英語の授業は「普通のグラマー・トランスレーション」、いわゆる伝統的な文法訳読法であった。それでも小松は中学時代から「英語というのは科目として好きでした」と述べる。

これは、考えてみると不思議である。捕虜と会話を試みた國弘と異なり（本章5節）、小松は大学に入学するまで外国人に会って英語を話した経験などない。しかも雄弁で外交的な村松と正反対に、小松は人見知りするタイプで、おしゃべりどころか寡黙である。

中学ぐらいからもう好きでしたね、確かに。英語というのは科目として好きでしたね。ですけども日本語としては、私はむしろ口べたでしたし、非常に無口でしたしね。［…］

そういう意味では、村松さんなんかは非常に日本語でも達者ですしね、話すのも好きですけどね。私はそれに比べるとやっぱり、ま、自分でいうとおかしいですけど非常にシャイですしねぇ。それからずっと口べたでしたから。話が好きだ、言葉が好きだということは必ずしもなかったですね。

だから通訳は、アルバイトの延長としてやりだしましたけれども、通訳になろうという気持ちも、最初はそんなになかったですから。ま、結果としてなりましたけどね。

「シャイ」で「口べた」な小松が東京外国語大学で英語を専攻するまでになった動機づけは、アメリカという国への憧憬と言っても良い。これはガードナー（Gardner）が「統合的動機」（integrative motive）と呼ぶ、「その言語を使用する社会への肯定的な感情が要因となって、外国語を学ぶ意欲が生まれる」（1985, pp. 82-83）ことに近い。

3　中学時代の英語の先生

真珠湾攻撃時には小学校五年だった國弘が、英語学習を始めたのは中学生となってからである。国際連盟事務局次長であり、名著『武士道』を著した新渡戸稲造（一八六二―一九三三）の伝記を読んで大きな影響を受ける。日本で屈指の英語の使い手としても知られる新渡戸の、「私は英語を勉強して、太平洋の架け橋となりたい」という言葉に感銘を受け、「言葉を知らなければすべては始まらない」と英語への思いを温めた（毎日新聞、二〇〇六年三月二一日p. 4）。中学では英語の先生から、「英語の音読」を勧められたという。

しかも中学のとき、東京にいたときもそうだったんだけど、また先生に非常に恵まれて――僕は中学の先生というのは、その意味では非常に大事だと思うんだけども、中学の先生に大変に恵まれて、英語の先生が……何ていうかな……「とにかく英語を声を出して読まなくちゃダメだ」ということを盛んに言われたわけ。［…］

東京の六中というところでね。それで、その先生ご自身はね、当時のことだから、外国留学なんかの経験はおそらくおありでなかったと思うんですけれども、にもかかわらず非常にオーソドックスに、「英語というものは声を出して繰り返し繰り返し読むというのが大事だよ」ということを言われた。

僕は漢文の素養があったものだから、親父に漢文の素読をやらされたものだからね、だからね、英語を——それが漢文が英語に移るということは、そんなに抵抗感がなかったわけね。だからね、やたらに声を出して読みましたよ。一生懸命ね。

それでね、そのことが後に、英語の学習法としての、「音読を非常に大事にしたほうがいいよ」という僕の考え方に連なっていくわけですけどもね。それが中学の二年や三年のこと。

父親から受けた漢文素読教育と、中学で英語教師から勧められて実行した音読体験は、後年、國弘独自の「音読メソッド」として結実し、多くの英語学習者に影響を与えることとなる。

村松もまた、中学時代の英語教師を尊敬の念を持って語る。教育方法は伝統的な文法訳読法であり、後に広島女学院大学学長を務めた恩師の今石先生は、シェークスピアの『マクベス』を教材に授業をした。

鳥飼 その今石先生をはじめとする英語の先生たちの英語教育というのは、やはりオーソドックスな……

村松 オーソドックスでしたね。

鳥飼 文法と、読んで……

村松 はい、文法。だけどもプラス教材がよかったと思います。

鳥飼　どういう風にですか？

村松　一番よかったのは、主として今石先生ですが、たとえばチャールズ&メリー・ラムの「テイルズ・フローム・シェークスピア」を——中学三年の秋ですよ。終戦直後ですから——選んでくれて、そのなかの「マクベス」をやったんですね。マクベスの物語はこういう物語として、最初に"Macbeth, the lord of Glamis"。Glamisと書いてグラームスと読むんだということもそのとき覚えたしね。それから、殺されたダンカンという王様が非常に穏和な人だった。the meek king. ミーク、m-e-e-kというのはそのころ覚えたですよ。

いま中学でそんなことはだれも教わらないですよ。それはやっぱり教科書というのは、少し難しいのを与えるほうが私は絶対いいと思いますよ。それをよく勉強した。

ラムの『シェークスピア物語』というのは、ご存じのように、イギリスで青年たちのために、シェークスピアを、もう百年以上前のをわかりやすい言葉で書き直した。しかしもとのフレーバーが残っている言葉でしょう。だからそれを読んでいると、リズム感といい、ときどき出てくる表現といい、ほんものに相当近いわけですよ。

早稲田へ行ってほんものの「マクベス」をやったときに、それこそデジャビュですよ。「おぅ、これ知ってるわ」。もうれしかったですね。だからすいすいとクルージングのように「マクベス」なんか読めた。いまはチャールズ&メリー・ラムなんて忘れられているけども、私はあれをぜひ読むべきだと思いますねぇ。

中学校では、シェークスピアだけでなく小泉八雲（Lafcadio Hearn）の『怪談（Kwaidan）』も読んだ。村松は中でも「ムジナ坂」がお気に入りだった。

その間、学校では先生が英語の教材にラムを使ってくれたことがあって、もう一つの教材が小泉八雲だったんですよ。ラフカディオ・ハーンの『怪談』ですよ。そうすると、そのなかにムジナというのがありまして、「狢坂」ですね。そうしたらこんな顔を描いたやつがあるでしょう。あれが面白くて面白くて。それをみんなで朗読するわけですよ。それで「だれか、読むか?」「ハイ」なんて私がね。それを読んでいると、「オジョチユウ、オジョチユウ」という言葉が出るわけですよ。英語のなかに「お女中」が出るのが面白くて、そこが読みたくてしようがなかったわけです。

「耳なし芳一」などの話も読んだ村松は、英語だけれど日本の話なので読むとすぐ分かることから、「ああ、日本のことが英語でこんなに読めるんだ。面白いなぁ」と感じ、やがて「そうだ、英語で日本のことを読んだら面白い。それじゃ外国の小説も、これも英語で読めたらもっと面白いだろう」というので、ますます英語を勉強するようになる。

4 戦時中の英語学習

戦時中は、英語は「敵性語」として使用を禁じられていたことから、正規の英語教育は行われなかったというのが通説であるが、村松も國弘も戦時中の旧制中学で英語教育を受けている。

村松の記憶では、東京への空襲が始まるまでは中学で正規の科目として英語を学習していたという。

鳥飼 敵性語だとかって言っていたけど、やっぱりやっていたんですね。

村松 やっていました。爆撃が始まる直前まで。工場動員に行ってもう授業がなくなりましたけども、その直前まで。戦争が終わるまで、一年ぐらい工場で働いたんじゃないかと思いますよ。一年弱だったかもしれないけども。しかし、それまではちゃんとやっていましたから。

國弘は、当時の英語の教科書は、格式ばった表現が多く、まるで「裃を着たような英語――カミシモ英語」だった、と表現する。

國弘　これねぇ、ただしね、当時の英語の教科書というのはね……何ていうのかな……今見たらひどいもんだと思うようなね、〝さようしからば〟という、裃を着たような英語だったよ。本当に〝カミシモ英語〟だったよね。
鳥飼　どこから出ていた教科書だったんですか。どこの出版社が出したんですか？
國弘　それはねぇ、まあいろいろあるんだけどもね、戦後はね、文部省の検定教科書というのかな。かなりひどい――今から思えばね、ずいぶんひどいものだったと思いますよ。それからね、戦争中はね、一つは三省堂から出た『キングズ・クラウン』という、これは非常にスタンダードな立派な教科書があった。
鳥飼　戦争中ですか。
國弘　戦争中だよ。戦争中でもね。神田ノブタケ――神田乃武先生がつくった『キングズ・クラウン・リーダー』というのはね、一冊から五冊ある。一年から五年まで、中学は当時五年ですからね、五冊あったんだよね。それを僕は、一年と二年のときだから1と2をやったわけね。
　神田先生がさすがにつくられた教科書だけあってね、非常に中身も立派だったし、装丁なんかも結構立派だったような気がしますし。ただ、一つ問題だったのは、やっぱり神田先生は、アメリカに長くおられたというようなこともあったし……何ていうかな……テーマがね、非常にハイカラだったわけよ。舞台がアメリカだったりイギリスだったりね。

それでね、オレは、ロンドンていう町はこういう町なんだなということをね、一番最初に知ったのはね、神田乃武先生著すところの『キングズ・リーダー』の巻二なんですよ。これはね、ほんとにロンドンについて詳しく説明があったわけよ。「ははあ、ロンドン！　ここへ行ってみてえ」と思ったよ。戦争中だったけどね。

それでね、とにかくいい教科書に恵まれたというのはあった。

ところが、それが文部省――やがて三年生ぐらいになってくるとね、文部省検定に変わるわけよ。そうするとねぇ、まずね、テーマ的にちょっとどうかと思ったのはね、たとえば「日本の海軍の雷撃機がマレー沖においてイギリス戦艦 Prince of Wales（プリンス・オブ・ウェールズ）と Repulse（レパルス）の二隻に攻撃をかけて、一隻は轟沈した。もう一隻は大破した」というようなね、そんなような中身のねぇ……。［…］

だから今から思うとね、ずいぶん「こんなことを英語でホントに言うのかいなあ」と思うような、ジャパニーズ・イングリッシュとしか言いようのないようなものもあったような気がします。［…］

ただね、それでもね、声を出して読むということは一生懸命やった。

5　捕虜との出会い

英語が敵性語とされ、テレビやラジオの語学講座もなかった戦時中に、村松や國弘が、生まれて初めて出会った外国人とは、捕虜である。村松は、著書『わたしも英語が話せなかった』(1978, pp. 4-5) の中で、中学生の頃、動員された飛行機工場でオランダからの捕虜と初めて英語で話した思い出を書いている。

國弘の場合は、中学生ながら考えた末、自分の意思で捕虜に会いに行っている。

あるとき――中学二年生のときですけども、中学二年のちょうど八月、今ごろの暑いときだ。僕はもうすでに神戸に移っていたんですが、神戸にね、捕虜収容所というのが――まあ、どこにもあったよね。どこにも。で、捕虜を、捕まえてきた捕虜をね――ＰＯＷですね、prisoner of war ですね、ＰＯＷをあれしている捕虜収容所というのがあちこちにあってね、僕はそこへ行こうと思ったわけよ。つまりね、英語を一生懸命声を出して読んでいるけどね、外国……本国人、ネイティブは身の回りにいないわけでしょう。〔…〕

それから、今と違うからテレビもないし、ラジオの英語番組もないし何もないし、なにしろ英語なんていうのは敵性語だと、こういう時代でしょう。そうするとね、外国人に、本当に外国の人と英語で一言でも二言でも交わしたいと思うじゃない？　中学二年生だけどね。思うじゃない？　ところがいないじゃない？　どうしたらいいだろうと思った。

そこで國弘少年は考えた末に、「捕虜収容所に行けばいい」と思いつく。

あそこに行けば、絶対にアメリカ人やイギリス人や――本国人がいるはずだと思ったわけよ。それでね、神戸の灘駅というところのすぐそばに、高射砲陣地の設営をしている捕虜の収容所があってね、真夏――八月でしたからね。上半身裸でね、モッコを担いで土運びをしているわけよ。そういうのがいるわけよ。それでね、そこへ行きゃいいなと思ったの。

しかし、これは戦時中のことである。当時は、「捕虜収容所なんかにうかうか近づくとね、何かスパイ行為をしでかしているんじゃないかとか、要するに日本の国にとってよからぬことをやっているんじゃないかと、日本の特高警察やあるいは憲兵にとっつかまって、ひどい目にあうかもしれないような危険があった」。よほどの勇気がないと捕虜には近づけなかった。しかし國弘自身の言葉に従えば、子供らしい無鉄砲さから、「そうなるかもしらんけど、いいやッ、そのときはそのときだ」と思い、「さもあらばあれ」という覚悟で出かけて行った。

それでね、そこへ行ったわけよ。当時。そしたらね、柵の中に——みんな向こうにいるわけですよ。檻があるわけだ、こっちにね。こっちは檻の外だけど。彼らは檻の中にいるわけですね。それでね、その柵の中にいる捕虜がね、みんな、どいつもこいつもね、もう赤鬼青鬼みたいなやつばっかりなのよ。図体はでかいしね。入れ墨をしたのもいたし。もう、どうしてこんな連中だ……これがいわゆる外国人——毛唐という、当時言葉があった。〔…〕毛唐というのは、要するに外国人ということなの。白人の外国人。それで「この毛唐ども！」と思ったよ。はっきりオレは毛唐という言葉を意識の中で使っていたよ。

どいつもこいつもスゲエやつばっかりで、おっかない——東京弁で言えば、おっかないヤツばっかりだなと思ったよ。

ところが怖そうな外国人ばかりの中で、一人だけ若く、「柔和な感じ」の捕虜がいた。今でも顔を思い出すことがある、というその捕虜が微笑みかけてきた。

若いね、そうね、二〇ねぇ……わかんないけど、二二～二三ぐらいの、若い若い兵隊さんがいたわけよ。その若いのがね――背は低いわけよ、それでね、それが僕の顔を見てニコッと笑ってくれたわけよ。檻の向こうからね。

僕の想像では、おそらくね、故郷の弟かなんかを僕をみて思い出したんだと思うの。故郷に置いてきたね。それで、自分は捕虜ですからね、異国にいるわけですからね。それでね、そのときにね、僕は「あ、あの人だ。あの人に話しかけよう」とこう思ったわけよね。

「さて、何を聞こうか」ということになって、中学生が思いついた質問は、出身国を聞くことだった。

それで僕はとっさに、おまえの国はどこかということを聞こうと――まあ、聞くしかないよ。ほかに聞くことがないからね。それで、おまえの国はどこかと聞きたいと思ってね。というのは、捕虜といってもアメリカ人もおればイギリス人もおれば、当時はオランダ人も捕虜としていたしね。それからオーストラリアとニュージーランドの捕虜もいたでしょう。それからインドの人もいたでしょう。そういう人がいろいろ、国籍がいくつかあったから、だからあなたの国はどこだということをまず聞きたいと思って、それで何と言ったかというと、“What is your country ?” と、こう言ったんだよ。

「僕らの習ったときの〝さようしからば〟英語なんかにはね、そんな“Where are you from ?”なんていうような洒落た言い方は、おそらくなかった」ということから、今から振り返れば「ひどい英語」かもしれないが、中学二年生、一四歳の少年にとっては精一杯の英語であった。國弘は、その英語が正しいかどうかをチェックする気にはなれない、と言う。

少年の日の僕の夢を壊すから、しない。誰にも聞かないの。だって、「そんなのはひどい英語だ。そんな英語はない」なんて言われたら、僕の青春の——そのときの僕の夢がこれで消えちゃうじゃない？　だから聞かないの。

しかし、稚拙な表現にもかかわらず、中学生の英語は見事に通じたのだった。

それでね、“What is your country ?”と言ったのよ。そしたらそれが通じたんだよな。［…］

そしたらその捕虜、その背の低い捕虜がね、若い捕虜がね、ニコッとさらに笑ってね、“Scotland.”と一言いったのよ。それで僕はそれがわかったわけよ。ああ！

でね、あのときね、彼がゴチャゴチャいろんなこと、詳しいことを言ったら、全然わからなかったと思うよ。一言だけだったからわかったのよ。これは一言だけというのの意味があるなと思うよ。今にして。“Scotland.”と一言いったのよ。

「あ、スコットランドか」。ということは、スコットランドという地名は、僕は知ってたからね。それで、そのときの……何ていうか……うれしかったというのかなぁ、欣喜雀躍というのかな、もう天にも昇るような感じでね、「通じたッ。通じたッ。通じたッ。通じたッ」と言いながら、叫び声を上げながらね、山の——僕の家は神戸の山の麓みたいなところにあったので、そこまで駆けていってね、「通じたッ。通じたッ。通じたッ。通じたッ」といって。

この原体験が、その後の國弘の運命を決めることになる。

それがね、僕のねぇ、その後の運命を狂わせたと思うね。いやホント。あの経験がなかったらね、こんなに英語なぞというものに、取り憑かれたというか……何というか、興味というか、関心を持ってそっちの方向に行っちまったということはなかったと思う。だからね、僕はその意味では、偶然だったんだなあと思うし、ありがたいと思うしね。

國弘は半世紀後、奇しくもスコットランドにあるエジンバラ大学から特任客員教授を任命され、しばしばスコットランドを訪れることになる。

で、僕はその後ね、スコットランドと関わりを持つことになる。それでね、今でも――この間も本当に短い期間行ってきたんですけどね、スコットランドに行ったときにいつかね、テレビかラジオか、あるいは新聞かなんかでね、「かつて神戸で、私はスコットランドから来たという捕虜の人に会った。当時は二三～四歳ぐらいだと思うから、私より十ぐらい年は上だと思うけど、まだもし存命であれば――八十いくつですよね――ぜひお会いしたい」ということを言いたいと思うのよ。やってませんけどね、まだ。事実大変だから。

それぐらい、そのスコットランド兵の捕虜との出会いが、どうもその後の僕の運命を大きく決めたというよりは、狂わせたと僕は言っているんだけども、狂わせられちゃったなと思うんですね。

英語を勉強し始めたばかりの中学生がネイティブ・スピーカー会いたさに、捕虜収容所まで勇気を奮い起こして出かけ、年若い捕虜に出身地を聞く。知っている英語の知識を総動員して捻り出したのは“What is your country?”だった。しかし捕虜が答えた“Scotland”という一つの単語が理解できたときの中学生の喜び。自分の英語が「通じた」ことを実感したときの嬉しさ。その折の気持ちを語った國弘は、何度も大きな声で「通じた！」という叫びを再現し、さながら神戸の一中学生に戻ったかのようであった。この経験がなければ、これほどまでに「英語に取り憑かれる」ことはなかった、と國弘は語る。まさに、その後の運命を決めたような出会いであった。

6　終戦後の英語学習

「模型飛行機少年」と自称するほど飛行機が好きだった村松にとって、敗戦は、飛行機作りへの夢を断たれたことを意味する。戦争終結となり、東京府立航空工業学校でまず行われたのは、自分たちが作った飛行機を自らの手で壊すことであった。

村松　戦争が終わって、飛行機を自分たちの手でぶっ壊したわけですよ。涙ながらにね。［…］米軍が来てどっちみち壊されちゃう。それじゃあ自分たちの手でというので、米軍の来る前に、学校の校庭の隅に格納庫があったんですよ。エアクラフト・ハンガーですよ。それで、いまからみれば小さいけれども双発の飛行機とか、何機もありましてね。それをみんな男の子だけど泣きながら、農作業用の鍬や鋤でぶっ壊したですよ。当時のことだから金属製というよりは、木製の飛行機が多かったわけですよ。

鳥飼　木製？

村松　もう木ですよ。木で布が張ってあるわけですよ。そういう飛行機をみんなぶっ壊した。泣きながら。

数年後には、「アメリカが、私にとっては「世界」でした」と感じるようになる村松も、敗戦直後に学校へやってきた米兵に対しては快い感情を持たなかった。敗戦から一ヶ月の一九四五年九月、ある日突然、ピストルを持ったアメリカ兵が何人かやってきて、校庭のバスケットボールのポールを抜いて持っていこうとした。それを目撃した生徒たちは憤慨し、村松が音頭を取って、習ったばかりの英語を教室の窓から叫んだ。

You shall die. というのは、You will die. と違って、殺してやるという意志が入るんだということを覚えていたもんだから、終戦直後にアメリカの兵隊が来たときに、それを大きな声で怒鳴ったということね。あれは絶対発音が悪かったから、通じなかったですが。

中学生たちの "You shall die!" という抗議を無視して、米兵は構わずポールを抜こうとする。そこへ、騒ぎを聞きつけた今石益之先生が駆けつけた。

ところがそのときに、その兵隊に、まあまあ、これはうちの大事な学校の子供だからといって説得してくれた先生というのが、今石先生という——本にも書きましたが——後に広島女学院の教授から院長まで、ほんとに最高のところまでいった立派な先生。なんであんなえらい先生が中学で教えていたかというのは、これはやっぱり国策ですよ。国の政策を反映して、東京府が一番いい先生を選んだと思うんですよね。ありがたかったですね。運がよかったんですよね。

村松はこの事件について著書で、「今石先生が勇敢にも兵隊たちに歩み寄り、なにやら英語で話しはじめました。驚いたことに、間もなく彼らはポールを抜くのをあきらめて去ってしまいました」と記している(1978, p. 5)。村松は「えらい先生だな」と感動し、また「英語ができたらいいな」と思った。自分たちは怒鳴ることしか出来なかったのに、先生は英語で語って米兵を説得した。英語がコミュニケーションとして使われる有様を目の当たりにした中学生にとって、この教師の姿は又とないお手本であり、大きなインパクトとなって英語学習への動機づけとなったのであろう。村松自身も、「このあたりが私の英語歴の「ルーツ」でしょうか」(1978, p. 5) と認めている。

7 進駐軍の兵士から英語を学ぶ

「殺してやる!」と米兵に叫んだ村松と違い、國弘は戦争が終わるや否や、進駐軍兵士から英語を学ぼうと試みる。神戸は、広島に本部を置く英連邦軍の管轄下にあり、米国だけでなく、英国、オーストラリア、ニュージーランド、インドなど各国からの兵士が駐留していた。当初は、市民と接触しないよう注意していた進駐軍も、日本人が友好的であるのを知り、徐々に警戒心を解くようになった。

中学生の國弘は、その当時は貴重品であった英語の教科書を二冊手に入れる。通常は一冊しか持っていないはずなので、「誰かのやつを一冊、まあ神戸弁で言うと〝まむく〟というんだけどね、盗んできた」。それを持って神戸の三宮や元町に出かけて行った。

それで二冊持って街へ出るわけよ。三宮だとか元町だとか神戸の盛り場。そうすると最初のうちはね、占領軍もね、そんなに日本人とフラターナイズしないわけよ。要するに仲良くなったらまずい。で、警戒しているわけよ。ところが、だんだん「日本人というのはそんなに危険な存在でもないな」とみんなが思ってくるとね、もう兵隊がね、鉄砲なんかそこら辺に立てかけてね、そこでブラブラ、二人三人でブラブラしているというのが山ほどいたわけよ。「これだ」と思うわけよね。つまり捕虜に話しかけたのと同じ。今度は捕虜じゃない、こっちのほうが捕虜なんだけどね。それでね、話しかけるわけよ。

そこで國弘が、暇そうにブラブラしている米兵に頼んだのは、声に出して教科書を読んでもらうことであった。

それで教科書を持っているわけよ。それで一冊、自分が持っている教科書を持っていて、もう一冊の教科書を兵隊に見せて、「悪いけどこれを読んでくれ」と。当時はテープレコーダーなんかないからね。まだそんなものはないですよ。テレビもないですよ。要するにね、読んでもらうわけよ。そうするとね、彼らは自分で簡単に読んでくれるわけ。声を出してね。僕はそれを聞きながらね、「あ、ここは上げたな。あ、ここは下げたな。ここはこれで止めたな」とか、そういう、いわゆるイントネーションとかね、どこで止めたかという、ポーズをどこで置いたかというようなことを自分の持っていた教科書に書き入れるわけよ。

英語教育用語を使えば、音の強勢やリズム、イントネーションなどのプロソディーを学習したことになる。さらに國弘は、同じことを何人もの兵士にやってもらう。

それでね、しばらくするとね、ひとりの兵隊は飽きてくるわけよね。そうすると隣の兵隊が、友だちがやってきて、「オイ、おまえ何やってんだ」と言うと、「いや、このガキがね、英語を勉強してるんで教科書を読んでくれと言って、中学校の三年かなんかの教科書を読まさせられてるんだ。もうオレはさんざん読んだから、おまえ替われ」なんていって替わってくれるのよ。シメタものなわけよね。

なぜ、違った兵隊に読んでもらったことが「シメタもの」なのかというと、最初の兵隊と次の兵隊では、同じアメリカ人でも発音が違うから、というのが理由である。

[…] アメリカに対する知的関心というのが非常に大きくなっているから、アメリカの地理とか歴史とか、そういうようなことについてはかなり知識を入れていたじゃない? そうするとね、「おまえはどこから来たんだ?」なんて聞いて、「オレはニューヨークだ」「オレはナントカだ」。そうするとね、ニューヨークのやつが読んでくれたあとね、その次はテネシーのやつが読むとね、違うんだよ。どうしてアメリカ人同士でありながら、こんなに違うんだろうと思ったよ。

だけど僕はそのときに、東京弁と神戸弁というものが頭の中に入っているから、だから方言の違いとか地方差というようなものについては、ものすごい敏感だったわけよね。「あ、これはこういうふうに違うな」「ああ、これはテネシーのやつはこうだ」といって、そんなようなことを繰り返してやりましたよ。

英語の多様性を、中学生の國弘は実体験したことになる。この突撃無料レッスンを國弘は連日繰り返し、そのうち、レッスンはさらに発展し、読んでもらうだけではく、自分が読んでみた英語を兵士に直してもらうことも始める。

おそらく毎日ね、ほとんど毎日ね、学校が終わると必ずといっていいぐらい、神戸だの三宮だのあっち……元町だのというところへ行って、兵隊さんをつかまえちゃ、それを声を出して読んでもらって、そのうちに僕が今度はね、「私が読むんだけども、あなたは聞いてて直してくれ」というようなことをオレが言って、僕自身が読むわけよ。〔…〕

できるだけ彼らの真似してね。ところがね、「ここが違う」とか「そこで切っちゃダメだ」とか「そこはこうやって下げるんだ」とかなんとか、えらそうなことを言うんだよ。そこらの兵隊が。二〇歳かそこらのね。生意気なことを抜かしやがったと今になっては思うけども、僕にとっては本当にありがたい先生だったよね。

進駐軍兵士に頼んで英語の発音、イントネーション、リズムを教えてもらった経験も、國弘の「音読」による効果を確信させることになる。

國弘は、やがて英語活動に活発に関わるようになる。毎日新聞がこの頃始めた英語レシテーション・コンテストに参加したり、今では全国の大学に広がっているＥＳＳ（English Speaking Society）設立に携わったりする。これらすべてが、國弘にとって「大変に大事な、一種のフィールドワークといっていいような、英語のフィールドワークを実際にやった経験」となり、将来への布石となる。

敗戦後、「飛行機はもうやっちゃいけない」ということになり、「飛行機の夢がもうそれで萎えて」しまった村松は、「終戦でもってガックリ数学がダメになっちゃって」、東京外国語専門学校（現在の東京外国語大学）を受験したものの、「代数で二次方程式が解けなくて」放り出す。第一高等学校（現在の東大教養学部）に入る最後のチャンスもあったが、「ミミズの生殖構造を書け」という生物の設問に、「そんなことわかるか」、と退場。結果として、両方とも失敗する。飛行機という目標を失い、得意だった数学にも興味を失った村松は、その反動として文学少年になり、読書に勤しんだ。

村松　そのとき、やっぱり活字に飢えていましたから。これは本には書かなかったけれども、終戦の年の冬、もう寒くなってきたときに、いまでもはっきり覚えていますが、千駄ヶ谷の駅の前の、いま体育館かなんかあるところに徳川さんの屋敷があって、そこが東京都の図書館になっていたんですよ。もしかしたら焼けて臨時図書館だったのかもしれません。小さなお屋敷のなかが図書館で、そこへしょっちゅう行っては、暖かい廊下で――寒かったですからね――本を読んでいましたね。そのときに何を読んだかというと、詩ですよ。［…］日本語の。日夏耿之介とかね。芥川龍之介を発見したのはそこですけどもね。ともかくそこにあるのを面白そうなのをみて、それを帳面に書き写しましたね。筆写ですよ。これが國弘さんの言う「只管朗読」と同じで、書き写すということは非常にいい勉強ですよね。後にはそれがタイプライターで英文を写したことになるんですが、初めは日本語を全部書き写した。だから詩のリズム感というのは、そのときになんとなく身についたような気がしますよね。

国木田独歩の「武蔵野」という、非常にキザなほど――いまからみればね――ゴテゴテした自然描写のあれを全部書き写しましたからね。字も覚えるし。そうすると表現を覚えますよね。そういう、もの好きな子でした。

鳥飼　本を読みながら、将来どうしようかな、なんていうことを考えられたんですか。そのときは。

村松　将来は、そんなに考えてないでしょうね。ともかくそのときに、乾いたスポンジが水を吸うように、なんでも吸収しましたからね。

東京外国語大学英語科へ進んだ小松は、米国への興味が益々深まり、その関心の対象は、米文学、ジャズ、ミュージカル、映画からアメリカ型経営や産業、米国政治へと多岐にわたり、卒論で取り上げたテーマは『セオドア・ルーズベルトとアメリカ帝国主義外交のはじまり』というものであった。

鳥飼　卒論でアメリカ政治を取り上げられたというのは、どういうテーマだったんですか。

小松　題はね、『セオドア・ルーズベルトとアメリカ帝国主義外交の始まり』という、とんでもないというか、まるきり大げさな題でしてね、内容は全然そんなことはないんですけどね。

私は学生時代、左翼だったんですよ。原水協なんかもやっていましてね。左翼なんだけども、非常にアメリカが好きだったんですね。ですからその左翼的な目からみると、アメリカは帝国主義だとみていたわけですよ。しかし非常にアメリカは好きだったんですね。この好きなアメリカの国がどうして帝国主義か。帝国主義というのはやっぱり悪でね。やっぱりその、悪という意識もまたあったわけですよね。ですからそういう点で、どうしてアメリカが帝国主義になったんだろう、ということをちょっと勉強したいと思いましてね。それでちょうどそれが、セオドア・ルーズベルトが、いわばアメリカの外交政策としては帝国主義外交の、いうなれば、はっきりあらわれてきた最初だったものですからね。その辺の本を二、三冊読んで論文をでっちあげただけで、まことにね、お粗末なものなんですけどね。

そのような大学生が、日本生産性本部の募集に応募し、米国国務省で通訳訓練を受けたのは、アメリカへ行かれることに魅力を感じたからであった。

大学の四年生のときに受けたと思うんですけどね、アメリカへ行きたかったんですよ。やっぱりアメリカへ、当時はなかなか行けませんでしたから。ですから——たまたま卒論なんかもアメリカ研究でしたしね、ジャズが非常に好きでしたから、非常にアメリカにあこがれがあったんですね。ですからアメリカへ行きたかったので、その試験に受かればアメリカへ行けるということで受けたんで。通訳になろうというよりは、むしろアメリカへ行きたいということのほうが大きかったですね、当時は。

アメリカ帝国主義を批判した左翼学生であったが、小松はアメリカという国は好きであり、米国に行きたいがために日本生産性視察チーム通訳員に応募する。大学を卒業した翌年に渡米した小松は五年半、米国に暮らし、アメリカは「第二の故郷」となるまで深い愛着を抱くようになる。

8　海外体験

一九四〇年代、五〇年代の一般的な日本人にとって、海外へ行くということは特殊な体験であったと言って良い。したがって、村松や小松にとって、日本生産性本部の通訳要員として米国へ渡ったのは、初めての海外体験であった。大学時代に海外を体験したのは、三名のうち國弘一人である。

國弘は青山学院大学二年次に、戦後再開された日米学生会議(2)の第一回ホノルル会議に参加している。ハワイがまだアメリカ合衆国の準州だった時代のことである。日本では二〇〇〇名の応募者の中から数名が選抜されて参加した。

國弘がホノルル会議で行ったスピーチは、ハワイ大学の学部長を感心させ、國弘がハワイ大学で文化人類学を専攻する道を開くことになる。スピーチの内容は、日本文学の英訳に携わることで海外での日本理解へ貢献したいという将来の夢を語ったものであった。特に、具体的なお手本として、トルストイやツルゲーネフを英訳しロシア文学を英語圏に紹介したガーネット夫人について語った。

それでハワイへ行って、それで講演をせざるを得なかったわけね。それで、僕が何について講演したかというと、そのときのテーマはね、要するに日本文学の英訳を通じて日本というもの、日本人の心というもの、あるいは日本のいろいろな事物、「こと」を、文学作品の英訳作品を通じて理解してもらうということを僕は将来手がけたいと思う、みたいなことを言ったわけよ。それがいかに大事かというようなことを言ったわけよ。

それはえらそうなことを言ったわけよ。まったく恥ずかしい話でさ。そのときにね、もっともらしいことを言ったのはね、かつてのね、つまり帝政ロシア時代のロシア文学、トルストイでもツルゲーネフでも何でもいいんだけど、そういうロシア文学の英語訳を一生懸命にやったイギリス人の女性がいたわけよね。ガーネット〔Constance Garnett〕というおばあちゃまがおられて、その方がロシア文学の英訳を一生懸命にやって、イギリスなりあるいはアメリカなりに広めてくれたお陰で、ロシアにいよいよ、いわゆる共産革命が起きたときに、イギリス人やアメリカ人は、あの共産革命に対してはみな「エエッ」という感じだったけれども、ロシア人というものに対してはね——ソ連人になっちゃったけど、ロシア人の農民とか、ロシア人の小さな商売人とか、それからロシア人の若い男女とか、そういうロシア人というものに対しては、非常な親しみを覚えていた。これはやっぱり文学作品のみがよくなし得る、一種の橋渡しの作業だというような話をしたわけだよ。〔…〕それでね、「私も将来そういうことをやりてぇんだ」みたいなことを言ったわけよ。

そうしたらね、僕の講演というか……ま、スピーチだよな。スピーチをね、ハワイ大学の学部長をしていた先生が聞いていてね、「おまえ、うちの大学に来ないか」と言われたのよ。

國弘は実は、アメリカではなく北欧へ留学することを希望していたのだが、それはデンマークやスウェーデンなどの北欧諸国が、農業国であり、平和国家であり、かつ福祉国家であることに由来している。しかし後述するような理由で（本章第13節）、その夢はかなわず、結果的に学部長の招待を受け、日米学生会議の一年後、國弘はハワイ大学へ留学する。学部長は、この日本からの留学生を自宅に泊め、異文化と出会う機会を与えた。國弘はハワイに二年半ほど滞在し、文化人類学を学んだ。二三歳から二五、六歳にかけてのことであった。

9　バイリンガルとして育つ

「バイリンガル」という用語の定義は、厳密にはなかなか難しい。日本では、ちょっとかっこよく「日本人ばなれした、きれいな発音」で、外国語を「流暢に喋る」人間を指すようであるが、言語学・心理学・教育学分野で"bilingual"は、「二ヶ国語を知っている人」として定義し、挨拶程度の会話ができる人から、読み書きだけできる人、母語話者並みに使える人まで、広範囲に使用する（バトラー後藤 2003, p. 56）。したがって、バイリンガルについて論じる場合は、言語習得の状況により、さまざまな分類がなされる。たとえば、幼児期に第二言語を習得した場合でも、母語と第二言語を同時に習得した者と、母語習得後に第二言語を習得した者とに分類される。第二言語の習得レベルによっても、二言語が等しいレベルの「バランス・バイリンガル（balanced bilingual）」と、二つの言語の習得レベルに差のある「ドミナント・バイリンガル（dominant bilingual）」、どちらの言語でも年齢相当の言語能力を有していない「リミッテッド・バイリンガル（limited bilingual）」などがある。以上の分類は研究者によって見解が分かれおり、「アディティブ・バイリンガル（additive bilingual）」と「サブトラクティブ・バイリンガル（subtractive bilingual）」とを区別することも多くなっている。

「アディティブ・バイリンガル」とは、「通常、第一言語、第二言語の両方が家庭・社会からのサポートを受けるなどの要因により、第一言語習得の上にもうひとつの言語習得がプラスに作用し、言語的・認知的・社会心理的なメリットを享受できるバイリンガル」であり、「サブトラクティブ・バイリンガル」とは「「通常、第一言語への社会的サポートが乏しいなどの理由により、第一言語の発達や認知・社会心理的発達にマイナスの影響が及んでいるバイリンガル」」である（バトラー後藤 pp. 57-58）。日本語での訳語はないが、「付加的バイリンガル」「マイナス・バイリンガル」と呼ぶことができよう。

西山千は母語習得後に英語を習得した「連続バイリンガル（sequential early bilingual）」、相馬雪香は恐らくは日本語と英語を同時に習得した「同時バイリンガル（simultaneous early bilingual）」と考えられるが、二人とも、二言語が等しいレベルの「バランス・バイリンガル」（balanced bilingual）と言える。英語使用国で家庭内だけの日本語使用、戦前の日本で家庭内での英語使用というケースは、「第一言語、第二言語の両方が家庭・社会からのサポート」を受けたとは言い難いが、「第一言語習得の上にもうひとつの言語習得がプラスに作用し、言語的・認知的・社会心理的なメリットを享受」するようになり、二言語で同等な知的活動が可能であることから「アディティブ・バイリンガリズム（additive bilingualism）」（Cummins, 2000, pp. 37-39）を獲得したと考えられる。

西山は「全部合わせての経験が、結局私を半ば自動的にバイリンガルにさせちゃったと言ってもいい」と語るが、同じようなバイリンガルに見える西山と相馬のハビトゥスは、実は相当に異なっている。西山は、英語が日常的に使用される国で、家庭内では日本語だけを話す両親のもとで育ち、相馬は日本語しか通用しない国に住みながら、家庭内では日英両語を使用して育っている。

10　英語の習得

西山は一九一一年、米国ユタ州ソルトレーク市で日本人の両親のもとに生まれた。母親の里帰りで二歳半から四歳ぐらいまでの二年間、日本で過ごすが、それ以外は日系アメリカ人二世として米国で育ち、大学院で修士号を得るまで過ごす。

西山はいわゆる「幼児語」を学ばず、日本語は「文字通り、母の言葉」であった、という。

　私は二歳半あたりから四歳ぐらいまでね、つまり二年間ぐらい日本にいたわけです。おもに東京ですけどね。それで、おふくろは、もちろん私を連れて、いろいろ友だちやら親戚やなんかを回ったわけでしょう。そうすると大人が話し合っている日本語が聞こえるわけですね。知らないうちに私はね、大人の日本語をしゃべるようになったんですよ。小さい、四つぐらいのチビがね。

　それで、あとでおふくろが笑いながら私に話してくれたけど、「おまえはねぇ」と言われましてね、どこかのおじさんが、小さい坊やがいるから「よう、坊や、どうかね」というふうに言うと、私はね、「はい、まことに結構でございますが」というふうに答えるっていうんですよ。そうすると、そのおじさんが面白がって「あら、そうでございますか」と言って、私の背丈のところまでわざわざしゃがんでくれましてね、一生懸命私と話をしてくれたんですよ。

　結局、ですから私はね、幼児やら子供の日本語は覚えなかったんですよ。大人の日本語しか覚えなかったわけです。それで、私の言語的な経歴からいえば、文字どおり母国語が私の日本語であったわけです。おふくろの言葉が私の…。

二年間の日本滞在から米国へ戻った西山は、家庭の中では日本語だけで育った。

それから、またおふくろが私をアメリカに連れて帰ってくれまして。それで、もちろん家のなかは、もう全部、日本語ですよね。両親との話は全部日本語で、一歩外へ出れば全部英語なんですよ。それで、初めはもちろん私は、英語は全然できなかったわけです。日本語しか話せなかったんです。

すべてが英語の国に住みながら、最初は全く英語が分からなかった西山は、ネバダ州に住んでいた五歳半頃の、ことばにまつわる思い出が忘れられない。

西山　ソルトレークにしばらくいて、それから私が五つか五つ半ぐらいの年でしたと思いますけどね、ネバダ州の小さい田舎町に引っ越したわけです。そこにもやはり日本人の人たちもいましたし、おやじは何か事業をやるために行っていましてね。そのときに私は、近所のアメリカ人の友だちとね、子供と一緒に遊んでいたわけです。あるとき、おもちゃの鉄道がありましてね。それをアメリカ人の子と私が一緒に遊んでいて、私はなんにも彼がしゃべっていることがわからないけれども、ちょうど犬ころがたわむれるようにただ遊んでいたんです。そうしたらね、そのおもちゃの鉄道の線路の横に箱をぽんと置いて、"We'll make this the station." とこう言ったわけです。あれッといって——あのね、大正時代、明治時代はね、日本では鉄道の駅は「ステーション」といっていたんです。

鳥飼　あッ、そうですか?

西山　ええ。それでね、あれッこいつら日本語話せるじゃないかと思ったわけですよね。ほぉ、彼も日本語を話せるのかと思って、うちに帰ってからおふくろに話したらね、「いや、それが英語なんだ」と言われましてね。ああそうか、英語ってそんなものかなあと思って……。

鳥飼　ステーションって使っていたんですか。へぇぇ。

西山　よくステーションといっていたんですよ。昔の駅は。
鳥飼　カタカナ語でそのまま使っていたわけですね。日本語で。
西山　ええ。日本語は。大正時代ですね。結局、英国が日本の鉄道を始めましたから、おそらくそういうところで英語を使うようになったんだろうと思いますけど。

西山が初めて英語を使ったのは、六歳になる前である。

まず英語を覚えだすキッカケを申し上げますとね、［…］まだ学校に行く前でしたけどね、近所のアメリカ人の子供たちと一緒に僕はただ、何をしゃべっているかわからないけど、一緒に遊んでいたんですよ。

そうするとね、だれかひとり子供がスッとわれわれのグループから抜けるとね、"Hey, where're you goin'?"と言うんですよ、英語で。Hey, where're you goin'?といって、この音声だけはね、おまえどこに行くのかという意味だということは、察することができたわけですよ。

ある日、夕方になって、もう夕ご飯の時間に近づいてきたなと思って、僕はサッとそのグループからうちへ帰ろうとしたら、"Hey, where're you goin'?"とやられる。さてオレはどう言ったらいいのかな、うちに帰らなきゃいけないんだと言わなきゃいけないんだけどといって、私のそれまで覚えていたわずかな英語の単語を並べましてね、"me, go, me, papa, house."と言ったんですよ。何かこんなことを言っただろうと思うんです。はっきり言葉どおりは覚えてないんですけどね、"me, go, me, papa, house."と言ったんですよ。そしたら"Oh."と言って、それで納得してくれたんです。やれやれと思ってうちへ帰ったわけです。

幼い西山が、このことを父親に話すと、父親は、簡単な答え方を伝授してくれた。

だけどまあとにかく苦労したから、おやじに話したんですよ。「お父さん、こんなこと言ったけど、うちへ帰らなきゃいけないということを言えなかったんだよ」と言ったら、「ああ、そうか。じゃあ、おまえこう言え」と言って、まずは何か難しい英語で言ってくれたんですよ。これがどうも言えないんだよ、私は。そしたらね、「それじゃ簡単にただ"Home."と言えばいいんだ。"Home."と言いさえすればそれでいいんだ」と。ああ、そうか、"Home."ぐらいなら言えると。

そういう時は"Home."と言えばいいんだ、と教えられた西山は、そのせりふを使う機会に遭遇した。

そしてある日、おやじが私を買い物に町へ連れ出したんですよ。私はおやじの横をちょこちょこついていっていると、近所の友だちのうちの前を通ったんです。そしたらその友だちがね、"Hey, where're you going ?"って聞いたわけです。

西山は、覚えたばかりの英語で、"Home."と答えた。しかし、西山父子はこのとき、買い物に行く途中であって自宅に向かっているわけではないので、"Shopping."と答えるべきで、"Home."という答えは誤りであった。しかし、西山の父は、その間違いを直さなかった。

僕が"Home."と言ったら、そうしたらおやじはね、普通だったら「No, no, いやいや違うんだ。これは"Home."じゃなくて、今度は買い物だから"Shopping."とでも言えばいいんだ」というふうに教えてくれるはずでしょう。ところが、おやじはそう言わなかったんです。おやじはね、「そうだ。そのとおりに言えばいいんだ」と、こう言ってくれたんです。

間違いを正すどころか、「そうだ。そのとおりに言えばいいんだ」と言ってくれた父親のことを、西山は昨日のことのように語る。

それだから私はね、ものすごい勇気が盛り上がってきたわけですよ。おお、簡単にただ"Home."と言いさえすればいいんだと、すっかり元気になっちゃったんですよ。

西山の父は言語の専門家ではなく教育専門家でもなかったが、本能的に息子の意欲をそぐような言動を避け、人生の基本を息子に教えた、と西山は感じている。

幼児教育の根本的な一つのものを、おやじは本能的に私に与えてくれたと思うんです。要するにしゃべることを怖れてはいけないということ。それが基本的なレッスンだったと私は思うんですよ。

六歳になると西山は父親に連れられ、近所の小学校へ通うことになる。最初の登校日、学校へ向かいながら父は、息子にこう言って聞かせた。

おやじが私にね、「千、おまえね、学校にきょうから行くけれども、おまえね、先生の言うことはなにもわからんぞ」と言ってくれたんです。「でもわからなくていいんだ。ただ行って、おとなしくちゃんと聞いておればいいんだよ」と言ってくれたんです。

私は六つの子供だから、おやじをすっかり信用しちゃって、で、「心配するな」と言ってくれたんです。ああ、心配もしないで、ただ聞いていればいいんだから、それなら学校に行ったたって簡単だと思ってね。

最初の日におやじは私を連れていって、そこの先生におやじは何か説明をしていたらしいんですよね。おそらく、この子は英語もなにもできないけどよろしく頼む、といって頼んだろうと思うんですよ。そしたら先生はにこにこしながら私を連れて、ちゃんと机を教えてくれたんです。で、僕はその机にちゃんと腰掛けて、じっとしていたわけですね。おやじは「ここでもちゃんと先生が言うとおりにすればいいんだから」と言ってね、で、おやじは帰ったわけです。私ひとり腰掛けた。

小学校に通い始めた頃の思い出で、西山の心に鮮明に焼き付いている光景がある。

おそらくその日じゃなかったかと思うんですよ。先生が粘土の玉をめいめいの生徒に一個ずつ、机にもってきて置いてくれましてね。で、何か先生が言ったんですよ。何を言っているかさっぱりわからないから、僕はただその粘土の玉をじっとみて、こうやってじっとしていたわけですよ。

そしたら後ろの坊やがね、私の机のすぐ後ろの坊やが、なにかペチャクチャ、ペチャクチャしゃべりながらやっているんですよ。実際は彼が何か、"I'm gonna make a turtle, I'm gonna make a turtle, I'm gonna make a turtle…"と、そういうことを言っていたんだろうと思うんですよ。とにかく何を言っているかさっぱりわからないけどね。とうとう何を言っているんだろうと、ふっと振り向いてみたら、"See, how do you like my turtle?"と、僕にひょいと持ち上げてみせてくれたの。そうするとカメの粘土だったんです。あ、なあんだ、彼が言うturtleはカメの意味だということ、それが私の英語の最初のレッスンだったんです。学校で。

西山は、その後、「心配しないで毎日ちゃんとおとなしく学校に行って、それから学校のあとやら休憩の時間なんかは、ほかの子供たちと一緒に校庭に出ていって遊んで」「そういう子供と一緒に遊んでいるうちにね、知らないうちに片言の英語を話すようになっちゃったらしい」「おそらく二、三ヶ月ぐらいのうちにはペチャペチャ英語をしゃべるようになっちゃったんです」という。

カミンズ（Jim Cummins, 2000）の言う「会話言語（conversational language）」を英語で獲得した後、西山は「アカデミック言語（academic language）」(3)、もしくはブルデュー（Bourdieu）の用語では"*langues d'enseignement*"（宮島 2003, p. 25）となる「学習言語」を学び始める。小学校二年生で、英語での読み書きを学習し始めた授業で、英語のスペルと音が初めて結びついた瞬間のことを西山は、こう語る。

それから二年の教室に入ったわけです。そうしたらね、そこで先生が、そのときから――もう大昔の話ですけど、二年から子供に読み書きを教えるようになっていたらしいんだ。田舎の学校ですけどね。それで先生が文字を黒板に書いてね、一つひとつの文字の発音のしかたを教えてくれたんです。そうしたらね、先生がCという字を書いて、これは〝s〟というふうに発音をするし、〝k〟とも発音ができると。それから今度はAと書いて、"This can be pronounced"と言って、"a or ae"と言ったのね。それから今度はTを書いて、これは〝t〟というふうに言うんだと。

それで私はね、あッちょっと待てよ、それだったらあの文字をちゃんとc-a-tと並べればcatになるというふうに、自分が世紀の大発見をしたわけですよ。私が。ああ、そうか、そのようにしてスペリングから発音ができるんだということを二年生のときに覚えたんですよ。まるきり自分で勝手に判断して、自分が発明したように思っちゃってね。

「世紀の大発見」をしたような勢いで帰宅した西山は、すぐに母親に報告するが、この時の母親の対応も、西山はよく覚えている。

それから家へ帰っておふくろにね、ちゃんと発音をして、「ママ、こういうふうにしてね、英語が読めるのよ」といって、おふくろに格好して教えてやった。そうすると、おふくろがね、そのときにそれが当たり前だとは言わなかったんです。「あら、そぉ。それはいいねぇ」と言ってくれたんですよ。

西山の母は、言語の専門家ではなかったが、日本女子大で家政学を教えたことのある教育者であり、西山の「発見」に水をさすようなことはしなかった。

とにかくおふくろが「あ、それは面白いね」と言ってくれた。すっかり私はね、おれがちゃんと英語を自分でやったんだという、ものすごい勇気が盛り上がってきたんですよ。そういうところから今度は英語をしゃべるようになりましたですね。

西山は、両親ともに本質的な意味で教育者であり、幼い自分に自信を持たせてくれたこと、家庭で日本語を使ったことが、バイリンガルとして育つ上で大きな影響があったと振り返る。

ですから私がバイリンガルになった背景というのは、やっぱりいろいろな影響がありましたけれども、結局、子供のときからずっと両方の言葉をやったからでしょうね。もちろん家のなかは全部日本語ですし、一歩外へ出ればもちろん全部英語で。ですから、おそらく私は二年生、三年生ごろになったら全部、英語はもちろん、わりに自由に話せるようになっていたと思います。

母語としての日本語を先に身につけてから、家の中では日本語、家の外へ出たら英語、という二言語を使う環境に育った西山は、両親の温かな励ましの中で、小学校三年生くらいから二つの言語を自由に使うようになったという。

11　批判精神

日系アメリカ人として育った西山と異なり、相馬は日本で暮らしながら、日本人の父親とは日本語で、日本人と英国人との間に生まれた母親とは英語で話す、という家庭環境で育っている。

相馬雪香は一九一二年東京に生まれた。父親は「憲政の父」として歴史に残る尾崎行雄である。尾崎（一八五八―一九五四）は、一八八八年から一八九〇年にかけて英米に留学、反ファシストの思想を持ち、民主主義、平和、国際主義を標榜する政治家であり、六三年間の長きにわたって国会議員を務めた。桂内閣の弾劾演説などでの雄弁家としても知られる。相馬の母であるテオドラ秀子は、英国留学中の明治政府高官と英国人女性との間に生まれ、一六歳で来日。駐日英国公使夫人メアリー・フレイザー（Mary Fraser）の秘書として働く。「尾崎三良男爵の青い目の娘」として鹿鳴館で有名だったという。たまたま同姓だったことから誤配されたテオドラ秀子宛ての手紙を尾崎行雄が届けに行き、知り合った二人はその後、結婚した（相馬 2003, pp. 92-3）。

母親と英語で話す毎日の中で相馬が学んだのは、曖昧な言い方を避け、言葉を正確に使うことであった。

たとえば、「今」（now）という言葉。日本語では「今すぐ」といっても、それが一分後なのかどのくらい後なのか曖昧ですが、英語では非常に厳密です。言葉を正確に話すこと、これは後年通訳を仕事とするようになったときに非常に役立ちました。（日野原・相馬 2003, p. 90）

相馬の長女である原不二子は著書で、相馬も同じように我が子を躾けたと追想している。

母が言葉の正確さに対して厳しいのも、テオドラさんの躾けからくるものです。私が子どもの頃あそんでいるときに、母に呼ばれて、「はい、ただいま」といっても、「それはいつ？　一分後？　五分後？」という言葉がかえってきました。母が同じようにテオドラさんから躾けられていたからでした。日本語では、「いま」という言葉は曖昧ですが、英語の now は at once です。（原 2005, p. 19）

相馬の記憶では、「父はあんまりそういうこと、言葉の問題はあんまり言わなかったんですよねぇ」ということで、言語についての具体的な思い出は母親についての上記の回想だけであった。むしろ相馬が繰り返し語ったのは、両親が相馬の世界観に与えた影響についてであった。

やっぱり自分で、やっぱりこういうのは、世界とどう仲良くしていくか、それでまあ、私自身がクオーターだから、そういうような影響もあるけど、私の父なんかも、「世界のなかの日本」ということをとても強く感じている人ですからね。だからやっぱり世界との関係を考えずにいられないから。
うっかりすると、今、日本はまたそれを忘れちゃっているみたい…。

日本語と英語との間に横たわる文化的差異について、相馬は「英語と日本語の、ふだんの差をあまり感じないで育っちゃったから」困難を感じたことはないとするが、相馬の家庭では、日本の学校では教えないような論理的思考と批判的精神を叩き込まれたと述懐する。

私たちのうちはいつでも「理屈は言え」ですよ。「へ理屈は言うな。しかし理屈は言え」ですよ。もちろん私の母だって、当たり前に理屈を――リーズンなしにものなんか言えないからね。

でも、「理屈は言うな」というのは、やめちゃわないと、いつまでたっても、日本人は頭でものを考える人間にならないですね。

相馬は自身の批判的精神を振り返り、家庭環境と両親の教育から来たものだと認める。五歳頃の相馬は、政治信条に命をかけていた父を、毎日ケンカに行くと思っていたという。「尾崎を殺す」と怒鳴り込んでくる人がいたり、「国賊」だとも言われ、「子供としては嫌だったし、困った親だと思ったこともあったが、なぜ殺されなければならないのか、どうして国賊と言われなければならないのか、考えざるをえない」立場に置かれた。そういう我が子に対し母親は、「お父様はライチェスネス（正義）のために働いていらっしゃる」と教えた（日野原＆相馬 2003, p. 111）。

戦前の日本人の言動に対する尾崎の反応は、娘に多大な影響を与えている。

先生のおっしゃることを、うちへ帰ってきてから親に言うと、「そんなの、みんなウソです」とやられちゃうから。修身なんかで、紀伊国屋文左衛門が江戸の大火のときに、みかん船でみかんを持ってきて、江戸で売って大金をもうけた。そういうのが修身になっていた。感心して私が帰って、たまたまうちに父がいて、「そんなのはちっとも偉くありません」と言うの。褒めることにはならないって。それを、江戸の人たち〔…〕みんなに配ったというのなら褒めてもいい。それで金を儲けるなんていうのは、とんでもないことだ、と父が言うから。だから学校で教わることなんて、当てにならないという頭がありますから、いちいち文句をつける。

自身が教師の教えることに疑問を持つようになった例として、相馬は「桜」を上げる。

そもそも小学五年の地理の授業で「桜は日本の魂だ、その魂を外国に売ったやつがいる」とか先生が言われました。冗談じゃない。私、前列の席にいて、桜をアメリカに贈ったのは私の父［当時、東京市長を兼任］で、なにも日本の魂を売ったわけでもないのに、先生っていうものはものを知らない人だなという印象を強く受けたのが始まりで、それ以来、先生に対して批判を続けておりました。

〝自分で決める〟〝自分で考える〟ということを、私は親から教わっています。私が学校にいた昭和の初めにはいろんな事件がありました。学校で教えることと家で聞くことが違うことがたくさんありました。だから先生のおっしゃることはあてにならないという気持ちもあり、人は大体自分に都合のいいことしか言わないものだということがわかってきましたし、他人の言うことを鵜呑みにしてはいけないことも知っていました。だから、うるさい子供で先生もお困りになったと思います。（日野原＆相馬 2003, p. 111）

家庭環境が人生に対する態度を培った例として相馬は、三歳か四歳頃、「たたくか、たたかれるか、世の中どっちかだから、たたかれるのを待つことはないんだよ。たたいちゃえ」という、その後の生き方を支える人生観を学んだという。これは、白人に近い面立ちの姉がいじめにあっている姿を見て育ったことから、本能的に身を守ろうとして出てきたことではないか、と今になって相馬は振り返る。

私はね、申しわけないけどね、母をね、退けちゃったの。私はやっぱりすごい自己本位ね。だから、私の姉が苦労したと感じたのね。だから私は同じ苦労はしまいと思った。だから、私が三つか四つのときに、「たたくか、たたかれるか、世の中どっちかだから、たたかれるのを待つことはないんだよ。たたいちゃえ」というのが、私の人生観を意識した最初の感覚。それだからケンカごしですよ、学校へ行ったときも。〔…〕

そのころハーフだとかいって、差別したりいろんな、そういうことをさせまいと思ったね。だから私は日本人で通そうと思った。だから、どっちかというと母を退けちゃった。それは、聖心にいるときはそれほどでも、学習院に行ってからは、ほんとに気の毒だけど一切学校に来させなかった。それでいろんな父兄会で、きょうお母さんがね――私、先生に「私の責任は私がとりますから、おっしゃることは私におっしゃってください」といって、父兄会には行かせなかった。

これは相馬が小学校五年（母親は早生まれの相馬を一年遅れで入学させているので、年齢は六年生に相当）の頃の話で、相馬は「自己本位の人間」とその当時の自分を批評するが、「自分の責任は自分でとる」という気概が子どもの頃から身に付いていたと考えられる。

12　日本語を学ぶ

日本語の学習に関して相馬は、国語教師の指導で、漢文から日本の古典まで幅広く読書をしたことが有効だったと考えている。

学校で、私ども学校時代は、国語の先生がうるさかったから、わりに国語というものをしっかりたたき込まれていますからね、それはずいぶん役に立ったと思う。

父の尾崎は言葉について何かを言ったことはなかったが、自分自身が膨大な量の読書をする姿を見せた。

父はあんまりそういうこと、言葉の問題はあんまり言わなかったんですよねぇ。〔…〕ただ、彼は結構、私なんかと比べてビックリするぐらい勉強しているのね。だから「こんなものを読めないんですか」とか「こんなものを読んでないんですか」とか、ほんとに桁が違う。だからね、彼としては、ずいぶん歯がゆかったろうと思いますよ。

尾崎行雄の雄弁は広範な読書と強い理念に支えられたものだ、というのが娘である相馬の評価である。

西山は、米国で小学校に通いながら、放課後四時から五時の一時間を日本語教室に通った。外で友達が野球などで遊んでいる時に、教室で一時間も漢字の読み書きを習うのは、いやでたまらなかったことを覚えている。

あの当時、私たち日系人の子供たちはね、学校がたいてい三時半に終わっていたんですよ。午後ね。三時半に終わりますと、四時から日本語学校に行かせられたんですよ。〔…〕

それで日本語学校に行きましてね、それで四時から五時まで日本語を勉強させられたんですよ。もう、いやでいやでしようがなかったですよ。友だちは外で野球をやったりなんかして、遊んでいるでしょう。こちらは一時間閉じこもってね、いやな日本語——もういやな日本語なんですよ——の読み書きをやらせられた。そのときには漢字をね、次々と。

漢字を中心に日本語の読み書きを教えてくれたのは、米国留学中の学生だった。

それでね、先生というのは日本人の留学生だったんですよね。ちょっと余談ですけども、ひとりの留学生は栗山先生といったかな、その方は柔道の黒帯だったので、私たち子供に柔道を教えてくれたりなんかした先生でしてね。あとになって日本に帰って、代議士になられたんです。

せっかく小学校で学習したものの、日常的に使う機会がなかった西山は、大学を卒業する頃には何も覚えていないほど漢字を忘れてしまった。

それでね、その当時、漢字を覚えさせられたんですけども、実質的に実用的な字のあれを使わないでしょう。ただもう暗記だけだったです。ですから私は大学を卒業するころ、もう全部忘れちゃっていたんです。漢字の「カ」も知らないんですよね。もう全く。とにかく高等学校、大学のほうは宿題やなんかで、そっちのほうで集中していますからね。

大学では電気工学を専攻し修士号まで取得したが、世界恐慌、人種差別、日米関係悪化などの影響で就職が思うようにいかなかった西山は、父親の死後、母と共にアメリカを離れる。日本に帰国した西山は、逓信省電気試験所で所長の面接を受け、採用される（当時の状況については、後述）。

だから私は翌日、電気試験所に出ていったら、所長がね、「じゃあ、おまえは電気工学のなかでも無線通信関係のことを勉強したらしいから、それじゃあ第四部に配属してあげよう」と言って、第四部というのが当時はラジオ課といっていたんだけど、第四の無線通信関係の部門に配属されましたんです。

運良く就職したものの、西山は日本語での読み書きが出来ないことから、まず図書館に配属される。そこで西山は、相当な努力を傾注して日本語の読み書きを学習し直すことになる。

それで仕事を始めたのはいいですけど、もちろん日本語の読み書きもできない、国籍はアメリカ人、だけどたまたま初代所長の甥の息子だから、アメリカから帰ってきたんだからといって、周囲の人たちが私をとても大事にしてくだすったんですよ。みんな親切にしてくれましてねぇ。

それでね、初めは、とにかく日本語の読み書きを勉強するようにしたほうがいいでしょうからといってね、最初、図書室に配属してくれたんですよ。

それで私は図書室で電気工学の、特に当時の無線通信に関係した初等の教科書を持ち出して、それを読み始めたわけです。私はカタカナとひらがなだけは読めたんですけど、漢字は読めなかったんですよ。ところが、内容自体は私も勉強しているから、何の意味かというのはわかるわけですよね。あとはただ漢字の、どういう漢字であるかということを辞書を使って調べて、そしてそこからたどっていけばいいので。内容はわかっているから、あとのことは、ただそういうふうに読むことができるようになれば、その日本語が読めるようになるわけです。

漢字の読み書きを、どのようにして学習し直したかの体験を、西山は詳細に語った。

西山　で、私は漢字をどうやって勉強したかというと、まず漢字の書き方を教わったわけですよ。私のいとこやなんかも教えてくれたわけですね。これは偏というんだといってね、こういう場合は、これはギョウニンベンというとか、これは人間の「人」と同じようだからニンベンというんだとか、そういうふうにちゃんと教えてくれたわけです。こっちのほうは、漢字を完成するから、これを「つくり」というんだとか言ってくれたわけです。

それでね、要するに、これは何ていうの、日本語で。

鳥飼　画《かく》？

西山　うん、画の数。

鳥飼　何画というあれですね。

西山　何画、そうそう。それを覚えましてね、そして教科書の漢字をもってきて、そして今度は漢和辞典でその画のほうで調べて、そして漢和辞典で読み方を読む。それから、読み方がわかったら今度は和英辞典で、その音によって和英辞典で意味を調べて、それで英語からこの漢字はどういう意味かということがわかるようになった。三段構えなんですよ。

だけどもね、それだけ苦労するでしょう。苦労をしたからちょっと忘れられないですよ。それで私は漢字を少しずつ少しずつ書いた。ただ、幸いねに、こういう技術関係の教科書というものは、同じ単語が何回も何回も繰り返し出てくるんですよ。小説なんかだったら全然違いますけどね。ですが同じ単語が何回も出てくるから、だから繰り返し読んでいるうちに、同じ漢字がわかるようになってくるわけです。で、三カ月間ぐらい私はその図書室で勉強していたんですよ。〔…〕

給料をもらいながら図書館で勉強することについて、西山は一時、悩んだという。

ところが心配になりましてね、ちゃんと給料はもらっているでしょう。なんにも役に立ってない。ただ勉強するだけだ。勉強するというのは、学校だったら、自分が逆に学費を払って教わるはずでしょう。それなのに給料をもらっているでしょう。心配になりましてね、ある日ひとりの同僚の人に聞いたんですよ。「私ね、とっても心配だ。こういうことで給料をもらっているのは悪いような気がする」と言ったら、「それはいいんだよ。君はね、ただ言われるとおりにやればいいんだ」。言われた通りにやるのが日本のやり方だ、と言われたわけですね。だから、それなら、といって、むしろ無邪気にそれを真に受けてやって、三カ月間ぐらい図書室で勉強していたんですよ。ようやくほんとに、それこそ、おそらく小学生が書くような字だったと思うんですけど、ある程度字も書けるようになってね、要するに技術畑の単語だけ覚えたわけですよ。

次に西山は、報告書を書いて上司から添削されながら、日本語を書くことを学習した。

そうしたら今度は、ちゃんと一つの研究室に配属されたわけです。そしたら、私の上司がとても親切に私を指導してくれましてね。それで、毎週やった実験の、要はどういう実験をやったという報告書を書かなきゃならない。いわゆる週報というんですけどね、一週間のものをちゃんと記録しなきゃいけないんだ。そうすると私はやっぱり、ちゃんと日本語でその記録を書いたわけですね。

そうすると、その書いた日本語がやっぱりヘンな日本語だから、だからその私の上司がそれを直してくださるわけですよ。赤いペンで直してくださる。それで、それを繰り返し教わった。一回直してもらったものはちゃんとそれで覚える。直したとおりに覚えたんですよ。

添削から学ぶことを続けた西山は、一九三九年頃には、日本語での読み書きに自信を持てるようになった。読み書きもできる、本当のバイリンガルの誕生である。

それをやっているうちに、いつごろだったかな、やっぱりだんだん赤いペンで直す場所が少なくなってきましてね。それでだいたい一九三九年ごろぐらいまで、何年間も仕事をしてやっているうちに、だんだんそういう編集し直すものがなくなってきたわけです。ようやくそこら辺あたりから、だいたい一人前に近づいたような、日本語もちゃんと読み書きができるようになったというふうな、自信がついてきたわけですね。それからというものは、日本語も英語も同じようにやるようになったんですよ。

ただ、日本語の猛勉強をしている時期に、英語がおかしくなるという不思議な状態を西山は体験している。

ただね、これはおそらく、外国語を熱心に勉強する方は同じような経験をしていらっしゃるんじゃないかと思いますけどね、あの当時、私は一生懸命日本語を勉強していましたためにね、ある晩、東京にまだ当時住んでいた二世たちがパーティをやっていたんですよ。私はその二世たちのパーティに行ったんです。そしたら向こうが英語で僕にしゃべりかけるでしょう。私は答えたのはいいけどね、日本語なまりのヘンな英語で答えたんですよ。あれッと思って僕はね、自分がヘンな英語とわかっているんだよね。発音は日本人のような発音なんですよ。「イエス、アイ・シンク・ソー」だとかなんか、そんなような、悪い日本人なまりなんですね。あれッ、これはもう英語をオレはできなくなっちゃったと思ってね、ちょっと心配になったけど、まあしかたがない、ここは日本だから日本語がちゃんと一人前になればいいんだから、英語なんかはいいだろうとあきらめたんですよ、英語を。

ただし、これは一時的な現象で、あるとき、突然に英語が戻ってきたという。

西山　それくらいね、やっぱり一つの言語を勉強すると、自分の母国語であるはずの、つまりネイティブの言葉ですら、ちょっとむつかしくなるらしいんですよ。

ところが、それから後に流暢に、自由自在に日本語ができるようになったとたんに、まるきり一晩ぐらいでポンともとのとおりの英語が戻ってきたんですよ。［…］

だから、私の娘はもう亡くなりましたけど、娘がアメリカに留学して、それで手紙を書いてきたときにね、「日本語がヘンなふうにできなくなっちゃった」と書いてきたんですよ。だから僕は手紙を書いてね、「おめでとう」と書いたな。「おめでとうだよ。それはいいことだ。日本語を忘れるようなことになって、続けて英語をやれば、もう自動的に日本語が戻ってくるから」と書いてやったんですよ。そしたらそのとおり、娘はバイリンガルになって帰ってきましたですよ。アメリカからね。

だけども私の場合は、そういうような経験をずっと通って、そして日本語も普通の日本人と同じようにできるようになったわけですね。

それが一つ。

鳥飼　英語が戻ったというのは、自然に、使われているうちにまた戻ってきたんですか。

西山　使っているというよりはね、ほとんど一晩で戻ってきたような、突然ポンと戻った。要するに日本語のプレッシャーがなくなったらしいんですよ。どうもそうらしいんです。つまり、言語心理学は私なんにもわかりませんけどね、どうもそういうことがあるらしいんです。とにかく私みたいな、ごく限られた脳みその人間はそうなるらしいんですよ。

そのような言語体験を経ながら続けた日本語再学習の努力は、バイリンガルとして機能するために大きく役立ったと西山は考えている。

ブルデューは、「言語およびコミュニケーションの考察において、二言語あるいは多言語使用可能性を背景にもつ行為者の言語資本のありようを論じてはいない」（宮島 2003, p. 35）。宮島喬は社会学の立場からブルデューの「言語資本」という概念を援用しつつ、バイリンガル教育における「潜在的言語資本としての母語」を検証し、「家庭の社会的経済的地位との関連」の重要性を指摘する。同時に、母語を確立し、母語で基本的な抽象語彙が獲得されることにより、母語で思考をしながら、第二言語にそれを置き換えていくことが可能になる、とする（宮島 2003, p. 35）。これはジム・カミンズのバイリンガル研究と軌を一にする。宮島（2003）はまた、母語を「ある個人が産み落とされた環境の中で意識的努力なしに習得する言語」（p. 26）と定義した上で、「家庭内で幼児期から自然に用いる言語を第一次母語というならば、就学後、教育コミュニケーションの中で習得しつつ使う言語を第二次母語とでも呼び、区別する必要がある」（p. 27）と注意する。カミンズは、言語には日常生活で使われる文脈依存の度合いが大きい基本的コミュニケーション能力（会話言語）と、学習等の場で用いる抽象語などを含む学習言語（アカデミック言語）があり、学習言語は容易に習得できないこと、可能だとしても長い時間を要することを指摘したが（本稿の冒頭を参照）、宮島も日本への移民児童の言語状況に関する研究から同様の結論を導いている（p. 37）。

カミンズと宮島の考えを応用するなら、西山は英語圏で日本語を母語として育ち、就学後、教育コミュニケーションの中で英語で「学習言語」を習得した。日本国内でバイリンガル家庭に生まれた相馬は、日本語と英語のどちらが母語であるかを特に意識しないで育ったと語ったが、日本の学校教育を受けていることから日本語で「学習言語」を習得した、といえる。二人の言語ハビトゥスは異なるが、共に、バイリンガルとしての「言語資本」に恵まれ、自立した学習者として言語学習を継続しキャリアにつなげた、ということが考えられよう。

13　第二次世界大戦の体験

多様な環境に育った五名の同時通訳者が共有するのが第二次世界大戦の体験である。五名とも語りの中で、「時代」を区分する目安として、「戦前」「戦時中」「戦後」などの言葉が頻繁に登場した。戦争の終結については、「敗戦」という言葉が使われることもあり、より一般的かつ婉曲表現ともいえる「終戦」という言葉も使われた。それぞれが、どのような戦争体験を経て通訳者への道に至ったのかは、各人の「ハビトゥス」を考える上で欠かせない。

■戦前

平和主義者である政治家の次女として、相馬は戦前の日本社会の空気について父親がどれほど憂慮していたかをつぶさに記憶している。

日本軍が満州に侵攻した一九三一年、相馬は入院中の母を見舞うため、父と共にロサンジェルスを訪れていた。

満州事変が始まったのは一九三一年ですからね。そのとき私は、さっき言ったようにロサンジェルスにいたんだから。

そのころから、九月の一七日とか八日に「日本、満州侵略す」という号外がロサンジェルスに出たとき、私はロサンジェルスにいたの。その瞬間から、父は「日本は間違っている」と言い出しているわけ。

「日本のあれは間違っている」と父は言うし、「尾崎を黙らせろ」というような、いろんな圧力がもうロサンジェルスにいるときからあったわけ。だけど、そういうことにかまわず、父が「日本は間違っているんだから、そんなものに」……何ていう言葉を使ったのかな。なにしろ……何て言ったらいいんでしょうね、なんせ「日本は間違っている」ということを言い続けている。

やがて尾崎一行はロスを離れ、ニューヨークへ向かう途中、ワシントンＤＣに立ち寄る。そして尾崎はフーバー大統領に会って、日本の国内状況を説明し警告しようと、ホワイトハウスへ出かけて行く。

フーバーに会って、姉と私がホテルで待っていたら、「残念だ。残念だ」と言って帰ってきたから、何が残念なんだと言ったら、「フーバーをはじめそこにいた人たちが、日本の、そのとき政府は不拡大方針というんだと言った。これ以上もう奥へは行きません」。父は、「日本の政府がそんなことを言っても、政府の人たちに力がない。出先の軍が動いているから、日本政府の言うことは、そのとおりにはならない」と説明しても、「日本の政府は明治以来、ウソついたことがない。だから日本の政府の言うことを信じる」とフーバーその他が言う。明治天皇以来、相当、明治政府というものに、当時いろんなことに感激している人ですからね、「明治天皇以来築いてきた信用、世界の信頼が、これで崩されるのが残念だ」と。

いくら差し迫った危険を説明しても、フーバー大統領も側近も日本を信じ込んでおり、それを慨嘆する父の姿を見た時、相馬は「個人の信頼が崩されるのが残念、崩されてはいけないことぐらい知っていたけど、国も、そういった信頼が大事だと初めて感じた」。一九三二年の出来事であった。

翌三二年になって、相馬の母テオドラはロサンジェルスで手術し一時は回復するが、日本に帰国すれば「討ち入りがあるかわからない」と警告された尾崎は、「母を連れて帰るわけにいかなかった」ため、ロンドンへ渡る。その後、母テオドラは病状が回復せず、暮れに亡くなる。尾崎父子は、三三年一月の船で帰国するが、神戸では「尾崎の上陸を許さん」と、幟まで立てて右翼が集まっていた。仕方なく、他の乗客が降りた後、尾崎一家は横浜港へ回る。

神戸で全部お客さんを降ろして、父と私たち——姉と私と母の遺骨をもって横浜へ来て、横浜でそっと降ろして逗子の家へ帰るというような状態で、ずっといつ何をされるかわからないというのが日本ですよ。それが三三年。

そのような経験を経た相馬は、父の思いと裏腹に国全体が軍に押し流されていく時局を目の当たりにしたことになる。

それでなんだかんだで父が一生懸命、軍がやろうとしていることを抑えようとするけれども、どうにもならない。それに国会もどうにも動かないわけですよね。みんな向こうにもう荷担してしまうから。

戦前の日本の軍国主義については、相馬自身も深く悩むようになる。相馬子爵と結婚し、初めての子どもをみごもった頃から、その悩みは一層深くなる。

そのころ、日本の全体の空気が変に右っぽくなって、「世界に冠たる大日本帝国は……」というような教育。教育まで変わってきたんです。私は自分の子供にそんな教育を受けさせたくないと思った。だけどもどうしようもない。生まれくるもので。生まれたうちに殺しちゃえば——そうもいかないでしょう。だからどうしたらいいのかで、ほんとに悩んだんですよ。彼女が生まれたのは五月ですからね。

で、三月かなにか、なにしろモタモタしていて——その前、私の父のところに相談に行くと、「もうみんなバカで、どうにもなりません」と言って、どうしようもないんですよね。父になんにもできないのに、私にできるわけがないと思って——かといって子供は生まれてくる。ほんとにどうしていいか、わからなかった。

それで、もう日本の新聞なんて開くと、もう一面から始まって、日本軍のことしか書いてないですよ。〔…〕

このような「どうしていいか、わからなかった」一九三九年に、たまたまアメリカ人の友人から来日中のMRA関係者に紹介され、相馬は「MRA＝道徳再武装運動」[4]（Moral Re-Armament）について、知ることになる（MRAについては後述）。

そのときに、「おまえさんのように、みんな相手が悪い、相手が悪いと言ったら、世界じゅうみんなこうやっているんだよ。だけど相手は変わりゃしない。一歩右に行けば、三歩自分のほうを向いている。自分が変わるしか、変わることはできないんだ」という話を聞かされる。ごもっともだと思ったのね。相手は変わらない。

じゃあ自分がどう変わるのかといったら、そしたら、四つの絶対の標準に照らしてガイダンスをもつというようなことだったの。ガイダンスをもつといったって、神様に聞くというから、「神様なんか信じない」と言ったら、そんなこと“That's natural.”だって彼女は言うの。それで、“He believes in you.”だって言うから、「それはあちらのご勝手だ。だけどこのままの私はどうにもならないから、やってみようか」というので始まったのが始まりですよ。それが一九三九年の出来事なんです。

そして一九三九年一一月か一二月頃、MRA関係者が来日した際に、相馬は通訳を依頼される。それが相馬にとって「通訳の初体験」となる。その後、相馬は、スイス・コー大会での同時通訳初体験を含め、現在に至るまでMRAに深く関わることとなる。

西山は前述のように、世界大恐慌から三年を経ただけの一九三二年に大学を卒業する。

大学で電気工学を専攻して、それで卒業して、あの当時はまだ西暦一九三二年ですから、私が卒業したのは。ですから二二歳で大学を卒業して、それから――そのときに、これはちょっと余談ですけど、ちょうどあの当時は一九三二年だから、一九三〇年代というのは、有名な二九年の大不況でね、株が暴落したときで、ニューヨークでは自殺者まで出た、大変なこと。そういう世界的な恐慌時代だったんですね。ですからどこにも就職はできなかった。電気工学を勉強しても、電気関係の仕事はなくて、私のアメリカ人の同僚たちもみんな就職できずに、自分のうちの農家に帰るとか、あるいはガソリンスタンドでアルバイトするとかなにか、そんなことをやっていたんです。

就職が決まらないまま、西山は大学で窓拭きのアルバイトをしていた。ある日、その姿を見た教授が助手として採用してくれることとなる。

私は、仕事がもちろんなにもないので、夏になったときに、卒業したあと、大学に私がアルバイトを申し込んだら、窓を掃除したりね、そういう掃除の仕事をあるぞと言われたんです。それだから、ああそれはといって雇ってもらってね、アルバイトでやっていたんです。で、私が窓の掃除をしていたんですよ。そしたらね、電気工学の部長先生が私をみて、"Hey, Nishiyama, do you want a job for this fall ?"と言ったんですよ。私は"Do I want a job !"私は窓のところから飛び降りていくぐらい、私はあとをついていったわけです。そうしたらね、この先生が「今度一人だけ助手を雇うことができるようになったから、助手の口があるよ」と言ったんです。「だからもしおまえが欲しければ、おまえにやるよ」と言ってくれたんです。

学部長が西山に助手の仕事をくれたのは、成績が学年のトップだったからだと西山は推察する。そして、何故、成績が抜群だったのか、その理由をこう語る。

幸いにしてね、私の学校の成績はトップだったんですよ。幸いだったんです。それでね、なぜそういうふうに成績がよかったかというのは、これはまた別の背景でですね、これはやっぱり一種の日米の間の文化関係の問題の、社会問題の背景があったわけです。

それは何かというと、あの当時はね、日系人はもちろんのことアジア系の人たちは、ほとんどアメリカの会社では採用してくれなかったんです。[…]

人種的な偏見で。それで、ソルトレークシティに私がいたときも、私もいろいろに人種的な差別を受けましたけどね。

ところが学校だけは、そういう差別はないわけです。要するに学校は、生徒の成績いかんによって優劣が決まっちゃうわけです。だから、そういう関係があるから、私はそれがわかっていますからね。もちろん日本に来るとは思ってもいないし、ずっとアメリカで住むつもりだったから、とにかくこういう差別のないのは、とにかく学校の成績だけはよくしておかなければ、だれも認めてくれないという動機があったんです。

面白いですね、そういう社会問題が勉強するかしないかの動機になるということは。あとから省みれば、一つのプラスになってくれたわけです。人種差別が、私にとっては勉強するプラスになってくれたわけです。それですから僕は徹夜までして勉強して、宿題なんかもやってね、それで一番いい成績をとったわけですよ。

数学でも電気工学でも西山は「一番いい成績」であった。必修科目の歴史だけは「ヨーロッパ歴史が主だったんだけど、ただ年号を暗記したりなんかするのは面白くなくってね、ぎりぎりそれだけ及第点だけもらった」ものの、他の科目は「全部Aという成績をとった」。それがゆえに、同級生たちは「仕事がないからアルバイトをやったりなんかしているのに」、西山だけは電気工学教室の助手というポストをもらえた。

ですから助手としては、一部の時間はちゃんと教室で学生に教えますしね。それからあとになって、今度は彼らがやった実験報告なんかをみて、それを採点するわけですよ。そういうことを二年間やったわけですよ。

そのような助手生活を送りながら、西山は「なんとか景気がよくなってくれば、何か電気工学関係に就職できるかどうかということを少し希望をもっていた」。ところが、修士課程を修了した西山には試練が待っていた。ひとつは父親の病気である。

それで、一九三四年の春にちょうど修士課程を私はすませて、修士号だけは、Master of Science ね、MSだけはもらったときに、おやじが病気になったんですよ。

もうひとつは就職である。就職難の時代であったが、教授は成績抜群の西山を大企業に推薦してくれた。

私はそのときに、アメリカの会社から人事担当の人が来て、いろいろと学生たちと面接をしたわけですね。そのときに、私の先生が私を推薦してくださったわけです。それで私はその方と面接をしましたらね、そしたらその人が「ああそうか」と言って、だって成績をみてもいい成績だし、「それならね、君だったら一年間会社の本部で実習して、それから今度は、うちの子会社が日本にあるから、そこへ行って働くようにしたらどうか」と言ってくれたんです。

西山は、日本に行くというようなことは夢にも思っていなかったが、「とにかく世界の大恐慌の時代ですからね。就職口はだれもなかった時代」だったこともあり、「とにかく一年間は本社で働ける」と考え、「もしもそういうような仕事があるんなら、じゃあお願いします」と返事をした。ところが、日米関係は悪化の一途をたどり、日系人の就職にもその影響が出る。

そうしてしばらくしたらその人事担当の人から手紙がきましてね、「実はあんたに一年こちらで実習したあと、日本に行ってもらうと言っていたけれど、最近は日米関係が非常に悪化してきた。緊張状態になってきているので、うちは日本の子会社の仕事をあんまりできなくなった。だから、せっかくだったけれども、おまえは採用することができない」と言ってきたんですよ。

それだから僕はまた手紙を送りましてね、「いや、私は日本に行く必要はありませんよ。私はアメリカ人だし、電気工学を専攻したものなんだから、本社で働いても結構」という手紙を出したんです。そしたらね、ちょうどおやじが死ぬ間際でしたけど、また手紙がきましてね、「前言ったあの条件以外は、おまえを採用することはできません」と言ってきたんです。

それが私にとっては大変なショックだったんですよね。だけど人種差別というのはこういうものだということは、そのときに僕は最初教わったわけです。おまけに、おやじがちょうど死にかけているでしょう。だから、そういうときにそういう手紙をもらったんですから、それは青年としてはねぇ……。でもしかたがないと。

就職内定を取り消された直後に、西山の父は亡くなる。未亡人となった母は日本へ帰国することを望み、一人息子である失意の西山は、母と帰国することが自らの責任だと覚悟する。しかし、内心では、いずれ米国に戻ることを考えていた。

それでまあ、おやじが亡くなりましたので、今度はおふくろと――おふくろは、おやじが死んだ以上はもうアメリカに残りたくないというので、私は一人っ子でしたから、どうしてもおふくろに対して責任がありますからね。おふくろはやっぱり、おやじの遺骨をもって日本に帰るというから、それならと僕もお供しまして帰ってきた。それで、しばらく日本に行っている間に景気がよくなってくれて、向こうで就職口があったらまたアメリカに帰ってね、仕事をしてお金をおふくろに送ろうと、こう思っていたんです。

母親のために、仕方なく帰国した若き日の西山であったが、日本の土を踏むと、故郷の美しさと人々の温かさにたちまち虜になる。

ところが、おふくろと一緒に遺骨をもって日本へ帰ってきましたらね、ちょうど一九三四年の秋だったんですけど、私のいとこが東京のなかのいろいろなところを案内してくれてね、秋は〝美術の秋〟とよくいいますでしょう。ですから上野の美術館に連れていってくれてね、それでいろいろな絵やら木彫のものやら、いろいろなものをみせてくれたんですよ。私はね、びっくりしたんですよ。だって、ソルトレークみたいな辺鄙な――あの当時はね――町で育った人間だから、文化とか美術というものはね。ある程度あるのはありましたけどね。僕は「はぁー、こんなすばらしいものをつくる国民が日本人なのか。これはすごいな」と思ったんですよ。もうびっくりしたんですよ。

それでね、しかも親戚などは私をよってたかってよくしてくれましてね。それで私、周囲をみていると、みんな同じような顔をしているわけですよ。いやあ、こんなに大勢日本人がいるとは思わなかった、おれと同じだ、という感じなんですよ。

米国で人種差別を体験してきた西山にとって、日本の居心地よさも予想外のものであった。

それでね、アメリカでは無意識的には白人の——白人のいい友だちはたくさんあったんですよ、私は。だけれどもその白人のなかで無意識的な、ちょっとした緊張があるんですね。その当時。いまはもうないですけどね。だけどあの当時はそういうような差別の世の中ですから、差別をしないでくれる白人が私のいい友だちになってくれたわけですから。だから、そういう一種の先入観がありますからね。日本に来たらなんにも先入観は、そんなのは必要ないでしょう。それでね、すっかり私は日本に惚れ込んじゃったんですよ。わあ、すばらしいところだなと思って。

日本では、帰国してすぐに職も見つかった。大伯父が明治時代の東京帝大教授であり、逓信省電気試験所の初代所長であったことから、電気試験所に職がないかどうか問い合わせてくれたのであった。

それからもう一つ、私に非常に幸いであったのは、私の大伯父があの当時、唯一の電気関係の研究所——政府の研究所ですね。会社の研究所はありましたけども、政府がもっている唯一の研究所が、電気試験所というのがあったんですよ。私の大伯父はそこの初代の所長だったんですよ。明治時代に。[…]

東京帝国大学の教授をやっていましてね。それから、最初に電気試験所という研究所ができたときに、そこの初代の所長になっていたんです。そういう私の大伯父がいましてね。私のおやじの伯父さんだったんだけど。

その大伯父が、当時の——昭和一〇年になったんですかね、一九三五年ぐらいのときにね、電気試験所の当時の所長に私のことを言ってくれたらしいんですよ。おそらくこんなことを言ったと思うんですよ。「実は困ったことがあるよ。ひとり二世の、甥の息子がいて、その息子は日本語がしゃべるほうはしゃべれるけれども、読み書きはなにもできないから役に立ちませんよ。だけれども何か仕事口があったら考えてくれないか」ということを頼んだろうと思うんですよ。とにかく私の大伯父がね、「おまえの履歴書と学校の成績表をもって所長に会いにいけ」とこう言われたんです。

面接してくれた所長に対して、西山は米国籍であることを正直に告げるが、問題なく即時に採用が決定した。

それで私は電気試験所の所長のところに行きましてね、所長室へ行ったら面接してくだすった。それで私の大学の成績を出したんです。そしたら大学の成績をみて、「ああ、なかなかいい成績ですね」と所長が言ったわけですね。それで「じゃあ採用しましょう」とすぐ言ってくだすったんです。

「でも私は実は国籍はアメリカの国籍でございまして、外国人なんですけど」と言ったら、「それは構いませんよ」と言ってくだすったんですよ。

それで、私を採用してくだすったんですよ。「じゃあ、先生、いつから始めることがいいですか」と言ったら、「ああ、あしたからでもいいですよ」と、もう簡単に雇ってくだすったんですよ。要するに幸運児なんだよ、私はね。もう幸運に恵まれていたと言っていい。

以来、西山は大学院で専攻した電気工学の専門知識を生かす職場で働きながら、専門用語を含む日本語の読み書きの再教育を受けることになる。これは後年、通訳者として働くようになってから、大きな意味を持つことになる。

■戦時中

村松は、太平洋戦争が勃発した日のことを鮮明に覚えている。

もう太平洋戦争は始まっていました。太平洋戦争が始まったときというのは、学校でクラス全員が浅草の映画館へ映画を見に連れていかれたんですよ。それが、昨日（二〇〇三年九月九日）死んだドイツのレニ・リーフェンシュタールという、ナチ礼賛といわれた、あの彼女のつくった「民族の祭典」（Triumph of the Will）というベルリン・オリンピックの映画。よく覚えていますよ。あれを見て映画館を出たらば、戦争が始まっていたんですよ。

先生からそれを聞いて、みんな子供心に「わあぁ」って、それで蔵前までみんな歩きながら「戦争やぁ〜」というような歌を唄って帰ってきたのを覚えていますけどね。「民族の祭典」はそこで見たんですよ。

村松の戦時中の思い出には、食糧難、空襲、戦争末期の勤労動員などと共に、東京府立航空工業学校のことが大きな位置を占めている。模型飛行機少年だった村松は、国策で作られた航空機製造を学ぶ難関の工業学校に入ろうと、小学生ながら受験勉強に励む。

［…］中学は私、エリート校を受験したんですよ。ともかくクラスや学年では一番出来た子だったし、あの辺の東京の下町でいうと──あのころはまだ府立でしたね。東京都ができる前ですから、東京府だったんですよ。たしか東京府東京市があったかな。ちょっと覚えてないけども。それで府立一中、二中、三中というのがあって、地域からいうと私は三中で、絶対三中に進学するだろうとみんな思っていたし、先生もそう思っていたのを、私は飛行機が好きだったので、本当はパイロットを夢みたんですがね。太平洋戦争はもう始まっていました。始まる前から飛行機が好きだったんです。模型飛行機少年だったんですよ。で、飛ぶことに憧れたけど、乗り物酔いするんですよ。それじゃダメだというんでね、じゃあ飛行機をつくるほうに回ろうというんで、そのころ国策でできた東京府立航空工業学校というのが南千住にあって、それから間もなく敗戦をしてから東京都立にかわって。

で、飛行機の勉強をしたんですが、これが戦争のために、大学卒の航空技術者を養成しなくちゃならないんだけども、間に合わないので、中学、旧制中学五年生で、大卒技術者を補佐する──当時は不思議な「技手」という言葉を使っていましたよ。ギシュと呼びそうなものだけど、ギシュというとアーティフィシャル・ハンドのことなんですよね。ギテといっていました──技手というのを養成するんだといわれていてね、非常に誇りをもって……。

ところが、その学校に入るのは、ものすごく試験が難しかったんですよ。できて六年目の学校に私が初めて入って、私の小学校から初めてだというので、校長先生から褒められましたよ。総代からは外されましたけどね。［…］

そこを受験するために受験勉強をやっていたんですよ、小学生が。塾なんかないし。小学校六年のころ夜遅くまで、あれは戦争中ですけどまだ空襲はなかったころで、だから灯火管制とかはなかった。だけど食糧がなかったころです。

村松の家は下町で風呂がなく、村松は夜遅くまで受験勉強をしてから、終わる直前、湯をおとす直前に銭湯に行くのが常であり、「村松さんの坊ちゃんは感心な子だ」と言われた。食糧不足の時代に、「どう算段したのか」貴重品のバターが家の蠅帳に保管してあるのを見つけ、お腹の空いた村松は、「これはうまいもんだと思ってね、それをそうっと親の目を盗んで引き出しに入れて、引き出しからときどき出して、ナイフで削ってバターを食べながら」受験勉強をしたあげくに下痢したこともあった。

國弘、村松、小松の三名が日本で過ごしていた戦時中、相馬は中国で妻として母として暮らしていた。関東軍に配属された夫のもとに行くため、三歳、二歳、そして一歳にならない乳児を連れて一九四三年、満州牡丹江《ぼたんこう》に渡った相馬は、現地で末子を出産する。しかし、「赤トンボのように飛んでいた飛行機がばったり見えなくなったこと、お酒類の配給が急に増えたことなどで戦局に変化が生じたことを悟った」(原 2004, p. 22) 相馬は、自分の判断で四人の子供を連れて日本へ引き上げる決意をする。牡丹江から汽車で羅津《らしん》(現在の北朝鮮) に向かい、そこで船を待ち、新潟へ帰国するまでの旅は過酷なものであった。一九三九年五月生まれの長女の不二子は、一九四五年四月の引き揚げ当時、五歳であり、下に四歳、二歳と続き、末の子は生後六ヶ月の赤ん坊であった。

鳥飼 満州から四人お連れになって、引き揚げられたって伺いましたけど。

相馬 そうなの。一番下の子は、だから六か月ぐらいかなあ。

鳥飼　大変だったでしょう。

相馬　いやほんとに大変……。ほんとに大変だったけどね、それがおかしな話でね、羅津から新潟に船なんですよ。羅津に着く前に、汽車のなかで、今ハルピンかなにかに軍が——新京ですよね、新京で日本軍が動いているから、羅津の宿屋、ホテルは全部軍が押さえている。「だから泊まるところがないから、前の駅で降りたほうが安全ですよ」と。命令じゃなかったの。命令だったら降りなきゃならなかった。

命令じゃない。で、私、咄嗟に「船は羅津から出るんだから、泊まるところがあろうがなかろうが、羅津に行ってなきゃしようがない」。みんなゾロゾロ降りちゃったけど、私は子供たち〔…〕と羅津で降りたんですの。〔…〕

そしたら、羅津で行くところがないので、駅の前で——そこがおかしな話なんだけど、「顔も広いから、誰か知っている人が来るだろう」。いい気なもんね。で、フラフラ歩いていたら、そのとき私の亭主は中尉になっていたの。「相馬中尉の奥さん、何やってんですか」って声をかけてくれる人がいたの。「日本に帰ろうと思ったんだけど、今、宿とっているのは全部軍にとられちゃって、泊まるところがないんだ」と言ったら、「僕が日本の宿屋だけど部屋一つもっています。僕はどこへでも行けるから、お使いください」って。〔…〕

名前も私、覚えてもいない。「ありがとうございます」とその部屋をもらったの。で、二日か三日したら、「船が出るぞ〜」と声がして、それであわてて船に乗って、帰ってきた。

だから、そのとき不二子が——今でも言いますよ——タラップを昇っていかなきゃならなかったの、船まで。で、「この世の中で自分の面倒をみるのは、自分しかないと思った」と言っていますよ。そのとき。〔…〕

それで新潟に着いた。新潟に着いたって、泊まるところがないけどさ、ほんとに——汽車の便だから、駅の近くまで歩いていったんですよ。どうやって歩いたのか知らないけど。駅の前の宿屋に泊めてもらおうと思ったら、「部屋がない」って。「部屋がないといったって、私、一番の汽車に乗るんだから、どこかに泊めてくれ」といって交渉して、配給でもらったお砂糖かなにか出して、まあ子供を連れているし、向こうも夜具なんかを置いておくような押し入れみたいなところ、そこへ泊めてくれた。

何とか新潟に上陸した相馬母子は、新潟で一夜を明かすと、翌朝、夫の郷里である福島県相馬へ向かう。しかし、「国賊尾崎の一党」ということで不二子が地元の学校に入れないことから、軽井沢にある叔母の家で過ごすことになる。不二子は、軽井沢での生活をこう振り返っている。

母屋はイタリアの将校たちが使っていたため、私たちは馬小屋と馬番が寝泊りをしていた長屋を改造した叔母の家で二冬過ごしました。卵がひとつ配給されると母はゆで卵にして、それを四等分する。八つの目がじーっとみつめていて緊張する、というような暮らしでした。(原 2004, p. 23)

戦時中の惨状について最も仔細に語ったのは、國弘である。中学三年という食べ盛り、育ち盛りの年頃にサツマイモの葉っぱを食べていたほどの食糧難で英語の勉強どころではなかったこと、空襲で三回も焼け出され、勉強を教えてくれた近所の大学生が自分の腕の中で亡くなった体験をしていることなど、本章の冒頭で紹介した通りである。

國弘は、中学生の頃から北欧に留学したいと夢見ていたが、それには幾つかの理由があり、戦争体験がその背景にあるという。

僕が一番最初に留学しようと思ったのは、ガキのころね、北欧なんですよ。[…]

デンマーク、スウェーデン、ノルウェーって、あんなところが興味があったわけよ。なぜかというと、いくつか理由があったわけ。一つは、徹底的な平和主義者である。僕は戦争中いやというほどイヤな目にあったからね、もう完全な平和主義者になっちゃった。パシフィストになっちゃっていたわけね。ほとんど宗教的なパシフィストで――今でもそうなんだけど――あったわけよね。

それから食料問題が一番大きな問題だったけど、なにしろ北欧というのは農業国だからね。いずれにしても。ものすごく農産物が、バターだとかチーズとかそんなものを含めてね、畜産を含めて非常に盛んである。われわれは飢えていたからさ。北欧に憧れていたということは、その食い物の面というのが大きかったと思うけどね。

平和国家、農業国家というほかに、北欧諸国の国家としてのあり方も國弘には魅力であった。

それからもう一つはやっぱり、共産主義でもないし資本主義でもない。つまり第三の道というか、こっち［右］でもないしこっち［左］でもないという、そういうある種の……まあ何ていうのかな……福祉国家、まあ福祉社会というか、福祉国家的なものにやっぱり非常な憧れというか関心を持った時代だった。当時日本がひどかったからね。

國弘は、参議院議員時代だけでなく、その前後も、現在に至るまで、ハト派であり護憲派としての立場を堅持しているが、「戦争中いやというほどイヤな目にあったからね、もう完全な平和主義者になっちゃった」「戦争、結構なんて、逆立ちしても言えない」「非戦なのは当たり前」という言葉にあるとおり、その根底には戦時中の辛い思い出があることが、語りの随所からうかがえる。

■敗戦後

國弘は日本の敗戦を神戸で迎える。中学三年のことであった。よほど強烈な印象であったのであろう。國弘は語りの中で、「敗戦は昭和二〇年、一九四五年、中学三年の時だった」と繰り返している。

終戦の翌年、國弘は「何が何でもデンマークに行きたい」と決意する。しかし、まだデンマークとの国交は回復前であり、日本にはデンマークの大使館もまだなかった。ある日、新聞で「日本に公使館を開設」という記事を読み、早速、「和英の字引をバカみたいに引いて」國弘は手紙を書く。敗戦国日本の少年にとって「公使というのは雲の上の人」であった。ところが、その「雲の上」から、テイリッツェ公使は返事をくれたのであった。

中学生の國弘が手紙で頼んだことはふたつあった。ひとつは、コペンハーゲン大学出版局から刊行されている学術書を所望した。コペンハーゲン大学といえばオットー・イェスペルセン (Otto Jespersen) をはじめとする錚々たる言語学者がそろっていた。

> イェスペルセン大先生の弟子のね、ポール・クリストファセンという人が学位論文として提出した、『冠詞論』というのがあるということをオレは何かで知ったのよ。

國弘は英語の冠詞に興味があり、後年、NHKテレビで英語での対談番組の司会を務めていた頃、高名な米国の学者に「日本人はだいたい冠詞を間違える。國弘が冠詞と前置詞を間違えないのは、あれはすごい」と褒められたことがあるというくらいである。それにしても、旧制中学四年、今で言えば高校一年生から、『冠詞論』(The Articles in English) などという、五〇〇ページもある分厚い博士論文を読みたいと依頼を受けた方も驚いたことであろう。

國弘少年の二番目の頼みは、留学であった。

それからもう一つはね、「私はぜひデンマークに留学をしたいんだ。だから公使閣下、どうぞ私の留学希望をかなえてくださるようにいろいろとご手配をいただけないだろうか」と書いたわけよ。そしてまあ返事は来ないかなと思っていたわけよ。でも書くのは大変だったよ。だって字引、引き引きだったからさ。

これだけの依頼状を書くのに、中学生の國弘はほぼすべての英単語を辞書で引きながら書き、それでも返事が来ることは期待していなかった。ところが一ヶ月ほど経った頃、デンマーク公使からの返事が来たのである。

「本のことについてはよくわかった。私が注文してあげる。やがて届くだろうから、そのときにはあなたのところへ送ってあげる。プレゼントとして受け取って欲しい」といって懇切な返事をくれたわけ。

実際に、何ヶ月後かに本は届いた。航空便などない時代なので、船便で到着した本は、「異国の香」も運んで、國弘は「本当にワクワクした」という。

國弘　その本はね、そうですね、何か月後だったかね、明らかに何か月後だったかと思うけどもね、船便で来たわけよ。当時はまだ航空便なんていうのは普通じゃなかったわけ。ヨーロッパと日本との間船便だったのよ。あとになって、やっと航空便が普通になってきたけどね。

それでね、船便で来たわけよ。しかもね、その"The Articles"というね、『冠詞論』というものがね、ヨーロッパ綴じ、フランス綴じの本なのよ。つまり、こういう本でないから、いちいちこうやって切って、こうやって読む……

鳥飼　読みながら開けていく……

國弘　そうそう、フランス綴じ。フランス綴じの本なのよ。こうやって開けていくわけよ。一枚ずつこうやって切って。それでね、いかにもヨーロッパの匂いがするわけよね。

鳥飼　うーん。

國弘　僕は本当にあれはね、僕の……何ていうかな……ヨーロッパに限らなかったけども、アメリカの本もフランス綴じの本はずいぶんあったと思いますけれども、そういう外国の文物というかな——風物というよりも文物だな、文物にものすごく親しみを覚えたし、何か匂いがね、西洋の匂いがするわけよ。

コペンハーゲン大学に留学したいという希望について公使は、手紙の中で、外交関係がない状況を、丁寧に説明してくれた。

そうしたらね、「私もコペンハーゲン大学の出身である」というふうなところから始まってね、そこは大変うれしかったんだけど、「私の母校にあなたもぜひ将来行ってもらいたいと思うけれども、今お国と我が国との間には正規の外交関係がないんだ。外交関係もないのに留学生が出かけるといったって、それは実際問題として難しいんだよ。だから、いずれ我が国とお国との間にも国交が回復されることもあるだろうから、そのときはぜひいらっしゃい。あなたが来てくれることをデンマーク人として楽しみに待っている」というようなことが書いてあった。

手紙の内容は落胆するものであったが、國弘は、敗戦国の無名の一中学生に対し、これほど真摯な返事を書いてくれたことに対し、心からの感謝の念を抱いた。贈られた本は大切に保存し、その時の感謝の気持ちはいまだに忘れられないという。

僕みたいな敗戦国の名もない一少年が送った手紙に対して、こんなにも丁重な返事をしてくれる。ああ、これはありがたいなあと思った。そのときに僕が決心したのは、もし将来、僕が何かそういうことを、今度は若い人たちにしてあげられるような立場に自分がもしなったならばね、若い人たちからの手紙は、絶対に返事を出してやろうと思った。

そこで國弘は、『英語の話しかた』という本を出版した際、「私の住所はこれこれだから、どうぞ質問があったら遠慮なく質問してください。できるだけ私がお答えをします」と記す。三〇年間で合計七五万部売れたベストセラーであったため、五千何百通の手紙が寄せられたが、それに対して全部、手書きで返事を書いた國弘は、「それはテイリッツェ公使の、敗戦国の一少年でしかない僕に対して示してくれた好意に、僕は僕なりに応えたいというふうに思った」からだ、と述懐する。

同時代の大学生の多くと同じように、小松は英語が好きで大学ではＥＳＳのメンバーとなり、はじめて友人と英語を話す体験をする。当時の多くの大学生がそうであったように、小松も左翼学生であった。この二つの要因が合体し、小松はやがて原水協世界大会で通訳のボランティアをするようになる。

そんなことでもって原水協の通訳をやりだしたわけですから。それはね、いまの考えからいけば、それはとんでもないことですよ。だけどもまた、それじゃあ通訳として全く役に立たなかったといえば、それはそうじゃない。けっこう役に立っていたわけですからね。それは僕が大学のそれこそ二年生ぐらいのときに、それこそ一五人ぐらいの外国の代表をひとりで連れて広島、長崎へ行って、その会議に出て、彼らのスピーチを全部それは逐次通訳し、それから日本の通訳というのは、それこそＪＰＣのときと同じように、こういう携帯マイクみたいなもので外国代表に伝えていたわけですから。大学二年ですよ。二年か三年ですよ。〔…〕

それはねぇ、それはある意味においてはおそるべきね。それはやっぱり一つは、自分も原水禁運動の一部のように思っていましたからね。こっちもそれは共感していましたから。自分も左翼でしたからね。そういう点でね、それは一生懸命ともかくやっていた。一緒にやっていたのは浅野さんとか福井さんとか光延君とか外語の人たち、「原水協通訳」といわれる人たちがみんなそうですよね。彼らはみんなそこで同時通訳なんかもやっていたわけですからね。それはもう、ある意味において、福井さんにしても光延君にしても浅野さんにしても、それは抜群にできた人ですよ。彼らもみんな、言葉は私と同じに全部日本で覚えた人ですけどね。

原水協は、一九五五年以来、原水爆禁止世界大会を開催しており、第二回大会から学生ボランティアによる同時通訳を導入し、会議で使用される日本語、英語、フランス語、スペイン語、ドイツ語、ロシア語などの各国語に対応するようになった（小松 2003, p. 79）。小松は最初の会議からボランティア通訳として参加しており、そのおかげで、国務省で通訳訓練を受けるために渡米した頃には、「通訳者としてある程度の経験は積んでいた」。通訳という職業が確立されていない時代だったから許されたことだろう、と小松は指摘するが、結果として原水協大会は、おそらく一〇年以上にわたり、通訳に興味をもつ大学生に対してまたとない on-the-job training の機会を提供したことになる（筆者もその恩恵をこうむった一人である）。

終戦後に関して、村松と國弘が共通して語った思い出は、外国文学が次々に翻訳出版され、知的に飢えていた国民がむさぼるように読んだ状況である。

村松の記憶では伊藤整が訳した『チャタレイ夫人の恋人（Lady Chatterley's Lover）』は、村松が旧制中学にいた頃か、早稲田大学入学直後かに刊行された。『チャタレイ夫人の恋人』の文中で黒く塗りつぶされた「伏せ字のところに興味をもった」村松は、原書を探し出し翻訳する。

村松　そのころ翻訳文学がどっと出まして、「チャタレイ夫人の恋人」が、翻訳が出たんですよ。終戦の一年後ぐらいじゃないですか。

鳥飼　そんなすぐ出たんですか。

村松　ええ、すぐ出たんです。ところが伏せ字ですよ。当時のことだから。それでみんな黒くなっている。もの好きの私は、なんと神田の古本屋で、おそらくアメリカの兵隊が読んで売っちまったか捨てたか、ペーパーバックをめっけてきて、その伏せ字のところを克明に翻訳して——少年ですよ。一五歳か一六歳の少年が「チャタレイ夫人」の伏せ字のところを、それも昔のことですからガリ版というやつ——ガリ版というのはご存じ?

鳥飼　ええ、知っています。

村松　あれで自分で書いて、それでみんなに配ったですよ。それでもの好きな少年たちが集まって、「ほう!」とみんなワクワクしながらね。ませていたというよりは、要するに知的好奇心だけ先走りしていましたね。面白かったですね。

國弘が戦後二、三年経ってから、並んで買ったのは、ルース・ベネディクト著の『菊と刀』である。長谷川松治(東北大学教授)が翻訳したと國弘は記憶している。

当時はね、『菊と刀』を買いに行くためにね、みんな神保町の辺りの本屋をね、立ち番をして、夜寝ないで、それで先を争って買ったんですよ。[…]

だからね、僕は本当に『菊と刀』が出たときに、僕はそのひとりとして並んで買ったんだけどね。当時いくらかだったか覚えていませんけども、大枚いくら……一円払ったか一円五〇銭払ったか覚えてないけども、そういうような時代に『菊と刀』というものが来たわけよね。

僕はあの時代を思うとね、涙が出るよ。ほんと。日本人がこんなにもね、知的なものを渇望してね、知識とか知的なものに飢えてね。それでね、一冊の本を、翻訳の本を買うのにね、夜中に本屋を取り巻いたっていう時代。

一冊の本を買うために書店に行列した一つの理由は、冊数が少ないこともあった。

何といっても。今みたいに虚しいほどに本が出ている時代じゃないからね。だからもう、冊数が少ないから、何千冊とか……一〇〇〇冊とか五〇〇冊とか限定した数しかつくらないでしょう。紙もないし、印刷もお金がかかったからね。

しかし、より大きな理由は、時代の雰囲気だった。昨今の日本のように、知的であるということが「むしろ恥ずべきことであったり」「堅いことであったりね、暗いことであったりなんかする」状況とまったく空気が違っていた、と國弘は終戦後の様子を回想する。

ところがあのころの日本はね、やっぱりね、戦争に負けてもうみんなひどい生活を、僕らもしていたんだけども、にもかかわらずね、それだけに知的なものに対しては目を輝かして、新しいものを受け入れようというようなムードがあった。

文化人類学者であるルース・ベネディクトは日本を訪れることなく、「捕虜とそれから在米の日本人ね、移民ですね、一世二世。そういう人々と、あとは文献的なもので処理して」、この『菊と刀』を執筆したが、國弘によると、これは日本の学会を二分する論争を巻き起こした。

これはね、日本の知的世界の中ではね、ちょっとしたコモーションというのかな、事件になるわけよね。

それでね、二派に分かれるわけ。それでね、伝統的な日本の歴史学者とかあるいは倫理学者とかね、哲学者とかね、そういう伝統的な日本の学問をやってきた人たち、これはトップ、みなえらい人ばっかりだけど、その人たちはだいたい価値を見出さなかった。「あんなものは三文の価値もない」というようなのがだいたいの評価だったわけよ。それで、たとえば倫理学者、哲学者で言えば和辻哲郎さん。東大の。例の『風土』を書いた和辻哲郎先生なんかは全然評価しなかった。それから早稲田大学のあの有名な東洋史家、日本史家の津田左右吉先生なんか、僕も大変尊敬している人なんだけども、その津田左右吉さんなんかも全然評価しない。片方は評価しないわけよ。

ところが今度は、同じくえらい、やや若手の、新しい社会科学をやる、行動科学なんかをやるような人々はね、ものすごく評価するわけよ。たとえばね、社会心理学をやった一橋大学の南博さんなんかはものすごい高く評価するわけね。あるいは東大法学部の社会学というかな、法社会学をやっていた川島武宜（ぶせん）なんていう人ものすごく高く評価するわけ。

で、それが論争するわけ。日本はそういう論争をやっていたわけ。日本はまだ知的な世界だった。ほんとに。だってね、『菊と刀』をめぐって、錚々たる日本の片方の人たちと片方の人たちがね、ああでもないこうでもないといって論争する、論戦をした時代だったのよ。僕はあの時代を懐かしむね。今にはない。今はまったくそういうことがないもん。

そのような論争の結果として、東京大学教養学部ができた折に矢内原（ヤナイハラ）忠雄先生が、「日本にもやっぱり文化人類学というものを導入したい。東大でつくりたい。駒場でつくりたい」といって、駒場から文化人類学がスタートし、日本各地に広がった、と國弘は説明する。

そういうことで……何ていうかなあ、知的なムードというか風土がまだ生き生きとあった時代に、僕らはたまたまちょうど年齢的にもそういうふうに外へ触れるとかなんとか、いろんなことがあって、何かオレもしなくちゃいけねぇなと思ったということですね。

毎日の食べ物にもことかく敗戦後の混乱と困窮の中で、日本人が「知的なものに対しては目を輝かして、新しいものを受け入れよう」とした様子は驚くべきバイタリティである。敗戦の翌月には英会話本がベストセラーになり、海外の書が次々と翻訳され、文化人類学という新しい学問をめぐって論争が起こるような、そのような闊達な知的風土が、若者をして「何かしなくちゃ」という思いに駆り立てた、というのも戦後史の知られざる一面である。

14　考察

これまで見てきたように、五名の同時通訳パイオニアの「ハビトゥス」は多彩であるが、共通点も存在する。言葉への感性を育むような言語体験をしていること、両親、とりわけ父親の影響、戦争体験、英語学習への動機づけとなるような体験、そして全員に共通しているのは大いなる好奇心である。

言葉への感性を育むような言語体験をそれぞれが語ったことは大きな意味がある。たとえば西山は、幼い頃、既に母語としての日本語と英語の違いを認識している。家に帰りたいという気持ちを、どう友達に伝えてよいか分からなかった体験、あるいは英語のアルファベットと音との関連を突然に理解した出来事など、ひとつひとつが西山の言語生活を形成していったことが分かる。村松は、近所のいじめっ子と対決した時に、言葉で相手をやりこめたことから、言葉の力を体験から学んでいる。小松は幼少時のことを積極的に話そうとはしなかったが、断片的な語りから、しゃべることが苦手だったからこそ、言葉に対して意識的であった様子がうかがわれる。相馬も、初期の言語環境について詳細を話さなかったが、幼いころから言葉に敏感であり、論理の重要性を早くから認識していたことが、語りから浮かび上がる。國弘は、言葉の道を進むようになった原因を、父親の漢文素読教育と、関西弁に初めて接した体験に帰した。

初期の言語体験は、その後の言葉に対する態度育成に大きな影響を及ぼすことが、五名の語りから判断できるが、同時に、その言語体験は、外国語でなくとも、母語でもあり得ることが分かる。むしろ母語での言語体験の方が、その影響は大かもしれない。

國弘は、言語に対する意識に父親の影響が大きかったことを認めているが、父親について言及したのは國弘だけではなく、四名が父親について詳細に語っている。父親について触れなかったのは小松だけであるが、もともと小松は私的なことがらについては語らない方針であったため、言及しなかったことが影響の少なさを意味するものではない。西山は、母親についても愛情をこめた思い出話をしたが、量的には父親についての話が圧倒的に多かった。英語で間違った答えをしたときに、注意せず、西山に「臆せず話す自信」をつけてくれたのは父であり、学校で先生の英語が分からなくても大丈夫だと安心させてくれたのも父であった。村松も同様に、影響を与えた人物として、映画やミュージカルによく連れて行ってくれた父親を挙げた。相馬も、正確な言葉遣いを躾けた母親の影響を受けながらも、愛情と尊敬をこめて父親について語ることが多かった。

戦争体験については、ほとんど何も触れなかった小松から、生々しい描写を交えて語った國弘まで温度差はあるが、五名とも何らかの形で第二次世界大戦を体験しており、影響は免れない。それでも不思議なことに五名とも共通して、戦争は国家同士のものであると割り切って考えているようで、個人レベルでは恨みも憎しみも希薄である。これは同時代の日本人の多くも同様だったかもしれない。たとえば國弘は、空襲で自宅を三回も焼け出され、親しい兄のような存在の大学生が爆弾で殺された様子を涙ながらに語り、非戦の思いを強く主張したが、敵に対する憎しみはいっさい言葉にしなかった。それどころか、戦時中から捕虜に話しかけ、終戦後は進駐軍の兵士に自ら話しかけて英語を教えてもらっている。村松は、終戦直後こそバスケットボールのポールを盗もうとした米兵に英語で「殺してやる」と怒鳴ったりしたが、卒業後は進駐軍で働き、やがてアメリカが「自分にとっての世界」となる。小松は、左翼学生でありながらアメリカ好きで、米文学、ジャズ、ミュージカルなどに魅せられており、アメリカは「第二の故郷」となる。

西山と相馬の語りは、戦争勃発直前の日米両国の状況を伝えて貴重である。

日系アメリカ人の西山が、人種差別が動機となって学業に精を出し優秀な成績をおさめたことを語ったのは、温和な西山にしては珍しいことであった。淡々と語り、書き起こしの段階で企業の実名だけは削除を希望したが、米国籍がありながら明らかに日系であることが理由で就職内定を取り消されたことについては、語りのすべてを変更なく残すことを希望した。

差別が根強かった米国に比べ日本では、逓信省の研究所という官の組織が、米国籍の西山を躊躇せず採用した。日米関係が悪化しつつあった社会状況を考えると意外な感もあるが、国籍はともかく、日本人であることには間違いないわけであり、初代所長の親戚という立場は、ある意味で「身内」と解釈されたのであろう。

相馬が語る尾崎行雄の言動には痛切なものがある。軍国主義に傾いていく戦前の日本を慨嘆する様子、フーバー米国大統領に会ってまで日米開戦を回避しようと努力を重ねた姿が相馬の言葉を通して鮮烈に蘇り、歴史の一端を新たな視点で見直すことを可能にする。

國弘とスコットランドからの捕虜との出会い、進駐軍の兵士との英語学習は感動的である。ここでも、これまで知られていなかった戦中、戦後の日本社会の一面が生き生きと語られている。進駐軍の兵士との交流については、占領側と敗戦国日本の市民とが緊張した関係でなく、きわめて友好な関係を構築していたことが分かる。敗戦直後の一般市民と、各国から進駐した兵士との間に、どのような異文化交流があったのか、コミュニケーションの視点から検討することも意義があると考えられる。

戦時中の日本について触れておかねばならないのは、戦争中も英語教育が行われていた、という証言である。敵性語として野球用語をはじめとして英語の外来語はすべて日本語に言い換えを余儀なくされたことなどが伝えられ、英語は全面的に禁止になったという印象が強いが、旧制中学では、正規科目として英語の授業が続けられたという。村松は航空工業学校という国策上、重要な学校だったから、優秀な英語教師が配置された、と感じているほどである。國弘は、神田乃武男爵による教科書が、ロンドンの町並みを克明に描写するなどして中学生に夢を与えたことを語り、戦前から戦中にかけての英語教科書の質の高さを評価した。戦争末期になって文部省による検定が始まると、戦意鼓舞を目的としたような教科書に代わり質が下がったと指摘しているが、その当時、英語の検定教科書が存在したことすら、驚くべきことである。戦時中は英語を禁止されていたから英語を話せない、という戦中世代からよく聞く話と、どのように整合するのか、興味のあるところである。

筆者の母は、シンガポールの英国学校で中等教育を受け戦前に帰国し、カナダ系ミッションスクールの帰国子女対象クラスに入学したが、開戦の頃から、「英語を話してはいけない」と商社勤務の父親から厳命され、「英語を忘れよう」と必死に努力した、とよく語った。日本政府は、英語に対して愛憎半ばした態度であったのであろうか。一方で、英語を禁止しながら、他方では英語の重要性を認識していた、ということがありえるのであろうか。

山口誠（2001）は、ＮＨＫの英語講座が一九二五年、講師に岡倉由三郎（立教大学教授）を迎えて開始し、一九四一年一二月八日、真珠湾攻撃の朝まで放送が続けられ、終戦の一ヶ月後には再開したことを報告している（p. 36）。

第二次大戦前から戦争中、戦後にかけての英語教育が、公教育、民間で、実際にはどのように行われていたか、検証が必要であろう。

さらに、もう一点、英語教育に関して興味深い結果がインタビューから判明した。日本生まれ日本育ちの三名の同時通訳者が、どのような英語教育を受けたか、という証言である。

最近、特に一九八九年、学習指導要領改訂以来、日本の英語教育はコミュニケーション重視の指導方法に大きく舵を切り、「読み書き」よりは「聞くこと話すこと」に重点が置かれるようになってきた。日本人のこれまでの弱点として、読み書き・文法には強いけれど、リスニングとスピーキングが苦手である、ということが強く言われ、その弱点を補正し国際社会で通用するような英語コミュニケーション能力を育成することが喫緊の課題である、と考えられたからである。

実際には、ＴＯＥＦＬスコアの内実を調査すると、日本人は読み書き・文法の面でも英語力が劣っているのが現実であるが（鳥飼 2002, 2006）、これまでのところ、「読み書きを教える学校英語は役立たず」という評価が一人歩きした感があり、教育現場はコミュニカティブ・アプローチが主流となり、従来型の文法訳読法は百害あって一利なしというのが世間の常識となっている。

ところが、コミュニケーション現場の最前線に立って活躍してきた村松、國弘、小松はいずれも学校英語教育がその英語力の基礎となっており、しかも受けてきた教育は伝統的な文法訳読法であった。しかし、学校で学んだ英語が後年、役立ったと村松も國弘も主張する。

「シェークスピアを読む」というのは、昨今の日本では、役に立たない英語を教えることと同義語化しているが、村松は中学で教材として使った『マクベス』の一節を懐かしそうに口にし、ラム編纂による児童向け『シェークスピア物語』が原文の音やリズムを失わずに読みやすく書き直してある優れたものであったと評価し、大学の英文科に入学してシェークスピアを学んだ際も、「既視感」があり苦労しなかったことなどを、つぶさに語った。

必要悪としか考えられていない文法についても、國弘は、英文法書を相当に読んだと認めている。中でも日本人にとって難解とされる冠詞に興味を抱き、コペンハーゲン大学刊行の博士論文『英語冠詞論』を入手するなどして徹底的に学んだ。

五名は、全く異なった環境に育ちながら、相馬と國弘はともに漢文の素養を重視し、村松と小松は、日本語、英語の両言語で文学作品を読むことの重要性を指摘している。

日本の英語教育がコミュニケーション志向に転換して一〇年を越えた現在、若い世代の英語力は伸びるどころか低下現象にあると言わざるをえない（鳥飼 2006：小野博、二〇〇六年六月二五日、早稲田大学、大学英語教育学会関東支部大会基調講演『日本人の英語基礎学力の低下の現状と大学における改善策』）。日本で生まれ育った普通の日本人が、英語教育に適した環境とは言いがたい時代背景の中で、同時通訳者として仕事をするまでの英語力を、どのようにして習得したのか、先人の知恵を参考にするのは、時代が変わった現在でも意味があると考える。

言語学習の成否と密接に関連している要因に、「モティベーション」（動機づけ）がある。英語が敵視されていた時代に、外国語として英語を学んだ國弘と村松は、いずれも、英語学習への強い動機づけとなったと思われる体験を披露した。國弘の場合は、勇気を奮って話しかけた捕虜が発した「スコットランド」という一言を理解し、「通じた！」と感動した喜びが、英語への道へ進むことにつながった。村松は、終戦直後の学校で、ポールを盗もうとした進駐軍兵士に英語で語りかけ何事もなく立ち去らせた英語教師の姿に感銘を受けた。習いたての「意思未来」を現実の場で使い、「You shall die!（盗むようなオマエは死んでしまえ）」と叫んだ中学生も、たいしたものであるが、村松は、怒鳴るだけの自分たちと比べ、英語で穏やかにきちんと米兵を説得した先生を尊敬し、自分もあの先生のようになりたい、英語を勉強しよう、と強く念じたという。小松にとっての動機づけは、米国に対する深い関心であった。示唆的なのは、いずれの動機も、内発的なものであり、他から強制された外発的なものではない点である（Deci & Ryan 1985, Dörnyei, 2001, p. 28 所収）。

同時通訳の適性を性格に求める考えがあるが、その点から五名の性格を考えると、一括りにはできないことが明らかである。五名はそれぞれ個性豊かな人物であり、無口なタイプから雄弁家、批判精神に富むタイプから穏やかな気質、外交的な性格もあれば内向的な人柄もある。ただ、共通点がないかといえば、そうでもなく、いずれも知的好奇心が極めて強いことが印象的である。外国語学習に関しても、同時通訳者としての資質についても、好奇心は欠かせないことを考えると、これは重要な点である。村松、國弘、小松ともに、好奇心が英語学習へ向かわせ、渡米する意欲を生み出したといえる。相馬がＭＲＡに関心を抱いたのは日本の未来への危惧が要因であるが、実際に関わるようになるには一種の好奇心が作用している。西山がアポロ月面着陸の衛星放送を手がけたのも、どうやって月まで行くのか知りたい、という好奇心からである。村松は「通訳者の資質」として「好奇心」を第一に挙げているが、その意味で五名はなるべくして通訳者になった感もある。旺盛な知的好奇心で物事に取り組み、関心を持った対象には強い信念と行動力で向かうという積極性、この二点が同時通訳パイオニアに共通した資質である。

注

（1） http://www.aiic.net/ViewPage.cfm/article118.htm（二〇〇六年三月二二日検索）

（2）　日米学生会議は、日米大学生の交流の場として戦前から現在に至るまで続いている。参加者には、ケネディ政権での国務長官であったディーン・ラスク（Dean Rusk）、宮沢喜一元首相など、日米両国の指導者になった者も多い。

（3）　Cummins（1979）では、この分類はBICS（basic interpersonal communication skills）とCALP（cognitive/academic language proficiency）と呼ばれている。

（4）　MRAは、ルーテル派教会牧師であったブックマン（Frank Buchman）によって創設された。ブックマンは、一八七八年にスイス系アメリカ人として生まれ、正しい社会を建設するには道徳が大切だと考え、一九二〇年英国オックスフォード大学学生を中心に運動を起こす。戦争の脅威が近づいた欧州で一九三八年夏、ブックマンは道徳再武装を世界に呼びかけ、Moral Re-Armament（MRA）がヨーロッパと北米で創設された。一九四六年にMRAは、国際会議センターをスイスのコー（Caux）に設立。ブックマンは恒久的な世界平和は個人の関係が変わることによって可能であると考え、四年間にわたり三〇〇〇人のドイツ人、二〇〇〇人のフランス人をコーの会議に招き、戦後の融和と再建をはかった。アメリカ合衆国マキノ島（Mackinac Island）においても、日本と東南アジア諸国との和解など戦後の国際関係改善のための努力がなされた。（http://www.uk.initiativesofchange.org/index.php?sn=2,2　二〇〇六年六月九日検索）

第5章　通訳という「フィールド」へ

通訳とは不思議な存在である。異なる言語と文化の狭間に位置し、仲介者として両者の境界を自在に行き来することで、重宝がられると同時に、密かに疎んじられる存在でもある。クローニン（Michael Cronin）は、この状態を「支配の問題」（2002, p. 55）と見ている。

「近くにいる（proximity）」ということは、望ましいことであり、恐ろしいことでもある。望ましいというのは操作できるからであり、恐ろしいというのは、だまされるかもしれないからである。これは、現地の通訳者であっても、非ネイティブが現地語で通訳する場合も同じである。（2002, p. 55）

クローニンは、植民地時代の通訳者には、「自己調達型」と「現地調達型」の二種類があった、と紹介する。

植民地時代の帝国建設者は、「自己調達」と「現地調達」とでも呼べる通訳制度の選択を有していた。「現地調達」システムの場合は、現地で通訳者を調達し帝国の言語を教えた。現地の通訳者は、勧誘することもあったし強制的に連れてくることもあった。「自己調達」システムは、宗主国の国民に植民地の言語を訓練するものであった。(2002, p. 55)

たとえば、コルテスはヨーロッパから通訳者を同行して南米征服に出かけたが（自己調達）、現地でも、複数の部族語に堪能な女性にスペイン語を教え専属の通訳者としている（現地調達）。

このような植民地での通訳事情を、戦後の日本に当てはめるわけにはいかないが、東京裁判では日系アメリカ人を中心に通訳団を編成した米国が、敗戦間もない日本の復興を目的に、日本の若者の中から優秀な人材を選抜して国務省に送り同時通訳訓練を実施した、というのは画期的なことであり、ある意味で、クローニンのいう「現地調達システム」に該当する。ただし、植民地時代の制度との根本的な違いは、目的が「日本の再建をめざして米国に招聘する日本生産性本部視察団の同行通訳者養成」であったこと、応募者が自由に自らの意志で通訳者として渡米したこと、選ばれた若者たちは既に英語力があった点である。村松、國弘、小松の三名は、この「米国国務省―日本生産性本部」共同事業の一環として、同時通訳者へのスタートを切った。

相馬は、バイリンガルの家庭で日本語と英語を日常的に使っていたことから、MRA代表団（MRAについては、本章第2節を参照）来日時の通訳を依頼されたことが通訳者としての出発点であり、MRA国際会議に日本代表団が招かれた際には、西山と二人で同時通訳を試みた。

西山は日系アメリカ人二世としてバイリンガルに育ち、進駐軍総司令部（GHQ）を経て米国大使館勤務となり、ライシャワーをはじめ歴代駐日大使の公式通訳を務めた。
本章では、五名の同時通訳パイオニアの語りから、通訳者の「フィールド」へ各々がどのように入っていったかを紹介する。

1　進駐軍

西山、村松、國弘の三名は、いずれも何らかの形で連合国軍総司令部（以下GHQ）の仕事をしている。國弘はGHQに勤務した理由として、家庭の経済上の問題を挙げた。

［…］親父が事業に失敗しちゃったわけよ。武士の商法みたいなもんでね。で、失敗しちゃったわけよ。それでえらい借金を背負ったりなんかしてね。それで家計が非常に苦しくなったわけよね。それでね、僕は兄弟がね――僕が一番上で、下に五人も六人もいるわけよ。〝貧乏人の子だくさん〟を絵に描いたようなもんだったよ。それでねぇ、「これは何とかせないかん。親父を助けないかん」と思ったんだよな。

「親父を助けないかん」と考えた國弘は、翻訳者として埼玉県浦和にあるGHQ民生部（Civil Affairs Section）に勤めた。

僕はね、今から思うと、実際あんなことをよくやったなと思うんだけどね、つまり和文を英語に直す和文英訳ね、英作文的なね、書く英語に直す役、ナントカ官……翻訳官か……ナントカいうのになってね、それで毎日浦和へ通っていたわけですよ。そしていくらもらったか覚えてないけど、当時のことだから月給一万円ぐらいだったんじゃないかな。一万円もらえば御の字だった時代ですよ。もう全然今とはわけが違う。それでたしか一万円だかなんかもらった。

その後、「やっぱりこれは学校へ行かなくちゃまずいなと。今後は学校へ行かないでいってるというのも、ちょっとこれは自分の長い一生を考えるとまずいかなと思ってね、それで学校へ行きましょうと思った」國弘は、働きながらの通学に便利な大学を探す。

そうするとね、結局、昼間働いているわけだからね、いわゆる二部というのかな、夜間部というのかな、そこへどこかないだろうかと思ったわけよ。そしていろいろ調べてみたら、一番僕の通う都合もよかったのがね、それがたまたま渋谷だったんですよね。［…］

青山学院大学の第二部というのがあって、そこへ行こうかなと思って、そこを受けたらたまたま受かって。それだから、昼間は浦和まで翻訳をやりに行って、夜はたまたま青山学院大学に行っていたわけよ。

昼間はGHQ民生部で翻訳、夜は青山学院大学で学びながら、浦和と渋谷を往復する毎日を送っていたある日、國弘は渋谷の道玄坂でばったり友人に出会う。

それで、たまたま青山学院に行っていたときに、渋谷の道玄坂でひょっこり友だちに会って、「おい、今度な日米学生会議ってのをやるんだよ。戦前のやつをもう一回復活するんだ。おまえ受けてみないか」と言われて、友だちに。「じゃあ、オレも受けてみようかな」と思って、受けたら受かっちゃったわけよ。

友人からの誘いで日米学生会議に出席したことが、ハワイ大学への留学の道を開き、「外国と接触する運命」へと國弘を導くこととなる。

村松がGHQに仕事を求めたのは、英語を学ぶことが目的であった。最初は、東京にある連邦軍キャンプで、主としてオーストラリア兵と仕事をしていたが、もう少しましな仕事をしたいと考えた村松は神田にあるタイピスト学校に通い、他の生徒の二倍もの努力を傾注してタイプを学ぶ。

タイピスト職応募条件の一分間に五〇語を打てるまでになったところで、東京軍政府が名称を改めたGHQ東京民事部の面接を受ける。面接官は福祉課長のMrs. Edna Callowであった。村松はアメリカ英語に慣れていなかったこともあり、"thirty"の't'をアメリカ式に発音したキャロー氏から「一時半に戻ってきて」と言われたことすら理解できなかった。後にキャロー氏は村松に「あなたの英語はダメだと思ったけど、気の毒だから採用したのよ」と語ったほどである。

タイピストの職を得た村松の給料は、一ヶ月六〇〇〇円であり、村松は日本一のタイピストになってやろう、と決意する（村松 1978, pp. 6-7）。タイプの仕事をしているうちに村松は、英語の知識があればタイプのスピードが上がることに気がつき、打っている英語を分からずタイプしているだけでは、単なる「コピー屋」だと考えるようになる。

鳥飼　それで、進駐軍でタイプをなさっていたわけですが、あれもすごいですよね。やっぱり英語の力が本当についたというのは、あそこですかね。

村松　絶対ですね。それと英語の知識があるから、間違えたことを打たないわけですよ。あのころ、いわゆる女の子といっていましたけど、普通の女のタイピストは意味なんかわからない。ともかく文字を写している。そのころそういうのを軽蔑して、私は「あれはコピーストだ」と言っていたんですよ。ともかく写しているだけだ、本当のタイピストじゃないと。

たとえば、これは他動詞だなと思えば、たとえそのあとに挿入句があったとしても、目的語が出るはずだなと思って打っているわけですよ。ところが、よく一行とばしちゃうなんていうのは、意味を考えてないから、とばすんですよね。私は絶対それはなかった。

村松はほどなくタイプ打ちのエクスパートになる。当時のタイプライターでは訂正するというのは大変な作業だったが、英語を考えて打つ村松は「間違いが少ないから」驚くほど速かった。

これが私は速かったわけ。ダ、ダ、ダッ、ザーッ、ダ、ダ、ダッ、ザーッと。まわりの人がみんなビックリして見ているんですよね。機関銃のようだというのでね。当時、大げさな言い方の好きなアメリカ人が、The fastest typist west of the Rockies とかね。これがうれしくてね。

文法は、細江逸記著『英文法汎論』を「暗記するくらい熟読して」学ぶ。その上、"Writer's Guide to English" "Manual of Style" などという文章作成法の参考書も「本がバラバラになるほど勉強し」(村松 1978, pp. 7-9)、アメリカ人の書いた英文の間違いを直すまでになった。時には、直されたアメリカ人が反論し、どちらの文法が正しいか賭けをすることもあったが、勝つのは常に村松であり、一ドル三六〇円時代にかなりドルを稼いだ。

まもなく村松は主任タイピストに抜擢され、他の三名のタイピストを監督する立場となり、給料も上がった。ところが程なく、タイピストに比べ通訳者の給料袋が相当に厚いことに村松は気がつく。

みるとお給料袋の厚みが違うんですよね。それは、いまみたいに銀行振り込みじゃないですから、茶色い――はっきり覚えていますよ、その手触りもね。その袋の上に名前が「ナニナニ殿」と書いてあるわけですよ。金額は、明細は中だったと思うけども、厚みというものはみえるんですよ。そうすると、あの人の厚みは私の三倍だというのがわかるわけですよ。

通訳者として働いていたのは、男女を問わず、年齢もまちまちであった。アメリカ人と日本人の間に立って仲介する姿はカッコよかったが、分厚い給料袋の他に、もうひとつ村松の目を引いたことがあった。

[…] それはまわりに通訳をやっている先輩が、おにいさん、おねえさん、おじさん、おばさんが何人かいて、みているとカッコいいわけですよ。日本の人が来ると、外国の人、アメリカの人たちとやっているのがカッコいいな

と。

それで、聞いているとけっこう間違っているんですよね。間違えているというのは、意味の間違いというよりか、私からすると、たとえば日系米人で、向こうで生まれた人なんだけども、戦前に帰ってきて国籍を失って日本国籍になった、非常に品のいい、やさしいおばさんがいましたよ。［…］そのおばさんがね、非常に軽妙にしゃべるんだけども、ちゃんと勉強した人じゃないから、スポークン・イングリッシュなんだけども、よく間違えているんですよね。

たとえば actually ということを、彼女は in actual というんですよ。私からしてみれば、actual は形容詞である、in actual というはずはないと思う。ところが彼女は癖で、しょっちゅう in actual なんて言う。意味は通じるから、アメリカ兵というのはだれも文句をいわないですよね。それで通っている。それで、あんなんなら私でもできると思ったわけですよ。

それからひとり、津田を出た非常に元気のいいねえさんがいて、これは、早くにまたアメリカにも留学しましたけども、気っ風のいい、面白いねえさんで、これは相当うまかったですな。だけどもいずれもみていますと、「あの人たちも間違いしてるぞ。それでも通っているんだ。あれなら私もできる」と。

一九歳だった村松は、「カッコいいし、お金になる」ことから、通訳職への配属を上司に願い出ようと考える。まずは日比谷にあったGHQ民間情報教育局図書館に行き、いかにビジネスで成功するかという本を借り出し、「雇用主の利益になることをアピールする」という戦略を学ぶ。

当時、いま日比谷映画がある近所に、帝国ホテルのすぐ向かい側でよくミュージカルなんかやっている劇場、あれがアーニー・パイル・シアターといったんですよ。[…] 有名なアメリカの従軍写真家ですよ。これが、兵隊たちから非常に愛されたアーニー・パイル、P.y.l.e、それの名前をつけた劇場ができて、つまり終戦直後ですからね、あの辺の一番いい劇場を米軍専用の劇場にしてアーニー・パイル・シアター。われわれはもちろん入れませんでした。

その隣の小さな建物が洒落た西洋風の建物で、二階建てで、それが図書館だったんですよ。[…] そこの図書館、これは日本人のためなんですよ。開放されていたんですよ。そこへ行くと暖かくてねぇ。冬でもね。[…] そこへ行っていろんなものを読みましてね。[…]

そのときに読んだ本のなかに、いかにビジネスで成功するかという種類の本があったんですよ。題は覚えてないですが。そのなかに、appeal to the interests of your employers というようなことがあったんですね。彼らの利益に訴えるようなロジックで書けということね。それも私、実はこうやって手で書き写したですよ。

コピー機など「誰も想像もしてなかった時代」だったので、一九歳の村松はその本の主なところを書き写した。そしてそれを応用して「相手の利益に訴える」、つまり「通訳者としての可能性を証明する機会を下記の人間に与えることは、アメリカ合衆国進駐軍の利益にかなうものであります」という論理で、「下記の者 (the undersigned)」というようなフォーマルな表現を多用した公式の英語の手紙を仕上げる (村松 1978, p. 9)。

内心は「生意気なことを言うな」とクビになることを覚悟の上で、村松は書き上げた手紙を上司に渡す。

いまでもはっきり覚えています。そのボスが、非常にやさしい田舎のおっさんですよ。でも、にこりともせずに、いまでいえばコカ・コーラのびんの底みたいな厚い眼鏡をかけたおじさんで、"Muramatsu,"ミスターなんて当時言いませんよ。MMと言われる前ですけどね。私の目をみて、"So you wanna be an interpreter ?" "Yes, sir. Yes, Mr. Stemple." ちゃんとそう言いましたね。"All right. You are an interpreter."

「通訳者になりたいのか？　よし、君は通訳者だ」と上司は即決してくれ、村松は翌日には、埼玉県庁に先輩通訳者と出かける。

その明くる日は、先輩の in actual のおばさんと一緒に、浦和の埼玉県庁に行きましたよ。それで彼女の通訳ぶりをまず拝見して、そこで「わあ、これはできない」と思って胃が痛くなるようじゃダメなんですね。「ああ、これならできる」と。パワー・オブ・ポジティブ・シンキング（power of positive thinking）ですよ。

その後、村松がついたのは日系アメリカ人のジョージ・ホシノであった。二人は、週に三日は、千葉、埼玉、茨城、静岡、長野などの各県へ「フィールド・トリップ」に出かけた。訓練など何も受けないまま、村松は関東圏各地の県庁で講義や討論の通訳をするはめになる。間違えたり、ごまかしたりは日常茶飯事であった。あるときなどは、二時間の講義の間に'agenda'という英単語が頻出するのだが、村松はその単語を知らなかった。

初めは、だからひどいこともしたもんですよね。わかんなくてさ。ごまかしましたね。

アジェンダという言葉を知らなかったというのをね。ジェンダーは知っていたんですよ。不思議なもんですね。[…]なんで、ここでセックスが出るんだろうと思ってね。

だけどこれが非常に大事なことで、常にコンテキストで訳せ。少なくともセックスなぞはないから、いきなり「性」なんて言わないですよ。出るたびにいろんなことを言って、ともかく辻つまをつけたですよ。


そのときの上司は、その後、ミネソタ州立大学で社会学教授になった人物であるが、仕事を終えた村松が「さっきの講義で出てきた *gender* ってどういう意味ですか?」(村松 1978, p. 10) と質問した時には、愕然とした表情になった、と村松は記憶している。一九四九年、村松は一九歳であった。

通訳者として働き始めて七、八ヶ月経った頃、朝鮮戦争が勃発しGHQは通訳どころではなくなり、通訳者は解雇寸前となる。村松は、丸の内にあったBank of America東京支店に応募する。


[…]タイピストで入ってから七、八カ月で通訳になって、それから朝鮮戦争が始まっちゃったので、もう通訳どころじゃないのでクビになるところだったんですがね。全員解雇ですよ。

だけども、そうだ、いまでもはっきり覚えていますが、丸の内にバンク・オブ・アメリカの支店があって、そこへインタビューに行ったけども、大して特技もない。タイプが打てるだけじゃダメだ、その程度の英語じゃというので、採用にならなかったわけですよ。そのとき仲間が二人かなんか採用になりましたけどね。私は採用にならない。

銀行には採用にならなかったが、時代の流れは村松にとって幸いであった。朝鮮戦争がきっかけとなり、自衛隊の前身である警察予備隊が組織され、日本の地方行政を扱っていた部門が軍事顧問団に役割を変更することになった。そのような状況下、村松に依頼が来ることになる。

で、しようがねぇなと思って帰ったらば、警察予備隊というのを、いまの自衛隊の前身をつくるために、マッカーサーの命令でね、いままで日本の地方行政を監督していたところが、監督がだんだんアドバイスになって、それが突如、予備隊をつくる軍事顧問団になったわけですよ。そこで「優秀な事務のベテランが必要である。おまえ残らないか」と言ってくれた人がいたんですな。ありがたい恩人ですよ。[…]

村松は快諾し、最初は人事部の chief clerk となる。そして早速、文書作成のフォーマットから、軍事配備や移動命令書の書式まで頭に叩き込み、軍の書式については誰にもひけをとらないほどになる。米軍将校でさえ、分からないことは村松に聞きにくるようになる。

そこで最初、米軍の軍事顧問団の人事の事務主任をやっていたんですよね。ところが私、凝り性だから、米軍の「ミリタリー・コレスポンデンス・マニュアル」なんていうのをばりばり読んで、ここのところは何行開けるとか、ここは頭は何分インデントするとか、こういう軍の配置・移動の命令はこういうふうに書くんだというのを覚えちゃって、米軍の下士官がみんな私に聞きにきたですもんね。私のほうがよく知っていたです。

やがて軍事顧問であった少佐が、自分の通訳をやらないか、と声をかけてきたことから、村松は再び事務職を離れるが、事務職として得た米軍や警察予備隊についての知識は、通訳の仕事に大いに役立った、と村松は語る。

それからやっているうちに、今度は私の上司だった少佐が――まだそのころは大尉だったのかな、非常にいい人で、少佐になってからかな、彼も軍事顧問で、「私の通訳をやらないか」と言うから、ありがとうございますと、すぐなったわけですよ。それからまた事務を離れて。だけども事務をやっていたものだから、米軍のこと、自衛隊のことに――まだ自衛隊になる前だけども――非常に詳しかったので、だから通訳していてもね。

結局、村松は米国へ行くまで六年半の間、GHQでタイピスト、事務員、通訳者など幾つもの職種を経験する。村松は、当時の警察予備隊の指導者についても鮮明に記憶している。

［…］いまでもはっきり覚えているのは、当時の予備隊の幹部――米軍でいえばオフィサーズですね。将校という言葉は使いませんでしたから――というと、戦前の軍の――最初は戦前の軍人はとらなかったんですよね。それでは足りないというので解禁になって、とり始めて、それで戦前の帝国陸軍の大尉だったとか少佐だったという人が戻ってきて。その人たちが米軍の将校に――非常にみんな紳士的でしたよ。勝った国の将校に対して。いまのイラクと違ってね。ちゃんと尊敬してさ。勝ったほうも、日本をまたこうやって助けるんだという気持ちで、非常に紳士的で。

村松が通訳をした日本側の指導者は年配者が多く、古めかしい日本語を使うので、英訳に苦労することが多々あった。

そのときに、昔の人だから古い言葉を使うのを、それを一生懸命訳してね。ただ、同時通訳なんかない時代だから逐次でね。「それは時の氏神ですなあ」とか、「時の氏神?」「時の氏神、何ていいますかねえ」と言うわけ。しようがないから God of time とか言ってね。それはちょうどタイミングよくゴッドがあらわれるときだと。それも間違いじゃないですよ。そういうのはずいぶんありましたよ。それを通訳していて、だからずいぶん通訳は経験を積んだですよね。

西山が初めて通訳を目の当たりにしたのは、高名な電気工学研究者であるランギミュール (Irving Langmiur) 博士が講演に招かれ、来日した際である。

それでね、私は最初に通訳がどういうようなものであるかということを、見て、聞いたのは、〔…〕有名なアメリカ人の研究者でランギミュールという人がいましてね。そのランギミュールという人は、白熱電球が長持ちするようになったシステムを開発した人で、僕たち電気工学関係の者はよく知っていた有名な方だったんですよ。〔…〕やっぱりGEの研究所の方だったんですけどね。そのランギミュール先生を一回日本に招いて、講演会をいろんなところでやったんですよね。

私はその講演を聞きに行ったらね、ひとり日本人の方がそのランギミュール先生の通訳をしたわけです。それはもちろん逐次通訳ですよ。それで僕はね、じっと聞いていて、もちろん先生の言うことはそのままわかるけれども、また通訳していた人は、立派な日本語でちゃんと通訳してらしたんですよ。それで僕はね、はぁ、通訳というものはこういう立派なやり方なんだなと。僕は通訳というものが何であるということをそこで初めて見たんです。［…］それは私の覚えている通訳の初めてでした。［…］

それですから、どういうふうに言ったら通訳をしなきゃいけない、通訳をするためにはどうしたらいいかということを、そこで見ることによって、なんとなくわかったわけです。

勤務先の電気試験所では、外国人が見学に来た際に通訳をしたことが一、二回あったが、「とにかく素人くさいやり方だった」という以外、西山は記憶していない。

鳥飼　その後、西山さんご自身が電気試験所で通訳をなさったというのは……

西山　一回か二回ぐらいやりました。その一回二回やったというのは、要するに外国の人が見学に来たときにね、担当の技師やなんかがその人たちを案内するときに、やっぱり私が日本語と英語の間を通訳をしたんですけども、もうよく覚えてないんですよ、それは。ある程度やったんですから、うまくいったかどうかわからない。とにかく素人くさいやり方だったと思います。

西山が本格的に通訳をするのは、敗戦が契機である。しかも、西山が通訳を断れなかった背景には、敗戦国日本政府が全公務員に出した指令がある。

実際の通訳ということをやるようになったのは、戦後になってからですよね。終戦になってアメリカの占領軍が入ってきた。そのときに米軍の人たちは、日本人はなんにも英語はできないだろうとみんな思っておるんです。そういう先入観があるわけです。そしたら突然、私がペラペラペラッとアメリカ的英語をしゃべることを発見しましてね、こいつは役に立つじゃないかと思われた。それが一つ。

それからもう一つはね、これは非常に大切なことですけど、終戦のときですね――終戦って、要するに八月の一五日に天皇陛下の放送がありましてね。そのときに私たち、あの当時は官吏と言っていたんですけども、私たち公務員全部に一つの指示があったんです。その指示はね、「これから占領軍が来る。占領軍が来たら、全面的にその占領軍に協力するようにしろ」とこう言われたんです。私はその指示をもらったのは、別に文書でもらったんじゃないけど、口頭で聞いたわけですよね。だから占領軍が入ってきて、私が英語ができるというときに、手伝いに来いと言われたときに、ＮＯとは言えなかったんです。

すべては、戦争が終わって一ヶ月後の九月から始まった。西山が出勤すると、研究所員がＧＨＱに呼ばれたが話が通じないで困っている、行って助けてやってくれないかと頼まれる。西山は電車で丸の内の三菱ビルまで行き、極東空軍本部に顔を出す。

だけれども最初に私がそういうキッカケになってしまったのは、八月が終戦で、九月でしたけど、研究所に私が出勤したら、そこでね、実は石川技師がいまＧＨＱのほうに呼び出されて、自分の戦時中の研究を説明しようとしているんだけどもよく意味が通じないらしいから、おまえ行って手伝ってやってくれと言われたんです。で、私は電車に乗って行って、ちょうど丸の内の三菱のビルのところまで行きましたらね、そこで、当時は極東空軍だったけど、アメリカの極東空軍の大佐とそれから将校がそこに一緒にいて、そして石川さんがそこにいたんですよ。

で、私は行ってすぐ、もちろん英語で"I understand you are having trouble with language. Perhaps I can help you?"とこう言ったわけ。そしたら「ああ、よかった」というわけだね。それで、"Mr. Ishikawa is trying to explain what he's done. We can't quite understand..."といって、たまたま私はね、石川さんがどういう研究をしていたかということを知っていたんです。それだから「ああ、これはこうだよ」といって黒板で僕が書いて、そして説明したんですよ。そしたらね、「ああ、それでよくわかった。どうもありがとうございました」。

それで今度はそこの担当の大佐がね、"Thank you very much, Mr. Ishikawa. You may leave now."と言って、それから"Mr. Nishiyama, would you mind staying behind?"と言われたんです。

一人残った西山に対し、大佐は「実はわれわれの任務は、日本の戦時中の通信関係などの研究を、どういう研究をしていたのか調査する」ことで、「手伝ってくれないか」と言う。敗戦時に日本政府は全省庁に対し、連合国軍からの要請には協力するよう指示を出していたため、西山はこの依頼を断ることは出来なかった。

それでもうＮＯと言えないわけですね。だから「ああ、そうですか。それでは……」と言って、私が今度は研究所に戻って、所長に「実はこれこれこういうふうに頼まれたんです」と言ったら、所長が「ああ、そうか。それなら行って……」と。それで一時休職になって、職はちゃんと残っているというので私は休職にしてくれましてね、それで今度はその占領軍の仕事をやるようになったわけです。

それで占領軍にいると、今度は当時の終戦処理費という予算がありましてね、そこから僕の給料が出るようになった。それでGHQに結果的には、結局五年間ぐらい残っちゃいましたね。

以来、西山の仕事の過半数は通訳で占められ、報告書作成以外は「ほとんど連日」通訳をすることとなる。

それで、その間というものは、もちろんずいぶん通訳をしたわけですね。ですからそういうところがずいぶん──逐次通訳の経験でしたけど。まだね、その当時はメモのとり方というのもろくなメモもとれないんで、できるだけ話を頭のなかにたたき込んでね、覚えて、そしてそれをまた再現する、そういう作業だったんですね、私にとっては。そういうやり方をやっていましてね。

敗戦後の日本再建を目標に、GHQは米国ベル研究所などから技術者を招聘し、電気通信省の技術者との共同作業を企てた。そのような場で西山は技術的な内容を逐次通訳したが、自己流だったことから困ったこともあった。

［…］マッカーサー元帥はね、日本の経済的な復興を手伝わなきゃいけないという任務があったらしいんです。そ

ういうふうなことで、今度はGHQがアメリカのベル研究所だとかね、そういうところからの技術者を呼んできたんですよ。そういう人たちが今度は日本の――当時は電気通信省といっていたけど、電気通信省の技術者たちと仕事をしたわけです。で、私はよくその間の通訳をしたんですが、技術の話なんですよ。その通訳は逐次通訳で。

おまけに私はね、メモをとることを知らないから一生懸命で聞いて、それをちゃんと集中して聞いて、頭のなかに記憶しといて、そして今度はしゃべるわけです。ところが、つい話し手のほうがね、調子に乗ってちょっとしゃべるのが長すぎるようになるわけですね。

メモの取り方を知らない西山は、話が長くなるとすべてを記憶できなくなる。そこで、抜かした箇所を思い出すと後から付け足す、ということをよくした。

それでね、自分が記憶している範囲内のことを通訳するわけです。通訳し終わったら、今度はその次の話に移るでしょう。その次の話を聞いたとたんに、あッさっきはこのことを言うのを忘れたと思って、気がつくんです。だから今度私が、通訳の順番になったときにね、忘れていたところをそこでつけ足していくんです。それでしゃべる。そしたら聞いているほうの人がね、ある程度英語がわかるような人たちも聞いているでしょう。あッ西山さんあそこを外したなと思って、そしたら次に今度通訳の番になったら、ちゃんとその外したところを入れてくるんで、感心していましてね。[…]

「西山さん、えらいよ。あなたあれを忘れたと思ったら、ちゃんとそれを継ぎ足して言っていた」というようなことをあとで言ってくれたりなんかしていましてね。全くもう素人がね、要するに英語でいう on the job training

のようなね、要するに仕事を通して訓練を受けるようなかっこうだったんですよ。でね、通訳をしなければいけないのが毎日だったですからね。

そのうち西山はメモなしで逐次通訳することに慣れてきたが、これは期せずして同時通訳の基本訓練にもなっていた。

それで、だんだん私はそういうことをやっているうちに、やっぱりわりあいとよく通訳できるようになったわけですよ。メモをとらないでも通訳できるようになった。だけどあれはね、あとから省みると、あれはとってもいい訓練だったですよ。要するに同時通訳の訓練でもあるし、逐次通訳の訓練。

というのは、言うまでもないことで、鳥飼さんはよくご存じのように、話し手が言ったことを絶対に外しちゃいけないわけですね。そのためには、メモはとってはいるけれども、言ったことは全部、できるだけ頭のなかにもちゃんと英語でいう retain しなきゃいけないんですよね。だからそれを自分は自然に仕事の上で学んだんです。

ちょうどその頃、国連が設立され、ブースで働く同時通訳者の存在がニュースとなった。

ところが、逐次通訳をずっとやっていたときに国連が始まりましてね、国連で同時通訳者がブースに入ってやるようになった。それがあまりにもめずらしいんで、新聞の記事になったんですよ。それでアメリカ人たちが、「おう、国連じゃいま同時通訳なんてやるようになってるんだから、西山、おまえやってくれないか」と言うから、「そりゃあ不可能だよ」とか言った。「第一、日本語と英語はちょうど語順が正反対なんだからね、そんなことはできないよ」と。

それからあの当時、いろいろな、例えば国際裁判とかそういうところで通訳をしなきゃいけない先の人はみんな、全部が同じ意見だったんですよ。同時通訳は不可能と。特に日本語と英語は、同時通訳は不可能、とこう思ったんです。語順がまるきり逆だから。そう思い込んでいたんです。ですからみんなimpossibleと言っていたんです。

同時通訳は既にニュールンベルグ裁判で成果を挙げてはいたが、まだそれほど普及してはおらず、まして や日本語と英語のようにかけ離れた言語同士では不可能というのが定説であった。
西山自身も、日英間の同時通訳など不可能だと思い込んでいたが、連日、日米間の会議の通訳をしているうちに、いつしか同時通訳の原型のような通訳方式を始めていた。

ところが、私が毎日のように日本側とアメリカ側との間の会議で通訳をしているうちにね、例えば日本側のほうは五、六人、日本の係官の方が来ている。占領側のほう、つまりGHQの側のほうでは一人か二人ぐらいアメリカ人がいる。そうすると、アメリカ人がしゃべったことはもちろん私が日本語で通訳する。それはそれでいい。アメリカ人は待つのは当たり前だとこう思う。ところが日本人がひとり話をすると、その話を私が英語に通訳している間というのは、残りの数人の日本人は待っているわけですよ。この人たちは日夜忙しく仕事をやっているでしょう。そのなかで来てから会議をやっているんだから、もったいないないねと思ったんですよ、時間がね。全くもう私の逐次通訳のために、何人も日本の側のほうの人たちが時間を無駄にしているんだというふうに思いましてね。

これはよくないと思って、初めはできるだけ早く通訳するようにしたの。早口で。それであるときね、僕はものすごいスピードでペラペラとやっちゃったら、あとになって僕にね、「西山さん、あんたね、そんなに早くしゃべるとちょっとオレとりにくいから、もう少しゆっくりしゃべってくれ」と言われたぐらい、私はものすごいスピードでしゃべったことがあるんですよ。時間を節約するために。ま、そういう失敗もやりましたけどね。

そこで西山は、早口にならずに時間を節約する通訳方法を工夫した。まず目をつけたのは日本人の発言には、「枕詞」がある、という点である。たった一文であっても、口を開くと、日本人はまず冒頭の決まり文句を述べる。それに気がついた西山は、その冒頭部分を聞くなり、すぐに英訳をささやき通訳してみた。

それからそのうちに、どうも時間を節約するには逐次通訳ではどうしてもできない。そうかといって同時は不可能である。言葉の順序がまるきり違う。ところが、そういうことを思いながらね、日本人がしゃべるときに、たいてい前置きがあるんですよ。［…］ある一つの文のなかでも、前置きがまず最初にあるわけ。そうするとその前置きがわかるわけですよね。そうすると、前置きがわかったから、それだけでも英語でしゃべろうというような衝動に駆られるわけです。で、結局私は前置きのことを聞いて、小さい声で英語でしゃべっているうちにね、残りの文章が出てくるわけです。動詞は一等終わりにくるけれども、あの動詞が意味をはっきり決定するわけですから、だからその動詞を待って、そしてちゃんと英語のなかの文脈を工夫して、それをうまく動詞を途中ふってしゃべる。

そうすると大体話し手がしゃべっているのをちょっとの間待って、それからしゃべり始めて、話し手が終わってから、私が通訳をし終えるのがちょっとずれてしゃべる、という程度できるようになっちゃったんです。［…］

つまり同時通訳とは、こういうことか、と体得した西山は、この新方式での通訳を続け、いつしか通訳の基本原理を理解するようになる。

それで私が気がついたのはね、これは根本的な同時通訳の、だれだって当たり前のことなんだけど、言葉をあるいは単語なんかを翻訳しているんじゃないと。要するに話し手が言葉で言っているインフォメーション、つまり情報を認識しさえすれば、どうせ英語と日本語というのはまるきり関係のない言葉だから、だからその情報を英語でただ言えばいいんだと。

それで、ところどころ非常に重要な動詞を使うようなところは、これはちゃんと認識して、そしてそれに相応のきちんとした動詞を使えばいいんですね。だけれど主に、要するにインフォメーションを、ただ別の国の言葉でそのインフォメーションを表現するんだ、ということが結局通訳だというふうに認識するようなったんですよ。

だれもそういう先生もいませんからね。自分で経験からそういうふうに学んでしまったわけですね。それで同時通訳は、自然に日本語から英語のほうの同時通訳が最初やれるようになったんですよ。そのうちに今度は英語から日本語に同時通訳もできるようになったんです。それができるようになったのが、一九五一年ごろぐらいでしたかな。

西山は、いわば仕事をしながら通訳術を学んだわけであるが、同じ頃、同様に通訳を体験から学んでいた人物がいた。相馬雪香である。

西山　それでね、もうひとり、それができるようになった方がいました。いまではお名前をご存じかもしれませんが、相馬雪香さんていう方。

鳥飼　はい、はい。

西山　雪香さんと私はもう名前の呼び捨ての、雪香、千の、通訳の仲間なんですよ。おそらく私たちふたりがね、日英の間に同時通訳ができる、おそらく最初の人じゃなかったですかな。ほかにやっていらっしゃる方も、たとえば関西かどこかにいらしたかもわかりませんけどね。私の認識している範囲内では、私たちが最初だったです。それが一九五〇年、五一年ごろなんです。

2　道徳再武装運動（Moral Re-Armament）

西山と相馬が一緒に同時通訳をしたのは、一九五〇年、スイスのコーで開催されたＭＲＡ（Moral Re-Armament）世界大会である。(1)

ＭＲＡはスイス系アメリカ人の牧師であるフランク・ブックマン博士（Frank Buckman 一八七八―一九六一）が提唱し、一九三八年、欧州各国の軍備増強に反対して英国で始まった平和運動団体である。「真の平和と民主主義は軍備ではなく、心と精神の再武装から」を思想の根幹とし、「あらゆる民族、宗教、国籍を超えて、赦し、癒し、和解の心でそれぞれの社会、そして世界をよりよく変えていくこと」を目的としている。一九四〇年代から五〇年代にかけてヨーロッパとアメリカを中心に広がり、人種・宗教を超えたネットワークを築き上げた。（西島 2002, http://www.uk.initiativesofchange.org/）

第二次大戦後、独仏の和解に取り組んだMRAは、日本の国際社会への復帰も願って日本人をスイスのコーで開催された一九五〇年世界大会に招待した。それに応え、日本からは中曾根康弘・衆議院議員などの政治家、石坂泰三・東芝社長などの実業家、労組指導者、広島及び長崎の市長など総勢七〇名ほどの代表団を送り込んだ。一行の代表として壇上で挨拶したのは相馬である。中曾根は「ご尊父譲りの名スピーチだった。とかく卑屈になりがちな男性を凌いで、相馬さんは終始堂々と日本人の心意気を示された」と評している（西島 2002, p. 103）。そして相馬は、日本代表団の通訳を西山と共に務め、二人で同時通訳を初体験したことを、昨日のことのように覚えている。

鳥飼　西山さんと戦後、同時通訳を始めたというのは……

相馬　五〇年。

鳥飼　MRAですか。

相馬　そうです……。大きいデリゲーション、七十何人かのデリゲーション。ブックマン先生が――ブックマン先生は戦後ヨーロッパで、フランスとドイツの仲直りを考えて、それで彼は、日本をどうまた世界にあれするかということを考えてくださすった。それで、五〇年に日本から大きい七十何人かのデリゲーションを呼んで……招待してくだすったの。それも日本の政財界、労働組合、それから広島・長崎の市長、その他の人たちを集めたデリゲーションだったの。

世界大会で相馬と一緒に会議の同時通訳をした西山は、相馬の通訳が速すぎると文句を言った。

「速いよ。速すぎるよ」と言うんですよ。「だって速くていいじゃない？」とかいって、ケンカしながらやっているうちに、「同時」になっちゃったの。それがコーですよ。五〇年のコー。

実は、相馬は五名の中では最も早く、戦前に通訳を体験している。一九三一年に父・尾崎行雄がカーネギー財団に招かれ講演した際、アメリカへ同行し耳が遠くなっていた父の通訳を務めた。

相馬　通訳は戦前から。
鳥飼　戦前。
相馬　はい。
鳥飼　尾崎行雄さんの……
相馬　いえ。父はね、通訳なんぞは必要じゃなかったの。ただ、耳の代わりですよ、私は。彼の耳の代わり。彼は、英語はビッシリしているの。

相馬は当時一九歳。尾崎は英語を解したので、聴衆からの質問を聞き取れない時に日本語で内容を繰り返しただけで、本当の通訳ではなかった、という。

相馬は一九一二年に東京で生まれ、女子学習院を一九三一年三月に卒業、同年一〇月に父の講演旅行に同行したが、これには、事情があった。

三一年の三月に私は卒業するわけよね。女子学習院を。それで、もっと勉強したいというんだけど、当時、日本では女の行ける学校がなかったの。で、女の学校に行く気はなかったの。女の、日本女子大とか、そういう女の学校に行く気は毛頭なかったんですよ。だけどもっと勉強がしたかったんだけど、女は入れなかったから。だって、うちの父が、「勉強というものは一生かかってするもので、学校ばかりが勉強の場じゃないから、私についてしたほうが勉強になりますよ」というので、たまたま一九三一年に彼は、一〇月にニューヨークかなにかで講演を頼まれたので、それについて行ったんですよ。

このように相馬の通訳初体験は、父の講演を補佐するものであり、その後も通訳訓練はいっさい受けていない。

相馬が同時通訳の存在を知ったのは、戦後初めて開かれたMRAのロサンジェルス大会に夫・恵胤と共に出席した時のことである。一九四八年であった。

ロス会議の後、相馬夫妻はマキノ島(Mackinac Island)のMRAを訪問し、そのままスイスでのMRA国際大会に出席する。相馬の印象に残っていることは、二点ある。まず、欧米の会議通訳者のプロとしての仕事ぶりである。

四八年に初めてアメリカに呼ばれて行ったときに、ロサンジェルスに会合があって行ったんですよ。そしたらフランス語から英語、ドイツ語から英語の同時通訳。もうビックリしちゃったのよ。そんな、直接にその人が話しているように感じるわけね。

相馬は「通訳というのはああいうものだな」と感銘を受ける。

もう一点、忘れられないことは、戦時中の日本が加害者でもあった事実である。

四八年に最初アメリカに行きましょう。アメリカに行くと、アメリカは「原子爆弾なんか落としてごめんなさい」と言うから、ＭＲＡの連中だから、「ごもっともだ。しっかり謝れ」というような顔をして威張っていた。ところがね、それは二週間のつもりで行ったんだけど、［…］「これからスイスに行くから来い」というので、「どうせ来たんだから行こう」ということで［…］それでスイスに行った。

スイスに行ったら、「日本人のいるところには、入れない」という人がいる。ビックリしちゃった。［…］どうして？　何でそんな嫌われているの？　それから人の話を聞いて、本を読んで、少しずつ日本が戦争中にやったことを…［…］

全然知らなかった。相手はアメリカとばかり思っていたじゃないですか。その間にアジアでどんなことをしたか、どこで何をしたかというのを、それからオランダのことだとか、オーストラリアの連中をどこに……。もうビックリしちゃって、これは大変だと思った。それが私の大きな開眼ですよ。

それでアジアに対して、私、今までアジアに友だちがなかったことに対しては反省。それで、そこからアジアを考えるキッカケになったの。ほんとにビックリしましたよ。

一九四八年のこの旅は、相馬のその後の進路を決めたと言っても過言ではない。相馬は、やがて「使命(calling)」として外交通訳に携わり(第6章を参照)、「難民を助ける会」に代表されるようなアジア諸国へのボランティア活動に身を奉げることとなる。

米国とスイスへの旅行から帰国した相馬は、来日したMRA代表の通訳者として当時の日銀総裁であった一万田尚人と会う。通訳者としての相馬にとって、一万田は恐ろしい存在であった。話がつまらないと、通訳を聞いていても天井を向いてしまう(第6章を参照)。それでも相馬は、めげることなく、何とかより良い通訳をしようと努力を続けた。相馬のフィールドは主として国会議員の通訳であった。

だけどね、大体はそのとき日本で通訳するのがいなかったですよ。だから、いろんな国会議員の連中なんかに、いろんな会合なんか通訳は私がやったの。そのとき千さんは何をやっていたのか知らないけども、ずいぶん私が……。だからずいぶんいろんなことをやった。そういう意味では勉強になったというか、シゴかれたというか。

相馬は、通訳訓練を受けなかったばかりか、英語も学校での正規の「学習」ではなく家庭で「獲得」したものであることから、「通訳なんていう、そういう意識はないですよ。私は、英語というのは勉強したことがない人間だから」と振り返る。しかし、「通訳というのは自然のものですよ。相手にわからせたいという気持ちがあれば」と考え、「相手の気持ちになるということ、相手にどうやってこっちの言おうとしていることをわからせるか、その情熱が一番大事」と信じ、「使命(calling)」として通訳を続けるようになる。

3　日本生産性チーム

一九五五年秋、米国国務省は、郷司浩平率いる日本生産性本部と共同で、日本から送り出す米国視察団の同行通訳者を養成する計画に着手する。日本生産性本部から送られる視察団は、米国の産業を幅広く視察して戦後日本の復興に役立てることを目的としており、そのためには同行通訳者が多数必要であった。村松は通訳チーム一期として選抜され、國弘は二期、小松は四期に参加している。

村松は、GHQで六年半勤務した後、国務省が「同時通訳者養成」のために人材を募集していることを知る。「同時通訳」が何をするのかもよく知らず、「同時通訳なんてそんな、できるはずないじゃないですか」と信じていたが、同僚に励まされ、チャレンジを決意する。

試験は虎ノ門の満鉄ビルにあったアメリカ大使館別館で実施された。試験官は二人。国務省言語部長であったMrs. Nora Lejinsと、年配の日系二世ミスター・ヨシオカであった。事前に説明もなく、いきなりその場で、同時通訳をするよう指示された時の驚きを、村松は詳細に述べている。

鳥飼　試験のときに同時通訳をやらされたわけですよね。
村松　いきなり同時通訳。［…］
こんなでかい、いまは想像もつかないでっかい箱が、要するにテープレコーダーですよ。録音機。それで大きな輪っぱが、リールが回っているわけですよ。こんなって、直径一〇センチか一五センチぐらいあるね。それがゆっくり回っているわけですよ。テープというのができて間もなくですからね。[…]

そのテープがゆっくり回っている。そのときの試験官が、「これはアイゼンハワー大統領のエデュケーションについてのメッセージ・トゥ・ザ・コングレスである」と。大きなヘッドフォンをつけてね、「これをこの前のマイクロフォンに訳しなさい」。

「えッ?」と言ったら、「そばからどんどん日本語にしなさい」と言われたですよ。英日だけです、やったのは。日英はなかったですがね。

ともかくビックリしたですね。聞こえてきたら日本語でしゃべる。私、子供のころからおしゃべりだから、聞こえてきた言葉をすぐパッとやる。

ただ、それもあとになってみるとけっこう感心なのは、でたらめは言わなかったわけですよ。いまでもはっきり覚えているのは、education, teachers, shortage of qualified teachers, それだけはよく覚えていますよ。ああ、そうか。「アメリカが今後成長するためには、資格をもった——先生じゃいけないな、教師だなと思って——教師を養成することが肝要であります」なんて言ったのを覚えていますよ。大事ですなんていう代わりに、肝要であるとか言ったりね。ともかくずっとしゃべっていたですよ。

試験官は後に、村松が合格した理由について、こう語った。

「村松君、あなたが合格したのは、ともかく一度もストップしなかったからだ」と。常にしゃべっていた。そして「漏れたところや間違いはあるけれども、けっして大筋から外れてなかった」と。

村松に言わせると、大統領演説の大意を汲み取ることは難しくなかった。

それはそうですよ。将来のために、先生は要らないなんて言うはずはないわけですよ。と思って聞いていれば、辻つまは合うわけですよね。聞こえてきた言葉を、それをヒントに聞こえなかったところはほとんど想像で埋めていくと、絶対にそんなに違わないわけですよね。

およそ五分間ほど、この「同時通訳テスト」を行うと村松は疲労困憊し、人間が聞いて話すことを同時にやるなど不自然である、という結論に達し、すっかりあきらめてしまう。ところが、同年のクリスマス直前、合格者八名の中に入ったことを知らされ、二六歳の村松は一九五六年二月に日本を出発したのであった。

同行通訳者は、公式には日本生産性本部に採用された形をとったが、実際には米国国務省国際協力局(International Cooperation Administration)の一員として二年契約で勤務した。仕事内容は、米国の対日本技術援助の一環として生産性本部から派遣される視察団に随行し、通訳をすることであった。日給八ドルに出張費として一日一二ドルという待遇であったから、当時の米国での最低賃金である時給一ドルより相当低いものであった(村松 pp. 15-17)。年間、六週間の視察を六回担当し、村松は当時四八州だったアメリカ合衆国の四五州を回ったと記憶している。

ピューリッツァー賞作家のハルバースタム（David Halberstam）は、フォードとニッサンの自動車産業をめぐる日米経済摩擦をテーマにした一九八六年のベストセラー *The Reckoning* で、生産性チームについて触れている。その中で村松は、通訳者の Masami Muramatsu として登場する。

［…］その頃、何百という日本生産性チームがアメリカに上陸し、米国内の工場をひきもきらず回っていた。彼らが集団でやってくる様子はアメリカ人には、滑稽な小人たちに見えた。全員が同じ背丈で、同じような青いスーツを着て同じカメラを持っていた。工場内では寸法を測り、写真を撮影し、スケッチをし、できる限りあらゆるものをテープに録音した。彼らの質問はポイントを突いていた。アメリカ人が開けっぴろげなのに驚いていたが、相手が英国や西独からの見学者なら米国はこれほどオープンにはならなかったはずである。実は見下していた、というのが本当のところだった。アメリカ人がオープンだったのは、奇妙なアジア人たちをまともになんか考えていなかったからなのだ。偏見を持ち、寛大であった。

日本人は、この偏見を見事に利用し、期待された役割に徹した。

ムラマツは、このような視察団に何回も同行した通訳者であるが、アメリカ人と接触する際に日本人がへりくだる様子は恥ずかしいほどだ、と語る。日本は壊滅状態の貧しい国で、裕福で寛大なアメリカに学ぼうとやってきました、と哀れみを乞うような言い方。アメリカ人が気前よく恩恵を施す役を気に入っていることを、この日本人たちは察している。視察でのレクチャーは、アメリカ的布教精神を商売に拡張したようなものだ。最初のうち日本人はアメリカに仰天した。アメリカ人が赤の他人と気楽に、仕事のことだけでなく個人的なことまで喜んで話すこと。彼らは日本に帰ってから友人に、「アメリカ人て、家中を案内して寝室まで見せるんだ」と語ったものである。

その当時、アメリカ人は誇り高く自信があり、なぜか無邪気であった。自分たちの世界が完璧過ぎて、外の世界など考える必要もなかった。米国は殆どのアメリカの経営者にとって、十分な市場だった。視察に訪れる日本の生産性チームは、学びにきた生徒であり、将来の顧客であったが、米国の大企業はこの日本人たちと輸出について話し合うことなどに興味はないようだった。主要製品ラインを売ったり、日本市場に適した商品を生産するなどにも関心はなかった。その頃のアメリカ人には並外れたプライドがあった、とムラマツは感じていた。寛大な精神という意味では魅力的なプライドであったが、自己満足という欠陥もあった。アメリカは強大であり豊かで、かつての敵を助けている。自分の身の回りより向こうは見る必要もなく、学ぶ必要もなかった。(pp. 311-312 筆者訳)

國弘は、翌年になって応募するが、このときの試験は早稲田大学大隈講堂で実施され、何千人もの応募者が詰めかけた。村松も指摘しているように、給与面での待遇は決して恵まれたものではなかったが、「ぎりぎり生活できる程度」であった。

当時、アメリカへ行くというのは大変なことだったの。まだまだ。しかもアメリカの各地を自由に回れる。それで、お金は大したことなかった。オレに言わせると、あれはちょっと、大した金額ではなかったんだけどね、でもね食うには困らない程度のものはもらえるわけよね。それに日当、パーディエムなんかもつくからね。そのパーディエムを入れればけっこう食っていけるという程度のものだったよね。だから、とてもいい金額じゃなかったけども、まあまあだった。

「同時通訳」という言葉さえ一般には知られておらず、「同時通訳？　何それ？」という時代に、これほどの志願者が押しかけたのには三つの理由がある、と國弘は分析する。

第一に、誰もが「アメリカへ行きたがっていた」。アメリカへ行くこと自体が大変なことだった時代に、全米を回る仕事は魅力であった。加えて、日本の各界を代表する視察団に同行することの将来的メリットを考えた人間もいたはずである。第三の理由として、通訳という新しい職業を身につける機会が与えられることも大きなプラスであった。

「日本からの視察団を受け入れたアメリカ側は実にオープンだった」というのは当たっている、と國弘は証言する。ただし、ハルバースタムのような皮肉な見方ではなく、むしろ「当時のアメリカというのは、本当にね、懐が深い」と米国の良さとして感じている。

本当にあのときのアメリカというのはすごいアメリカでね。それでなんでも見せましょう。なんでも見てください。どうぞなんでもといってね、本当に一切合財を投げて見せてくれるようなアメリカでしたよ。アメリカもいいアメリカでしたよ。

米国国務省での訓練について、國弘は「一期目のときは全くなんの準備もできてなくて、とにかく人が要るからといって、かなり通訳をやっていた人たち、例えば村松君なんかそうですけれども、そういう人にとにかく緊急避難的に来てもらった」と解説する。当の村松も、「逐次通訳に関しては何も新しいことはなかった」と証言する。

逐次通訳については、ほとんど新しいことはなかったですね。同時通訳は、教えてくれる人もだれもいませんでしたから。ひとり先生らしき人がいたけど、その人は、正直いって大して同時通訳の経験があるわけでもなかったしね。先にそこにいたというだけであって。

ただ、ヨーロッパ系アメリカ人で英語フランス語間のベテラン同時通訳者が一人おり、その体験談は参考になった。

一番役に立ったのは、アメリカ人だけども、もしかしたらヨーロッパ生まれかもしれない、フランス語と英語の同時通訳のベテランみたいな人が、自分のディプロマティック・インタビューの体験をいろいろ語ってくれました。いまでもはっきり覚えていますが、われわれ四人を前にしての語り口が、すでにスピーチになっているんですよ。ほう、うまいことを言うなぁと思ってね、聞いていて。たとえばこういうときには決してパニックになってはいけないとかね。

もう一人、アメリカの歴史や地理、政治について講義してくれた人物がおり、この講義は学ぶところが多かった、と村松は回想する。

それから、もうひとりの人がアメリカの歴史とか地理とか政治についての、いわゆるオリエンテーション的なことをやってくれてね。そっちのほうが参考になりましたよ。

國弘によれば、米国国務省は、初年度は訓練の準備が整わないため、村松のように通訳の経験者を集め、二年目に六名が渡米した頃に、日本語を含む各言語での通訳訓練コースを立ち上げつつあった。ヨーロッパ言語の訓練コースは既に出来ていたが、日本語英語の同時通訳については未完成であった。そもそも、日本語と英語の間で同時通訳など不可能だという考えも、根強かった。

それでね、とにかく日本語と英語の間で同時通訳なんかできっこねぇというのが当時の常識だったわけ。大体語順が違うじゃないかとか、やれシンタックスがどうのこうのとか、みんなへ理屈を言うわけよ。オレもそう言っていたけどさ。

それでね、「できるわけねぇ」と思っていたんだし、「できるわけねぇ」と言っていたんだけども、だけどね、やってみざるを得ないわけだよね。とにかく現場に行かなくちゃいけないんだから。

視察で「地方へ行ったときに、同時通訳せざるを得ない」ので、とにかくやらねばならなかったが、訓練用通訳ブースは完備されていたものの、到着した二期生は、「教える側と一緒にカリキュラムを作り上げていった」というのが実態であった。
講師は、京都大学卒で米国留学中の青山清爾と、アメリカ人のJames Wickelであり、二人とも先生というよりは、仲間のようであった。青山は通訳者ではなく、通訳訓練の専門家でもなかった。ウィッケルは国務省では新人で日本語を勉強中の身であった。

國弘　僕らの関係ってのはね、あの、いわばね、同じ仲間だった、っていうかね。教わったって感じよりもね、一緒にやったっていう。だからね、さっき申し上げた、一緒に立ち上げていった、っていう感じなんだよね。それはねえ、それは無理なのよ。青山さんだって何も通訳の専門家だとかじゃ何でもないんだから。
鳥飼　じゃなかったんですか⁉
國弘　ない、ない、ない、ない、ない！　ない。
いずれにしても、彼も専門じゃないわけよ。通訳の専門家じゃないわけよ。だから一緒に、つまりプールの中に放り込まれてアップアップして、しようがないから泳いだという感じよ。
鳥飼　つまり日本語と英語のバイリンガルだから、頼まれて……
國弘　そうです。いいツラの皮よ、彼にしてみたら。ありがた迷惑だったと思うよ、僕に言わせれば。〔…〕
そこで、そのときにね、青山さんがいたでしょう。それからもうひとりね、ジム・ウィッケルというのがいたわけよ。
鳥飼　ああ、ウィッケルさん、有名ですね。
國弘　ウィッケルもね、僕らの同僚であってね、なにも彼は僕らの先生ではないのよ。かれも全く新しく、ほぼ時を同じくして入ってきたわけよ。

鳥飼　ああ、そうですか。

國弘　ただし、向こうはアメリカ人で、英語は母語であって、しかも日本語も一生懸命やっていて、向こうに、日本語については僕らが母語だから、ウィッケルに「こうだよ」とか「ああだよ」ということを言う。「でもこれ英語では一体どう言ったらいいの」というようなことを言うと、彼が今度は答えてくれる。

というような調子で、決して教える・教えられるというような上下関係、ヒエラルキーがあったんではないんですよ。仲間だったんです。横の。横の仲間だったわけよ。

国務省で「とにかく新しく何かをつくっていかなくちゃならない」と、日本語チームが一体となって試行錯誤している頃、スイスのジュネーブ大学やワシントンDCのジョージタウン大学では、会議通訳コースが設置されていた。

そのころね、ただしヨーロッパではね、いや、アメリカだったらジョージタウン大学とかね、それからスイスのジュネーブの大学とかね、ああいうところで同時通訳、あるいは会議通訳——会議通訳といっていたと思いますけども、「同時」といっていたかどうかわからないけど、会議通訳コースというものがあるんだ、と。大学院レベルであるんだ、ということは、僕らも聞いていました。〔…〕

そしてそのときに、「そのところでは、こうこう、こういうようなことをやっているんだよ」というような話は、漏れ聞いていました。だけどもそれが直接、僕らが訓練を受けるときに、スイスなりあるいはジョージタウン大学なんかの云々という、ワシントンにぼくらはいたんだけどもね、そんなに直接ジョージタウン大学へ出かけていって、なんとかかんとかということはなかった。

結果として國弘ら二期生は、まともな訓練なしに現場に放り出され、「プールの中に放り込まれてアップアップして、しようがないから泳いだ」という感じで同時通訳をした。当時の常識では、日本語と英語は語順が逆など、構文が違いすぎるから同時通訳は不可能と考えられていたし、國弘自身、「できるわけねぇ」と思っていたが、しかし現実は、とにかくやらざるをえなかったのが、生産性チームの通訳現場であった。

六週間の視察旅行に出る際には、通訳者は携帯同時通訳機器を持参した。まずワシントンDCで一週間の事前研修があり、その後、五週間の視察旅行、そして最後にワシントンDCに戻り、総括セッション、というのが基本であった。その繰り返しの中で同時通訳を体得したことから、國弘は自らを「たたきあげの大工」だと称する。

そうそう。だから僕がいつも言うのはね、「僕は同時通訳については、僕は同時通訳の理論とか理屈とかなんとかいうようなことは、一切知りませんよ」と。僕ら、少なくとも——ほかの人はともかくとして——僕はね、「たたき上げの大工さんです」と。「たたき大工なんです」と。だからね、「そんな難しい理屈を言われても困ります」と。たたき大工にね——たたき上げというか、ま、たたき大工といってもいいと思うよ。「たたき上げの大工に、建築学の理論なんかを講義させられたら困ります。迷惑です」と。「それはできません」と僕ははっきり言うの。今までもそう言ってきた。だから、「たたき上げの大工として苦労したという点は、確かにあります」と。

村松は、今の用語で呼ぶならOJTとなる、「現場というフィールド」で学んだことはプラスであったと考えており、むしろ最近の若手が現場で学ぶことが少ないことを問題視する。

あとは、通訳は実際に現場に行って。ただ、いまの若い通訳者が決定的に欠けている経験というのが、現場で、オン・ザ・スポットで、イン・ザ・フィールドですよ。たとえばそれは土木工事の現場であるし、騒音の激しい機械の動いているなかかもしれないけども、大きな声で通訳をするという経験がみんなないわけですよ。みんな品よくチュクチュクとやっているだけ。みんな口だけでしゃべっている。喉、お腹を使ってないですね。われわれのころは、そういう騒音と闘って、一二人のばらばらになっちゃっているような人にも聞かせるためには、むだな言葉は使えなかったわけですよ。だから「えーと」とか「その」なんていうのは絶対に言わなかったですよね。もともと私は言わなかったけども。

たとえば大きな声でしゃべると、どうしても声をセーブして自然に腹式になるし、無駄なことは言えないですよね。小さな声でしゃべっていると、「あのう……」「そのお……」というの。大きな声では「そのう」「あのう」と言えませんから。初めから次に何て言おうか考えながら、抑揚をつけて、メリハリをつけて、大事なところでは「間」を置いて、その「間」が大事なんです。「間」があれば、その意味がわかってくるんですね。

これはよく「小さな声で」「間が大事なんですよ。間がなければ」というのは、これはわからないですよ。「大きな声で」「間、が大事なんですよ。間、がすべてです」と。それもまさにそうなんですね。その間がないしゃべり方をするのが間抜けというんだ、というのは私、落語で覚えたんですけどね。これは非常に勉強になりました、後にね。

その経験があるから、いわば一種のパブリック・スピーキングの訓練ができていたと思うんですよ。

國弘にとって生産性チームの通訳は、「森羅万象」と言っても過言でないほど広範囲な分野にまたがる内容であったことに苦労した。ひとつの例として國弘が挙げたのは、「プラスチック成型」視察チームである。

僕の場合でいうとね、僕個人の場合でいうとね、たとえばね、第一回目だったかな二回目だったか忘れたけどもね、プラスチックの成型加工チームというのが来たわけよ。え？　プラスチックだよ。それでさ、オレはだいたい、化学、つまり自然科学に弱いしさ、理系は弱いしさ。だけどね、これをなんとか——しかも英語で聞くわけでしょう。当然ね。つまり、プラスチックを成型加工するということが具体的にどういうことなのか、つまり僕のいう「こと」と「言葉」ですけどね、「こと」を知らなければね、いくら言葉なんてのもついてこないわけよね。それだからね、プラスチックの成型加工ということについて、まあよく勉強したよね。はっきり言って。せざるを得ないから。

別の例として國弘が挙げたのは、鉱山安全視察チームである。高所恐怖症の國弘は坑内に潜るのが怖くてたまらず、本当に嫌だったと語る。

國弘　たとえばね、具体的にいうとね、たとえばね、生粋のアメリカ人の中でもね、アメリカの炭鉱――コールマインね、それからいわゆるマイン、つまり鉱山ね、炭鉱とか鉱山を、僕はたまたまそれにくっつかされちゃったから、あんなにくぐったヤツはいないと思うよ。それはね、全米で三四～三五か所の石炭山と鉱山山に潜ったよ。その、石炭山といってもね、種類がいろいろあるわけよ。こういう深く潜るヤツと、それからいわゆる露天掘りというヤツとね、両方行きましたけどね。

そうするとね、ひとつ、オレは別に鉱山なんか興味はないよ。だけど、でもね怖い思いもしたわけよ。たとえばね、真っ暗で見えないところをずっと降りていくわけよ。こうやってね。梯子みたいな、しかもこんな急な梯子みたいな、こんなヤツでね、降りていくわけよ。下はもう見えないわけよ。真っ暗けで。そこへふるえながら降りていくわけよ――てなことをどれだけやらされたか。炭鉱へ行くのに。

しかも、その炭鉱山の、要するに向こうの炭鉱の専門家というか、鉱山の掘る人たちから説明を受けて、それをオレは通訳せないかんわけよ。

鳥飼　そのためにいらっしゃるわけですからね。

國弘　そう、そのために行ったんだ。そのために行ったんでしょう。そうよ。だからね、「そんなこと、オレにできるわけないじゃないッ」と思うけども、あのときは曲がりなりにもどうやらこうやらやったよなぁ。

［…］だけどね、でもオレが怖かったのは、やっぱり炭鉱だなあ。炭鉱はイヤだったなあ。真っ暗けで、もうホントに地獄の底へ降りていくようなものだよ。こうやって。しかもそれは通訳をせないかんのよ。ただ単に自分で降りていくだけでも大変なのにさ。

鳥飼　たまんないですか。

國弘　たまんないよ。それは冗談じゃない。

それでも國弘はまだ運の良い方で、中には「屠殺場視察チーム」などもあり、五週間にわたり全米の屠殺場を見学する視察団に同行した通訳仲間もいた。

國弘　屠殺チームなんかつかされた日にはね、明けても暮れても……
［…］それで、屠殺チームにつかされたら最後、本当に屠殺のことについてはね、豚、牛、羊、七面鳥、いろいろあるんだけど、ちょっとした玄人になるわけよ。

鳥飼　そうでしょうね。

國弘　うん。それでこれは言葉とそれから実態と――「言葉」と「こと」と、こういうふうに合体するわけよ。単なる言葉じゃないんだよ。言葉だけじゃ、どうしようもないの。中身がわかってなかったら使えないでしょう。

また、高層建築現場の視察チームについた通訳仲間もいた。

かなわんぜぇ、それもね。高層建築だよ。今つくっているわけよ。［…］今、建築中のね、高層建築の建築中の場所へ行って、専門家と一緒に行くわけよ。通訳するんだから。うぅっ、それは足が震えるでしょうね。おそらく。「あれは怖かった」と言っていたよ。高橋さんがもうホント、しんみり「あれだけは、こんな仕事に何でついたんだろうと思った」って。

しかし、同行通訳に選択の余地はなかった、という。

ところがね、そういう選択の余地ってあまりなかったよ。もう順番で回って、ハイ次、ハイだれ。二人がペアで。「ハイ、今度はナントカのチーム」と。

だから一番楽なのはね、たとえばトップマネージメントなんていうのはね、これはもうトップの経済人かなんかが、例えば石坂泰三さんなんかが来たんだからね。トップマネージメント・ティーム。［…］

それでね、トップマネージメントなんていうのは、理屈ばかり言っているというかな、交渉は理屈ばかり言っていればいいわけでね、あまり現場の、豚にしがみつかれたりはしなかった。

小松が国務省に行ったときは、ウィッケル氏は不在で、訓練を担当したのは、日本語ができない人物であった。そのため、訓練は通訳そのものより、聞いた英文をそのまますべて再生する「リプロダクション（reproduction）」のみであった。

小松　私のときは、たまたまウィッケルさんはいませんでね、名前は忘れましたけど、日本語のできない人でしたね。ですから、ちょっとその本にも書きましたけど、そこで受けた訓練というのは、リプロダクションだけなんですよ。それしかやらなかったんですよ。

鳥飼　リプロダクションだけだった、とここにずいぶん書いてありましたけど……

小松　そうです、それだけなんです。まったくそのとおりでしてね、それ以外の訓練はなにも受けてないですね。

鳥飼　あッ、そうですかぁ。

小松　たまたまウィッケルさんがいなかったんでしょうね。ですから訓練をした人は、日本語ができない人ですから、それは日英の訓練はできないわけですよね。

鳥飼　ええ。それでリプロダクションばっかりやっていた。

小松　ええ。

鳥飼　でも結局それは英語力にも、それから通訳能力にもプラスだったということですかね。

小松　だったと思うんですけども、わかりませんねぇ。それがどのぐらい役に立ったのか。それはちょっとやって、もうすぐ仕事に出ましたからね。

鳥飼　ちょっとというのは、どのくらいだったんですか。

小松　いやあ、それは三、四日ですよ。

鳥飼　えッ、そんなもの？

小松　ええ、ええ。

鳥飼　あッ、そうですか。それでもう？

小松　それはもう、訓練というほどの訓練は受けてないですね。特にあれはだれも、國弘さんも村松さんもみんなそうじゃないですか。特に向こうに行ってから訓練をするというシステムはなかったですね。ですからその程度の訓練ですよ。

鳥飼　そうすると、本当に on the job training ということですね。

小松　そうですね。

聞いた英語を、そのまま英語で再生する訓練ばかり三日か四日繰り返した後、小松は現場に出される。

「ともかくなんでもブッツケですから。それは訓練もしてないし、できるできないもクソもない、ともかくやるしかないわけですから」という文字通り'on the job training'そのものであったが、小松は何とか仕事をこなす。

そうですねぇ……やっぱり英語を日本語に訳すほうは、JPCの、国務省の通訳をやっていたときも、最初からなんとかできましたね。現場ですから、現場へ行って説明をいろいろ聞いたりなんかして、それから部屋へ行って、それについていろいろまたさらにアメリカ側から説明を聞いて、それを訳すわけですよね。それはウィスパーというか、こうしてマイクにやるわけです。けれども、それはしかし、いわば厳密な意味での会議のような同時通訳とはちょっと違いますからね。ですからそういう形の同時通訳は、それは最初からわりとできたような覚えがありますね。

ただ、そのときは、日→英は逐次だったわけです。日本側が質問したりするのは、逐次だったわけですね。ただ、チームが終わってワシントンへ行くと、それの、何ていうか、ラップアップ・セッションというのがあって、アメリカ側に対して日本側がいろいろ、こうだったという感想とかなんかを報告する会。そのときは、やっぱり日→英も同時でやるわけですよね。それはやっぱりかなり苦労した覚えがありますね。ですから日→英の同時通訳は——ともかくなんでもブッツケですから。それは訓練もしてないし、できるできないもクソもない、ともかくやるしかないわけですから。まあ、そういう状況がむしろよかったんだろうと思いますけどねぇ。

國弘は、同行通訳の仕事を一九五六年から一九六二年まで七年間続け、同期の中では最も多くの視察団に同行した。これには理由があり、自ら進んで農業生産性視察団に同行したからである。農業や林業に興味があった國弘は、穀物貯蔵や燻蒸の視察団に同行し、米国南部のコメ生産地も訪れている。

それで、僕がやめたときはね、とにかくね、國弘さんは一番たくさんのチームについたなあということでしたね。それはね、日本生産性本部というのとね、あともう一つ、労働組合だけの労働生産性云々というのがあって、それは組合ですよね。それから農林生産性本部というのもあったわけ。それは例えば屠殺ナントカというようなチームについたわけ。

僕はね、僕は農業が好きなもんだからね、農業関係に好んでついたわけ。農業関係はちょっと長いの。六週間じゃなくて八週間ぐらいなの。でもオレは希望してね、「できたら農業につけてよ」といって国務省の担当官に頼んでね。オレもそのころは古手だったからさ、オレの希望はね、比較的受け入れてくれたようなことがあってね。

それでね、農林問題というのは好きだったもんだからね、農林関係のチームにはね、たとえばね、穀物のストレッジ、貯蔵、それからね、穀物に薬をまいてね、虫がたかったりしないようにする――フミゲーションというんだけどね、日本語では燻蒸といっているよね。穀物の貯蔵・薫蒸・ナントカナントカというチームについて、八週間、穀物ばかり――穀物といっても幅広いわけよ。小麦もあるし、大豆もあれば、それからコウリャンもあれば、ソーガムね、それからいろいろありましたよ。お米もあった。そうだ。南部でアメリカの稲作をずいぶん見たからね。

全米を視察して回る生産性チームの通訳体験は、アメリカという国を「こと」と「言葉」の両面から深く理解するのに役立った、と國弘は総括する。

僕はこれはね、ことアメリカというものを「こと」と「言葉」の両面において押さえるうえに、本当に役に立ったと思う。

とにかく森羅万象といってもいいぐらいね、アメリカという土地を舞台にね、森羅万象、アメリカの持ついろいろな側面を、「言葉」と「こと」の両方において見たよね。

だから僕はこの間……この間というか、いつだったか帰ったときにね、「一種の、柳田国男先生の日本民俗学を例にとって言えば、アメリカ民俗学——俗っぽいほうの「俗」ね——をやったようなもんです。それぐらいアメリカの各界を見ました」ということで、「言葉」と「こと」の両面でね。

4　日米経済貿易閣僚会議

西山によれば、戦後の日本ではじめて同時通訳が試みられたのは、一九六一年一一月、箱根で開催された第一回日米貿易経済閣僚会議であった。第二回目はワシントンDCで開催され、米国国務省から村松、國弘のほか二名が参加し同時通訳を行った。

日米貿易経済閣僚会議は、ケネディ大統領と池田隼人首相の間で合意されたものであり、Michael A. Barnhart (2001) によれば、ケネディは「日米の政治経済分野での指導者が定期的に協議することにより、日米間の経済統合を進める」ことを目的に、設立に同意した。

駐日アメリカ大使館勤務であった西山は、本来なら米国側の発言を日本語訳する立場のはずであったが、外務省の提案で、日本側の発言を英訳するという異例の役割を要請される。

鳥飼　やがて、要するに日本は戦後になって、独立して、最初に公式の外交の通訳をなさったのは、たしかあれは日米経済閣僚会議……

西山　そうなんです。最初のです。

鳥飼　あれが最初ですかね。

西山　あれが最初でした。箱根でやりましてね。

　あのときはね、普通のやり方とはだいぶん違ったやり方をしたんです。最初の閣僚会議で、これはどうしようかというのを外務省と打ち合わせをしましてね。そしたら外務省がね、とにかく日本語を英語にするのは、西山さんに頼んだほうがいいだろうというふうに外務省が考えたんですよ。

鳥飼　英語を日本語にするんですか。

西山　いや、日本語を英語にする。

鳥飼　日本語を英語にする。ああ。

西山　それから英語を今度は日本語にするのは外務省側。ちょうど逆なんですよね。ほんと、普通と逆なんですよ。

鳥飼　普通と逆ですよね。

西山　逆なんだ。そういうやり方を外務省と打ち合わせをしましてね。

　それはなぜかというと、要するに外務省の方々は日本語が自分の母国語でね、英語がよくできるけれども外国語だ。ところがこちら側のほうは、私の場合は日本語も母国語だけれども、同時に英語も同じ母国語だから英語もできる。それで、外務省と打ち合わせしたときにね、ちょうど普通のやり方と正反対の方法になったんですよ。だからアメリカ人の言った言葉は日本側のほうが通訳して、それで日本側のほうで言ったことを、私が英語のほうに通訳したんです。そういうやり方でした。

鳥飼　それは国務省側もオーケーしたわけですね。

西山　打ち合わせをしましてね。もちろん。

鳥飼　その打ち合わせの段階から、西山さんはそこに立ち会われて？

西山　ええ。それですから、私は日本の閣僚の発言を英語に通訳したんです。

鳥飼　このときは、いわゆるプリペアード・テクストみたいなものは同時通訳だけれども、基本的には逐次でやったわけですね。

西山　そうそう、逐次。でき上がった文書はもうちゃんと翻訳しておいてね、というか、それを本当の同時通訳じゃなくて、いわゆる同時朗読ですよ。

鳥飼　そうですね。それはまだ同時通訳ではしたくないというのが、やっぱりあったんですかね。

西山　いやあ、同時通訳ができる人がいなかったんですね。あんまり。

鳥飼　数が足りない……。

西山　ですから、これはちゃんとテキストができ上がっているものは別だけれども、いろいろとやっぱり即興で閣僚が発言しますからね、その発言したものは全部、逐次通訳でした。

公式の外交会議での同時通訳など例がなく、同時通訳するスピーチはすべて事前に翻訳して臨んだ。いわば「ボイス・オーバー」（voice-over）のような同時読み上げであった。事前に知らされていないその場での発言は逐次で通訳を行った。総会の他に、日米の閣僚が個別会談を行ったが、それぞれに通訳者がついた。西山の記憶では、日本語から英語は英語が得意な人が、英語から日本語は日本語を得意とする通訳者が担当した。ＡＩＩＣ方式であるA言語への一方通行（第4章参照）で通訳を行ったことになる。

第二回日米貿易経済閣僚会議がワシントンDCで開催されたのは、國弘と村松がまだ滞米中のことであった。日本代表団は、大平正芳外相が団長となり、田中角栄蔵相、経済企画庁長官が宮沢喜一であった。全員、後に首相となっている。

この第二回会議では、本格的な日英語間の同時通訳が導入された。國弘によれば、外務省は当初、同時通訳などにして大丈夫か、と猛反対だったが、問題ないと自信満々の国務省側が押し切った、という。

國弘　ある意味で日本の同時通訳の歴史の中では非常に大事な、僕は歴史だと思うのはね、日米閣僚会議を同時通訳でやるということになったわけよ。

鳥飼　ああ、一九六〇年……

國弘　あれはね、日米閣僚会議というのをつくったのは、池田勇人総理とケネディ大統領がお互いに合致して、それでやったわけですよね。だからね、最初にね、第一回はね、箱根でやったんです。第一回日米経済閣僚会議。これは箱根でやったんですね。

そのときは同時通訳には関係なかったわけ。これは逐次でやったわけ。

鳥飼　これは逐次だったんですか。

國弘　うん。それはなぜかと言えばね、日本の外務省がね、「そんな閣僚レベルの会議を、そんな同時通訳などという、そんな雑な、粗雑なものでやるわけにはいかない」といって主張したわけよ。その次の年は、今度はワシントンでやったわけ。

そのときにね、アメリカ政府はね、「われわれはもうすでに日本語と英語との間の同時通訳というのを十分にやっている。経験がある。人材もいる。だから同時通訳でやる」といって主張して、日本国外務省はそれにしょうがないから、主催国の言い分に頭を下げちゃったわけ。

鳥飼　あ、そうなんですか。

國弘　それが、閣僚レベルの会議を同時通訳で、日本語と英語の同時通訳でやった最初なの。

同時通訳チームは四名から構成され、一人は米国側通訳者としてジェームズ・ウィッケル（James Wickel）。三名は日本人で、村松と國弘のほかに岡本豊が加わった。その頃、村松は既に国務省を辞し、日米貿易協議会に勤務していたが、経済関係に強いことから通訳チームに入ることを要請され、「マクロならともかくミクロ経済学には疎い」國弘は随分助けられたという。

第二回日米閣僚会議が開催されたのはキューバ危機の直後であった。國弘はキューバ危機の只中、視察団に同行してキューバに近いフロリダを旅していた。核戦争が始まるのは避けられないと腹をくくり、「世界がね、もうこれはきっと終わりかもしれない」と思った國弘は国際電話を東京の実家にかけ、別れを告げた。

それでね、ちょうどキューバ危機の最中にね、つまりソ連の例の船が、そのお、いよいよキューバに近づく、近づかない、それに対してアメリカが待ったをかける、かけないという、そのころに僕らはキューバのごく近くを歩いていたわけよ。［…］フロリダを歩いていたわけよ。僕はそのときにね、これはいよいよね、本当に核戦争の恐れがあるなと思った。ほんとに思った。それで僕は長距離国際電話を、東京のうちへ入れたわけ。［…］

うん。何十秒だったか覚えてないけどね、忘れちゃったけどね、それだけのお金を払わなくちゃいけないし、手続き的にも、今みたいにスッスッと自動的にできるようなことじゃなかった。長距離電話を、国際電話をかけるということは大変なことだった、それ自体。

電話をかけたわけ。親父やおふくろ、きょうだいに電話をしてね、「お互い縁があって親子になり、きょうだいになったけれども、もう生きて再び相会うことはできないと思う。もうこれでお別れだと思う。何が起きるかわからんけれども、親父さん、おふくろさん、弟、妹、縁があって一族になったんだけども、これでお互いにおしまいかもしれないけどね、サヨナラを言うためにオレは電話したんだ。生きて会えればメッケモノだけども、会えない可能性も大いにあると思うよ」といって電話をかけたことを、いまだに覚えていますよ。

危機的状況が何とか収拾された一二月、ワシントンＤＣで日米閣僚会議が開催された。会議も同時通訳も大成功であった。日本代表団はホワイトハウスに表敬訪問に出かけ、國弘も村松も同席する。國弘は、その折に会ったケネディ大統領の「フケ」が忘れられないという。

それで、その危機的な状況がどうやら終わって、それで日米閣僚会議というのが一二月の三日だったか四日だったかに開かれたわけよ。ワシントンで。それでね、同時通訳をやって、どうやら成功。それで、アメリカ側もホッとして、日本側はもっとホッとしたわけ。「なかなか同時通訳、やるじゃない」ということになったわけよ。

それでね、そのときのことは忘れないのは、ケネディさんに会いにいったわけよ。ホワイトハウスへね。ケネディという人に――あのとき最初だよな。僕が直接会った最初だよ。［…］

それでね、それがホワイトハウスでケネディさんに会ったときにね、やっぱりキューバ危機のちょうど直後ですからね。彼をふっと見て驚いたのはね、彼の髪にね、霜のようにね、フケが落ちているのよ。フケ。ダンドラフね。…霜というか、雪というか、降りているわけ。

で、ケネディはアイルランド人だからね、髪の毛が赤いのよ。赤毛なのよ。赤毛のアンじゃないけどね、赤いのよ。赤い髪の毛の上に白いフケが落ちているから、よけい目立つわけだよ。それで僕は――村松君も同じことを感じたらしくて、オレも同じことを感じたんだけどもね、「ああ、この人は世界の運命が今、自分の両肩にかかっている。地球が滅びるか滅びないか、全人類が滅びるか、自分と相手のフルシチョフのやり取りにかかっているんだということを痛感していたに違いない」。そのときにおそらくね、髪をね、もうやっていたに違いない。振り乱すじゃなくて、髪をこう、かきむしっていたに違いない。だからフケがほんとに、こういうところまである。

あんまりきれいな風景じゃないよね。フケだからさ。でもね、ああ、この人の……つまりこの人の……この人の抱えている重荷というのはね、こういうものなんだなあと思うような、強烈な印象だった。

5　考察

同時通訳パイオニアの語りで印象的なのは、五名の誰ひとりとして正規の同時通訳訓練を受けていない事実である。明治生まれの西山や相馬が、現場で苦労しながら自己流で通訳する術を学んだことは頷けるとしても、米国国務省で訓練を受けたとされる三名にしても、その実態は訓練にはほど遠い。

一期の村松、二期の國弘の後に渡米した四期の小松でさえ、国務省では「リプロダクション（再生）」の練習しかしなかったと証言している。可能な限りオリジナルに忠実に「再生」するというこの練習は、訓練よりむしろ、同時通訳に必要な言語能力を判断することに適している。再生させることで、聞いた英語を理解し、表現する能力、語彙、文法知識、さらには発音やリズムなど音韻面での能力も判明し、訓練生の言語能力が多面的に一目瞭然となる。並みの英語学習者は、この練習をしただけで自信を喪失するので、大学の上級クラスであっても安易に導入できないほど難易度が高い。会議通訳の訓練を受ける場合は、この「再生」のような練習に耐えられるだけの言語運用能力が必須であるとも言えるが、「リプロダクション」だけしか行わない通訳訓練というのは現在では考えられない。

村松、國弘、小松の三名とも、米国では視察現場で実際の通訳をしながら覚えるＯＪＴが主体であったことを異口同音に語っており、村松は、現場で仕事を覚えたことはプラスであったとさえ考えている。國弘は自身を「たたき上げの大工」と呼ぶ。そして、通訳理論などは知らないけれど、「たたき上げの大工として苦労したという点は、確かにあります」と述べる。

職業としての同時通訳が確立してきたのは欧米でも一九五〇年代から六〇年代であり、生産性チーム時代の米国では体系的な通訳訓練方法はまだ手探りの段階であった。日本で通訳が専門職として認知されたのは一九七〇年代に入ってからであるが、それは五名に代表される先駆者の努力の結果である。

五名全員が正規の通訳訓練を受けていないことを考えると、訓練の有無が通訳の資格を決めるものではないことになり、通訳訓練の意味が問われる。通訳者というのは訓練して養成するものではなく、生まれながらにして資質を備えているものなのであろうか。

通訳教育が専門のアルホナ・ツェン（Etilvia Arjona-Tseng）は、米国モンテレー国際大学院（Monterey Institute of Foreign Studies）、ハワイ大学マノア校（University of Hawaii at Manoa）、フロリダ国際大学（Florida International University）、台湾の甫仁大学（Fu-Jeng Catholic University）、パナマ大学（University of Panama）

等々、世界各地の大学で通訳者養成コースを立ち上げたが、フランソワ・カイエ賞を授与された第一七回FIT（国際翻訳者連盟）タンペラ世界大会での授賞式で、こう語った。

［…］数十年前、モンテレー(2)で専門職としての通訳プログラムを作り上げた時、私は公の場でバカにされ嘲笑されたものです。「アルホナ先生、ご存知ないんですか。翻訳者や通訳者というのは、生まれついてのものなんです。教えるものではないんですよ」。（Tampere, Finland, 2005）

国際基督教大学で日本初の通訳者養成講座を立ち上げた斎藤美津子は、誰でも訓練を受ければ通訳者になれる、と強く主張した。村松はこの考えに異論がある。

私は適性というのは、ここでは斎藤美津子さんと全然違うんですが、斎藤先生はだれでも教育すればできるとおっしゃったけども、私はそうではないと思いますね。適性のほうが、はっきり言うと、私は適性が九割である、あとの一割が勉強とか運だとね。
だけどそう言ってしまうと身もふたもないので。ですから実際はダメだなと思っても入れてあげて、なかには私が間違えていて、何人かに一人は適性がないと思ってもできた人もいるけれども、やっぱり初めから適性のある人のほうが、すぐできますよ。

相馬は、「何のために通訳するか、ですよ。それが根本じゃないでしょうか」と、目的を重視した上で、

「使命感」「わからせたいという情熱」という動機づけが不可欠だと考える。

だから通訳になる人には、そういうモティベーションが必要だと思うのね。国のために、世界のために、自分が役立つという。通訳を職業として考えるんじゃなくて、コーリングとして考えなきゃいけないんじゃない？

さらに「異文化をどうお互いにわからせるか。相手の立場、相手の気持ちがわからない通訳はダメだよね」と語り、異質な他者への共感を資質として挙げ、適性に関しては、「批判精神」を挙げると共に、翻訳と異なり通訳は「回転の速い人でないと、通訳は無理ね」とする。

國弘も同様に、通訳は「深みを追い求めるというような性格というか気質というか、そういう人には向かないんじゃないか」とし、「軽やかな、軽みというものが必要」「表面連想が速くないとどうしようもない。表面連想でパッパと処理し、反応する、そういう頭の働きの速さ」は欠かせないと主張する。

「女性のほうがおしゃべり」なことから通訳に向いているかもしれないと相馬は示唆したが、「おしゃべりの方が通訳に向いている」という世間の常識やステレオタイプに異議を唱えたのは小松である。

おしゃべりでは私はなかったですから、適性という点からすれば、話すことが好きでね、おしゃべりな人が適性だということは、少なくとも言えませんよね。

村松は、通訳者の資質として、「キュリオシティ（好奇心）、これが絶対、通訳に大事」と指摘し、さらに「二つの言語に精通していて、しゃべりが上手で、話が好きな人。性格的に向いている人。それで広い背景知識を持っている人なんてのは、あっという間に（同時通訳が）できますよ」とも語り、何人かの実例を挙げた。

厳密に言うと通訳能力ではないが、通訳者の適性に関連するものとして、小松が指摘したことがある。楽観性と前向きな姿勢である。これは五名全員に共通した資質でもある。

ですから、それは間違いをしたとか恥ずかしい思いをしたということは、それはたくさんありますけどねぇ。だけどもそれはやっぱり、いや、これは反省をして、もっとよくなろうというふうに思うという結果をもたらしますよね。それにやっぱり、そういうことでガッカリしていちゃあ、それは通訳者としての適性がないということかもわかりませんね。

通訳をしていて犯した誤りや失敗についてパイオニアからの具体例はそれほど多く出てこなかったが、長年の通訳人生の中で失敗がなかったとは考えにくい。記憶に残っていないのには、二つほど理由が考えられる。ひとつは、村松や小松が述べるように、失敗を覚えていないこと自体が通訳者に必要な資質であることの証明である点。いまひとつは、誤り自体が少なかった可能性がある。

内容を熟知していれば、論理の筋道を追うことにより、次に何がくるか「予測」が可能になるし、大意を把握することは、さほど困難ではない。これは、「情報」「内容」「話し手を知る」「コンテクスト」など表現こそ異なるが、全員が指摘している。國弘がいみじくも主張したように、「こと」を知らなければ「言葉」を訳すことはできない。このことをノード（Nord, 1991）は、翻訳者にとっての「調査研究能力（factual and research competence）」（Hatim and Mason, 1997, p. 204 所収）と表現した。この能力は当然ながら通訳にも該当する。

トゥリー（Toury, 1995）は、通訳翻訳能力の生得性をめぐる議論について、こう述べる。

［…］翻訳に向いている性向というのは確かに「二ヶ国語使用（bilingualism）の延長線上にある」が、それが翻訳技能として現れるのは、複数の言語にわたって差異や類似を見極める能力の延長線上にあると考えるべきである。これは、「インターリンガリズム（interlingualism）」とでも呼べるかもしれない。このような能力の伸張は、一種の転移（transfer）メカニズムの存在に左右される。このメカニズムによって、言語間能力が実際に活性化され、ひとつの言語、もしくは別の言語での発話に応用することが可能になる。当然のことながら、このような付加的能力は人によって生来的に異なる。［…］同時に、このような能力は、訓練可能とも考えられる。あるコンテクストの中で実際に翻訳する練習、それに対する反応などを伴った訓練を行えば、少なくともある程度までは、可能であろう。（p. 248 強調は原文のまま）

さらにトゥリー（Toury, 1995）は訓練に関し、訓練生が必要とするのは、「自分自身の原理や方法を実際の場での行動から抽出すること」(1995, p. 256 強調は原文のまま) であり、「教育上もっとも適切な鍵概念は、体験、探求および発見に関連づけられたものであり、これはかなりの試行錯誤を伴う」(p. 256) と指摘する。

ハティムとメイソン (Hatim & Mason, 1997) は、翻訳者・通訳者の評価を論じる中で、翻訳 (通訳も含む) の質と、翻訳者 (通訳者) のパフォーマンスを分けて考えることを主張している (p. 197)。その上で、目的に応じて与えられた仕様に沿って仕事をする能力は翻訳者にとって重要なスキルであり、その能力は指導すること、試験で測定することは可能であるとする (p. 204)。「翻訳者の能力」の定義に関しては、「言語能力」「文化能力」「転移能力」「調査研究能力」を挙げ (Hatim & Mason, 1997, p. 204)、さらにバックマン (Bachman, 1990) による「コミュニケーション能力モデル」を基に、三段階から成る「翻訳能力モデル」を提案している。

「バックマン・モデル」[3]は、「構成能力」「語用能力」「方略能力」の三要素を中核としているが、ハティムとメイソンの「翻訳能力モデル」は、第一要素が、起点テクストの処理 (source-text processing)、次に転移 (transfer)、最後に目標テクスト処理 (target-text processing) である。三段階の翻訳プロセスは、起点テクストの意図を推測する、その意図を目標言語で創り上げるなど、さらに細かいスキルに分類される (pp. 205-6)。このモデルでは、通訳翻訳スキルは教えること、訓練すること、テストすることが可能であることが前提となっている。

ベーカー（Baker）は、天賦の才能に恵まれた翻訳者というのは、「体系的な訓練は全く受けなかったが、経験を通して翻訳能力を開発した」自分自身の例から判断し、誰もが同じように自分のレベルまで到達すると思い、「翻訳とは適性、練習、一般的知識さえあれば身につく技」だと考えがちである、と警告する（1992, p. 3）。

体系的な訓練は受けたことのない、いわば「たたきあげ」である本書のパイオニア五名は、適性を除外はしないが、訓練の意義をそろって認めている。西山、村松、國弘、小松はサイマル・アカデミーで通訳者養成に携わり、小松は大学・大学院でも通訳講座を担当し、理論を組み込んだ通訳者養成コースの重要性を訴えている。相馬は教育訓練には関わっていないものの、長女を同時通訳者に育て、その長女は通訳者養成スクールを運営し指導している。

翻訳が「手仕事なのか、技なのか、専門職、もしくは商売なのか」は翻訳者自身にとっても簡単には決めかねる問題だが、(4) 本書に登場する通訳者は五名とも通訳職について明確な認識を持っている。

相馬にとって通訳は商売でもビジネスでもなく、「使命（calling）」に他ならない。西山は、「通訳という仕事は、精神力を極度に集中する特殊なもので、他の仕事と性質がまったく異なる」（西山 1979, p. 212）ことから、「通訳は技術であると同時に一種の芸術である」として、二種類の「術」（art）」を兼ね「通訳術」と呼ぶ（西山 1970, p. 149）。村松は、一九七八年刊行の著書で「同時通訳の技」と記し、「せっかくの技術の灯火を絶やしてしまわぬよう」サイマル・インターナショナルが誕生したと記述している（p. 40）。小松は、「通訳は基本的には腕、技術である」としながらも、「職業」（2003, p. 171）と捉えている。國弘は一九六九年に既に、「会議通訳をひとつの専門職として確立する」（p. 90）という表現を使っている。

ベーカー（Baker, 1992）は、翻訳者の地位向上には次のことが不可欠である、と訴える（ここでの「翻訳」「翻訳者」は一般的な意味で使われ、「通訳」「通訳者」も含む）。

翻訳者は、自分のしていること、その方法について客観的に振り返る能力を伸ばす必要がある。医者やエンジニアと同様、自分自身にも他人に対しても、自分で十分に分かって行動していることを証明しなければならない。

生まれつきの才能だけで上手に翻訳しているのではなく、他の専門職と同様、取り組んだ仕事を多様な面から理解するよう意識的に努力したことを見せなければならない。

医学や工学と異なり、翻訳通訳は学術的には若い学問分野である。正規の科目としてようやく取り上げられるようになったばかりであり、翻訳通訳講座を設けている大学は世界中で急増しているが、まだ全大学というわけにはいかない。萌芽的な分野であれば、関連領域で得られた知見や理論を参考にして自らの方法論を体系化する必要がある。［…］（1992, p. 4）

ベーカー（Baker, 1992）は、どの学問領域が翻訳にもっとも関係するかは議論の余地があるとしながらも、「言語共同体間の相互行為を含め、人間の生活に関わるほぼすべての面が翻訳通訳に関連する」（p. 4）と主張し、たとえば、コミュニケーションとしてテクストを研究するテクスト言語学及び言語の働きを研究する語用論を具体例として挙げている。そして、「直感と実践だけでしのいでいる現在の方法」（p. 4）から脱却するには、翻訳者自身が「手がけている材料についての確固たる知識を有し、言葉とは何であり、どのように使われ機能するのか理解することが求められる」（p. 4）と主張する。
訓練を受けずに同時通訳者になった五名は、天賦の才能に恵まれてはいたが、何もせずに言語能力を身につけ、いつの間にか同時通訳をしていたわけではない。それぞれが、独自の方法で努力を重ね、意識的に学習することで通訳者として必要な言語力と通訳技術を獲得していったことが、語りから浮かび上がる。生まれながらの才能を開花させたものは、言葉と、その言葉が伝える内容についての絶えざる努力であった。体系的な訓練を受けず、通訳理論なども学ばなかったが、現場での仕事を通して、「言葉とは何であり、どのように使われ機能するのか」についての理解を深めたと言える。さらに言えば、通訳理論など存在しなかった時代に育ちながらパイオニアたちは、これからの通訳が専門職として正当に認知される上で、理論と実践の双方を含んだ体系的な訓練が必要であることを、強く認識している。

注

（1）ＭＲＡ（Moral Re-Armament）は二〇〇一年、名称をInitiatives of Changeと変更している。相馬は一九八四年ＭＲＡ日本協会創設に尽力し、会長を退いた現在も名誉会長である。
（2）米国カリフォルニア州にあるMonterey Institute of Foreign Studies。二〇〇五年、通訳プログラム開設五〇周年を祝った。
（3）バックマン（Bachman, 1990）の「コミュニケーション能力（communicative competence）モデル」は以下の要素から構成される。(1) organizational competence (grammatical competence and textual competence)；(2)

pragmatic competence (illocutionary competence and sociolinguistic competence); (3) strategic competence (judging relevance, effectiveness and efficiency, and forming plans for the achievement of communicative goals).

(4) Bellos, summary of the first conference held by the Institute of Translation and Interpreting in Britain, 1987, p. 164, Baker, 1992, p. 2 所収。

第6章 「実践」としての通訳

ゴフマン（Erving Goffman）は一九八一年『トークの形式 *Forms of Talk*』の中で、人間のトーク（talk）を会話のみに限定せず、政治家の演説、漫才、講義、暗誦、詩の朗読などを含む広範なものとして捉え、トークの参加者の役割・機能を、それぞれの「立場」との関連で検討することを提唱した（p. 137）。

そのような「参与フレームワーク（participation framework）」においては、従来の聞き手、もしくは受け手の概念は不十分であり（p. 137）、人間がトークをする際には、参加者相互の間にさまざまな関係が生まれるとゴフマンは考え、その関係性に基づいた役割機能に着目した。たとえば「聞き手」は、「話し手」との関係から、「正規の聞き手（ratified participant）」と「正規でない聞き手」に分類され、「正規でない聞き手」には「盗み聞き（eavesdropping）」と「立ち聞き（overhearing）」があり、「傍観者（bystander）」という存在も無視しえない。「正規の聞き手」には、「直接に話しかけられている聞き手（addressed）」と「話しかけられていない聞き手（unaddressed）」が含まれる（pp. 131-132）。

この分類を通訳者に応用してみると興味深い。通訳者は、「盗み聞き」でも「立ち聞き」でもなく、通訳する目的を持って「正規の聞き手」として発言を聞くわけであるが、耳元でささやくウィスパリング通訳をしている姿は、「盗み聞き」さながらである。話し手は、通訳者に対して話しをするわけではないので、「正規」ではあっても「話しかけられていない聞き手」となるはずである。しかし、場合によっては話し手が急に通訳者に直接話しかけることがある。そうなると通訳者は、「直接話しかけられる正規の聞き手」という立場に役割が変化する。

「話し手」に関してもゴフマンは、聞き手に対して役割が固定されているわけではなく、多様なフッティング（footing）をとっていると分析し、三種類の機能を提示する。口を動かして声を発し音を伝達するだけの「発声体（animator）」、言葉を選択して実際に発話を作り上げ表現する「作者（author）」、そして、発せられた言葉に責任を持つ「本人（principal）」という異なった役割である。

この三種類の役割は一人の人間が兼ねることが多いが、どの役割を活性化するかは話者の社会的立場によって決まり、話し手は聞き手との関係性に対応して役割を刻々と変えていく。それをゴフマンは、「フッティング（footing）」と呼んだ（pp. 144-145）。会議などで、立場を変えて発言することがあるのと同様のシフトである。「立場」と訳している日本語文献もあるが、「人との関係」を動的に表す独特の用語であるので、本書では「フッティング」とカタカナ語を使用する。

このような通常の形態とは別に、ゴフマンは、「公に、〈誰か〉のために、自分以外の〈誰か〉の言葉で語ることがある」（pp. 145-146）と例外の存在を認め、同時通訳の例を挙げている。演説の同時通訳の場合、演壇で話す人間が「別人の書いた原稿を自分のスピーチとして語ることがよくあるので、興味深い例となる」とも指摘している。ただしゴフマンは、通訳者によるトークをそれ以上は追求していない。

ゴフマンは、話し手と「直接に話しかけられている聞き手」と「話しかけられていない聞き手」との関係は「複雑であり、重要でありながら、あまり研究されていない」(p. 133) と認める。

そこで本書では、ゴフマンの「参与フレームワーク」に基づき、通訳者の役割を、ゴフマンによる「話し手」の概念に基づいて分析してみたい。前述のような、用意された原稿を別人が読むという例は複雑になることから、あくまでも、〈話し手─通訳者─聞き手〉という三者二言語の枠組みの中で、通訳者の役割に焦点を絞る。それでも、会話の状況は極めて複雑にならざるをえない。対話者の間に立ち、正規の聞き手としての立場が曖昧な「話しかけられていない聞き手」としてトークに参加する通訳者は、通訳をする際には「発声体」として機能するのであろうか？ それとも「作者」の役割を果たすのであろうか？

一般的に通訳者は他人が発した言葉をオウム返しに異言語で表現する人間、とされており、ゴフマンの言う「音を出す箱 (sounding box)」もしくは「しゃべる機械 (talking machine)」(Goffman, 1981, p. 144) として考えられている。

この常識はあながち否定できない。素人通訳とプロの通訳を見極める最も簡単な方法を考えると、分かる。素人通訳の特徴は、「○○とおっしゃっています」「××だそうです」と三人称を使って訳すことである。訓練を受けたプロなら、自分を捨てて発言者になりきり、一人称を使って通訳をする。通訳者が「私」と言ったら、それは通訳者を指すのではなく、発言者である。訳の誤りを訂正したい場合も、「私が間違えました」では、発言者が間違えたことになってしまう。通訳者の誤謬を正したいのなら、三人称を使って表現しなければならない。これは通常、訓練の最初に教えられる。「対話者同士が直接話していて、通訳者の介在を忘れることが理想」(西山 1970, p. 136) であり、「発言者の心持ちをほとんど自分の心持ちのように理解し、その気持ちで相手に意思を表明しなければならない」(西山 1970, p. 21) 通訳者は、発言者になりきって、発言者の気持ちを代弁することが使命だからである。したがって、通訳をしている間の通訳者は、もはや自分ではなく、そのときに発言している他人になりきることを要請される。「話し手の言っている言葉を、やっぱりそのまま通訳するよりほかない」（西山）とすれば、これはゴフマンの言う「発声体」として機能していることになる。國弘は、「通訳者はロボットでもなければ、機械でもありません」と主張する。

巷間、通訳は機械に徹すべきだ、という説もありますが、私は必ずしもそうは思いません。しょせんは人間が通訳しているのです。であるとすれば、通訳者の個性というフィルターを通るのは当然なことです。通訳者はロボットでもなければ、機械でもありません。（1989, p. 88）

確かに通訳者は生身の人間であって、翻訳機械ではない。それでは「発声体」という役割は、どう解釈したら良いのであろうか。通訳者自身は、通訳をしている際に、どのような意識で発話するのであろうか。本章では、そのような疑問を問題意識として持ちつつ、五名のパイオニアが実践としての通訳活動にどのように取り組んだか、それぞれの語りから読み取ってみる。西山千については、西山が「先生」と愛情をこめて呼ぶライシャワー駐日大使との関係から通訳意識を探る。沖縄返還交渉などに深く関わった小松達也は自身を「目に見える機械」と位置づけたが、その内実を探求する。村松増美は、「不沈空母」誤訳事件を契機に外交通訳の表舞台から去るが、本当に誤訳であったのか、関係者の証言も含め詳細に検証する。日本女性として初めて同時通訳を行った相馬雪香の語りからは、単なる仕事を超えて通訳に携わった、一人の個性的な女性の生き様に光を当てる。国際政治の世界でも活躍した國弘正雄は三木首相記者会見における「けれん通訳」のエピソードを提示したが、通訳者の域を超越した稀有な事例として検討を加える。

1 「ライシャワー先生」

日本人の啖呵

西山がGHQに勤務していた頃、珍しく西山を憤慨させた事件が起こった。当時の日本は占領下にあり、電気通信に関連する法案を通すためには、草案をGHQに提出し許可を得ねばならなかった。用意された草稿は西山が英訳し、GHQに提出された。承認され次第、国会に提出するという段取りであった。ところが承認を与える立場にいた米人の弁護士は、なぜか細かいことに文句をつけ、修正後の再提出を求めた。

そうしたらね、ひとりアメリカ人のロイヤー〔lawyer 弁護士〕がいまして、その人がね、どういうわけか知らんけど、いちゃもんをつけちゃって、もういっぺんやり直してこいとかなんとかと、言ったんですよ。それでまたやり直してきたのにもかかわらず、また変なことを言ったんですよ、これが。〔…〕そうしたらこの通信官〔電気通信を所管する大臣に相当〕がね、「ああ、そうですか」と、ビリッとこの法案の文書を全部破っちゃったんですよ。そういう啖呵の切り方があったわけです。ピシャッと。

だからこれは通訳する必要がないわけです。もう啖呵を切ったんです、本当の意味の啖呵を。だからそのときの会議は物別れになっちゃったわけですね。

それからそのあとですよ。あまりにもこのアメリカ側のほうのロイヤーの言うことがね、私にとっても日本の事情に合わない、不都合なことを言っていた。具体的にそれが何であったかは忘れました。とうとう私はね、この会議についての説明文書を書きましてね、なぜ物別れになったかということを全部書いたんです。

ちょうど私はもうひと月後には、そこの――民間通信局という局があってそこで働いていた。そこから今度は、私は国務省に採用されてね、将来はアメリカの大使館の職に就くひと月前だったんです。それだからちょうどね、私は職場のかわる直前だったんですけどね、そのときに私はそういうメモをわざと書いたんですよ。そして、こういうわけで物別れになりましたということを書いて、そしてそれをメモとして、私の印象として出して、そしてサヨナラと言ったんですよ。ある意味じゃ僕が啖呵を切ったわけです。〔…〕

そうしたらね、バック将軍〔民間通信局局長〕が「おい、セン、あんたのメモを読んだよ。なるほど、あれはいけない。こちら側が悪い。もういっぺんやり直せと私は命令した」と言って。それで新しい電気通信省案が通過したんです。

だからね、ある意味じゃ、メモで啖呵を切ったと言ってもいいかもわかりませんけどね。

このエピソードは、河野一郎農林大臣の啖呵を訳し損ねた話から出てきたものである。以下に、その一件を紹介する

農林大臣の啖呵

第一回日米貿易経済閣僚会議の一環として、日本の農林大臣と米国農務長官との会談が行われた（第5章を参照）。当時の農林大臣は河野一郎、農務長官はフリーマンであった。会談は和やかなものであったが、農産物の貿易をめぐって河野は啖呵をきった。ところが西山は啖呵に気づかないまま通訳をしてしまい、

怒りが伝わらなかったことに河野は不満を漏らした（西山 1970）。

話の内容は、たぶん農産物の輸出入問題だったと記憶していますが、それまでは、大臣がおもしろい冗談をいってフリーマン長官をキョトンとさせたり、なごやかな雰囲気でした。そんなときは私も、河野さんのいわんとしていることを英語のスラングをつかって通訳します。すると長官が大きなゼスチュアを見せるので、農林大臣も満足のようでした。

ところが、私は、そういう場面の中ででてきた河野氏のタンカを、ふつうの英語で平たく通訳してしまったのです。おかげでフリーマン長官は、よもや日本の農林大臣が自分に向かってタンカを切ったとはつゆ知らず、ごくあたりまえの返事をしただけでした。あとになって外務省の人から、「あのとき河野さんはタンカを切ったつもりだったので、きみの通訳にはいささかご不満の様子でしたよ」といわれてはじめて気がつき、私はさっそく次の会合のときに、河野氏に深くおわびを申し上げました。（pp. 20-21）

インタビューで、このときのことに話題が及ぶと西山は、詳細は覚えていないとしながら、「おそらく河野さんが言わんとしたことをただ英語で言ったんだろうと思います」と語った。会談が終わってしまってから、河野の発言が啖呵であったことを聞かされ、はじめて農林大臣がアメリカ側に「怒りを伝えようとした」ことを認識した（第7章を参照）。

著書の中で西山はこのエピソードを振り返り、正確な通訳をするには、発言者を良く知り、発言者と通訳者との間にラポール（*rapport*）が不可欠であると、「心の通い合い」という表現を使って指摘している。

そのとき痛感したことは、発言者と通訳者のあいだの意思の疎通というものは、ただコトバのうえだけでなく、心の通い合いが必要だということです。あの場面でタンカを切ることがアメリカ人の心理に対してきき目のあることかどうかは、私の判断すべきことではなく、通訳者としては、発言者の心持ちをほとんど自分の心持ちのように理解し、その気持ちで相手に意思を表明しなければならないのです。（西山 1970, p. 21）

西山は、この事例だけが通訳で苦労したケースではないと語る。むしろ、ライシャワー駐日大使（Edwin O. Reischauer）の通訳を務めた時の方がはるかに大変だったと述懐する。

ライシャワー大使とのかけあい漫才

西山によれば、ライシャワー大使の通訳で苦労したのは、ひとえに自分の知識不足、特に歴史を知らないことに由来している、という。

それよりは私の知識が乏しいために、わからなかったために、正しく通訳できなかったというのは、ライシャワー大使のもとで、ずいぶんありましたよ。先ほど言ったように、私は歴史の科目は最低の、及第点ぎりぎりだったので、歴史のことはなんにも知らないでしょう。で、大使は歴史の世界的な大家でしたからね。特に東洋歴史はもう知り尽くしてね。

西山が初めてライシャワーの通訳を務めたのは、ハーバード大学教授であったライシャワーがケネディ大統領の要請により駐日大使として着任した直後である。公邸にジャーナリストを招いての小さな集まりであった。エドウィン・ライシャワーは、長老派教会宣教師の息子として東京で生まれ一八歳まで過ごしたことから、日本語は堪能であったが、公式の場で大使として発言する際には英語を使った。西山は既にこの頃はアメリカ大使館に勤務しており、新大使の英語を日本語に通訳することになった。

大使はもちろん日本語はよくおできになるんだけども、大使としてはやっぱり英語を話すわけです。それで私がその英語を日本語にしゃべったわけです。最初はね、大使の公邸だったと思いました。公邸で二、三人の日本人の記者との会見をやったときに、私が通訳したんですよ。それが最初だと思う。そのときは別に問題はなかったんです。要するに日米関係の話とかそういうことだったですから。それはよかったんですけども、大使が私の通訳を聞いて、ああ、この西山は役に立つだろうとお考えになったらしいんですね。

それ以来、西山はライシャワー大使に請われて通訳をするようになる。

それからというものは、私がライシャワー大使の専属通訳者みたいになっちゃいましてね。私の大使館の仕事は、別にアドバイザーとしてほかの仕事をやっていたんですけれども、大使がどこかで講演をするとか記者会見をするとかいうときには、いつも私を呼び出したんですよ。ところがそれがまたいい勉強になったんですよ、私に。

ライシャワーの通訳を務めることで学ぶことは大きかったが、ミスもした、と西山は振り返る。

ところが、それはいいんだけれども、歴史のレも知らない、電気工学を専門に勉強した通訳者が歴史の通訳をするんだから。歴史学というのはまた全然違うわけですよね。ときどきね、ライシャワーさんが言った言葉を私が理解する範囲内で日本語に通訳するわけですよ。そうすると"No, Sen, that isn't quite what I meant."とこう言うわけよ。そうすると"Mr. Ambassador, what did you mean ?"そうすると大使が"I meant it this way."となって、説明するわけです。ふたりとも、まるきりかけあい漫才のように舞台の上でやっているわけですよ。〔…〕

そうすると、そのうちに、ああ、そうですかといって、私が"Oh, I see. Now I think I understand. Let me try it again."と言って、それで日本語でしゃべるわけです。そうすると大使が聞いて、"That's better."とか言って。そうすると観衆のほうもドッと笑ってね、大笑いするわけだよ。まるきりもう、かけ合い漫才だよ。舞台で。もう何回もやりましたよ。

聴衆の面前で通訳の間違いを正された話を西山は、「かけあい漫才」とおかしそうに語ったが、これは稀有なことであろう。村松は、「いまの訳はそれでいいのかね?」と言った政治家に対し「コンチキショー」と感じたことを披露し、逆に宮沢喜一は「通訳の顔をつぶすようなことをしなかった」と評価する。

たとえば私が逐次で通訳しているときに、ちょっとうまくニュアンスが伝わらなかったときに、彼は「いや、いまのは私の言い方が悪かったんですが」と、私にじゃなくて、相手にね、「もう一度言い直しますと」と言って、別な表現で言い直してくれるわけですよ。通訳の顔をつぶさないわけですよ。

これは通訳者として自然な感情であろう。駆け出しならともかく、ふつうは面子を失ってプロとしてのプライドを傷つけられ、憤慨するか、自信を喪失するかである。しかも、西山は並外れて優秀な通訳者であり、これはライシャワー自身も二〇〇三年刊行になった日録で認めている。

一九六二年二月一五日の日記は、司法長官ロバート・ケネディの早稲田大学訪問について触れ、「学生の問いに対するロバート・ケネディの答えは、そのままみごとな演説になっていた。[…] この模様は最初から最後までテレビで中継され、何百万という人たちが彼の演説と西山千の流暢な通訳を鮮明に聞けたのである」(p. 68) と記し、一九六二年二月二五日の日記では、「西山はまさにかけがえのない素晴らしい通訳で、ケネディ来日の折にも見事に役目を果たし、全国で大評判になった」(p. 70) と絶賛している。

それにもかかわらずライシャワーは、一回の講演を通訳すると「かならず二、三回は壇上で訂正してくれました」(西山 1970, p. 25) という。そして後になって、「あんなに訂正してすまなかったなァ」(p. 26) と謝るのが常であった。具体例として西山が記録しているのは、「いや、〝相当に大きな差〟ではなく、〝きわめて大きな差〟だ」(西山 1970, p. 85 ; 西山 1979, p. 31) という訂正である。

ところが西山は、これをまったく意に介さないどころか、その方が安心だったと主張する。ライシャワーの訂正というのは、すべて西山が「大使のいわんとしている意味を取りちがえていることに起因して」(西山 1970, p. 25) いるときで、同じ言語で話していても起こりがちな意思疎通の問題であった。通訳者が言葉の意味をわかっていても「発言者の意図するところを十分につかんでいない場合」(p. 26) に起こること、と西山は説明する。

発言者からの訂正を嫌がる通訳者に対して西山は、「そういう訂正は、訳の訂正というよりは、理解力、つまり情報のとらえかたの訂正と考えれば、なにも気にする必要はありません」(p. 86) と強調する。

このような西山のおおらかな反応というのは、本人の人柄もあるだろうが、ライシャワーに対する深い尊敬の念からきているようにも考えられる。

ところがね、私が非常に感心したというのか印象に残ったのは、大使の歴史の話というものは、もうすばらしく面白いんです。本当に人間社会のドラマを話してらっしゃるわけですよ。だから面白くてしようがないんですよ。だから僕もそれはもうまるきり話のとりこになってしまいましてね。それから初めて僕は歴史というものはこんなに面白いものだなと思って、興味をもつようになったんですよ。

ライシャワーは、「日本の四七の都道府県を全部訪れよう」と予定していたが、一九六四年三月二四日、一九歳の少年に刺されて負傷したことで果たせなかった。それでも四〇県は訪問しており、そのすべてに同行した西山は、その都度、日本の歴史や地理に関する大使の博識に驚かされる。さらに、刺傷した際の輸血が原因で血清肝炎を起こし、終生、後遺症に苦しみながら、恨みがましいことを言わない大使の姿に尊敬の念を深くしたという。

大使はやっぱりえらい方でね、一回も日本についてうらめしいようなことは言わないです。でね、ライシャワー家に対しては、もちろん意図的じゃないけれども、日本ではひどい目にあわせているんですね。たとえばライシャワーさんのお兄さんのロバート・ライシャワーね、上海かどこかで日本の支那事変のときにね、爆弾で亡くなられたんですよ。そういうような目にもあっているしね。〔…〕

大使はそのために［刺傷の際の輸血］、ずいぶん体が悪くなっていたんです。それでラホヤに来ていたときも、もうだいぶん病状がよくなかったらしいんですね。

たまたまサンディエゴを訪れた西山はラホヤで病床にあったライシャワーに会いに行く。

大使は玄関のところから飛んで出てきてね、それでタクシーのそばまで迎えに来てくれました。それほど喜んでくだすったの、お会いするのをね。それで一緒に家に行って、それでしばらく話をする。

そのときも、いつも大使と話しをするときは、たとえば日米関係だとか、世界のいまの情勢がどういうふうな状況であって、これが日米関係にどう影響するか、そういう話になるわけですよ。だからそんな話をしたんですよ。

それからひと月後、一九九〇年にライシャワーは満七九歳で亡くなる。一九六六年に大使を辞し帰国したライシャワーは、後にアメリカを訪ねた西山夫妻を自宅に招いて泊め、自ら魚屋で大きなロブスターを買って料理してくれた。西山は、そのときの思い出を語り、「あの方は非常に、何ていうかな、人ざわりのいい人でね」「ほんとに大使は私を彼の親友にしてくださいましてね、とってもよくしてくださるんです」と懐かしんだ。

二人の関係は、大使と通訳者という間柄を超え、いつしか温かな友情へと育っていったようである。それを可能にしたのは、さまざまな要素があるだろうが、ひとつ考えられるのは、西山の知的好奇心が常に新たなことを学ぶ姿勢へと繋がり、積極的にライシャワーから学ぶ方向へ導いたことである。

だから私はよく——大使とただ話し合っているうちにいろいろと学ぶわけですよ。だから僕はよく言ったんですよ。世界的に有名な歴史の権威者が個人教授を私に授けてくだすってね、一文も学費を払わないで逆に給料をもらっていてね、そんな幸運児は世界にはいないだろうと私は言ったんです。もう本当によくしてくださいましてね。で、よく説明してくれてね、僕にわかるように。特に私はエンジニアあがりだから、そういう素人がわかるように話をしてくれるわけですよ。

今日に至るまで西山は、ライシャワーから歴史を学んだことを感謝しており、エンジニアであった自分に分かるように歴史を面白く嚙み砕いて説明してくれたライシャワーは、友人以上の存在だと感じている。この気持ちを表す端的な例が、ライシャワーへの呼びかけについて西山が悩んだという話である。

西山　ライシャワーさんは、もちろん私を友だちと考えていらっしゃるから、手紙を書いたときはいつも Dear

Sen と書いてね、そして手紙を書いて、そして下には Ed とサインしているわけです。それだから、私は当然エドというふうにいえばいいようだけど、とってもじゃない、僕はエドというふうに言えないんですよ、えらい先生に対して。おまけに、その先生のお陰で私はまたいろいろな、半ば社会学的なものにも興味をもつようになって、そのお陰で僕はいろいろ本を書くようになったんですよ。ライシャワーさんのお陰でね。［…］だからね、非常に私はライシャワーさんの恩を忘れられないわけですよ。

そういう大先生だから、Dear Ed とはとてもじゃない、僕は言えないからね。初めの二回ばかりは Dear Professor Reischauer と書いたんですよ。ところが返事がくると、やっぱり Dear Sen の Ed でしょう。しょうがないね、おまえさんも Ed というふうに書けばいいのにね、いかにもわざと、“Just call me Ed.” と言っているように聞こえてくるわけですよ。でもとっても僕はできないので、どうしようかなと思ってね。そうかといって Professor Reischauer というと、あまりにも四角張ったようなやり方で……

鳥飼　どうなさったんですか。

西山　でね、急に思いついたの。「わかった」と。僕はそれから Dear Sensei と書いた。ローマ字で Dear Sensei と。

鳥飼　あら、それはいいですね。

西山　それから後というもの、ライシャワーさんに会うとね、僕はいつも “Hey, Sensei” それからは「先生」。それだったらね、先生というのは親しみもあるし、しかもちゃんと敬意をあらわしている。そういう点は日本語のほうが便利ですよ。

日本語の「先生」という言葉は独特のニュアンスを持つ。呼びかけには使用しない英語の “teacher” と異なり、日本語の「先生」は、単に教師を指す普通名詞ではない。教職にある者以外にも、医者、議員などを含め、尊敬に値すると考えられる人物に対する呼称として使われる。日本人学生が英語の授業で、教員に〝ティーチャー！〟と呼びかける間違いをするのは、日本語の「先生」と同義だと誤解してしまうことによる。

夏目漱石の『こころ』を英訳したマックレラン（Edwin McClellan）は、文中に登場する「先生」をあえて訳さず、日本語のまま“Sensei”として残した。マーク・ピーターセン（2003, p. 217）によれば、マックレランは「先生」という日本語を英語に訳すことは不可能であると考え、文中では“Sensei”としておき、脚注で「先生」は、フランス語の“maître”に近いニュアンスだと解説した。

ライシャワーは西山を親しい友人のように遇したし、日系アメリカ人の西山はアメリカ式呼びかけの慣習には慣れていたものの、アメリカ風にファーストネームで呼び捨てにすることがどうしても出来なかった。西山にとっては、おそらくライシャワーは友人以上に、「師」とも仰ぐべき存在であった。だから「エド」では落ち着かず、「先生」という呼称を選んだのであろう。「先生」と呼びかけること自体に、西山のライシャワーに対する思いが汲み取れる。日本で生まれ育ち、日本人女性と結婚したライシャワーは日本文化に精通しており、西山が自分を「先生」と呼んだ心情を十分に理解することができたと推察される。大使と通訳者のユニークな「かけあい漫才」は、この信頼関係がなければ実現しえなかったものであろう。

2　通訳者は透明人間

西山（1970, 1979）は、通訳者が目立ってはいけないと主張する。対面コミュニケーションで理想的なのは、二人の間の対話に第三者である通訳者が入らない形態である。この意味では、通訳者の存在自体が「必要悪」である（1970, p. 140）。通訳者は、「コトバの仲介を意識されないように」務めなければならないので、「仲介者でありながら仲介者でないのです」（p. 134）と西山は主張し、話し手が仲介者として通訳者の存在を意識してしまうことは、通訳の失敗であると考える。対話をしている二人はお互い同士が会話をするべきであり、相手を無視して通訳者と対話をしてはならない。通訳者が通訳以外に発言をゆるされるのは、「発言が理解できないときに聞き返す」ときだけで、「自分の意見めいたことは、ぜったいにいってはいけない」。つまり、通訳者は「通訳者自身の個性を入れないよう」に配慮し、発言を「その人の気持ちになって、注意深く」聞くことが求められる（p. 135）。

極言すれば、通訳者は「透明人間」というのが西山の見解である。通訳者はその場に存在しているが、二人の対話者は通訳者の存在に気づかず、お互い同士が直接話しているように対話をする、というのが理想的な姿である（p. 35）。

この点に関して、西山はインタビューでは、こう語った。

> 私が「透明な人間になるのが理想だ」と書きましたのは、私は国際会議のときにヨーロッパに行きましたときに、さっき私が言ったアラビア語の通訳をした人とか、ドイツ語を英語に通訳した人とか、そういう人たちが壇上で通訳を逐次通訳でやってくださるでしょう。上手な人はね、自分が聞いているのがまるきり直接聞いているような錯覚になるぐらい、そういう感じを受けるぐらい上手にやってくださるんです。［…］まるきり自分が直接アラビア語の意味がわかったとか、直接ドイツ語の意味がわかったというような感じを受けるわけです。ですからその場合

にはね、通訳者がだれであったかは覚えてないんです。
それで、ちゃんとそこにいらっしゃるしね、透明な人じゃないんだけれども、いかにも透明のようにみえる。だから理想はそうあるべきであって、いま特にブースに入って声だけで聞く場合には、一種の透明みたいになるんですけどね。たとえば一対一で一緒に立ってやっていても、本当は通訳者は、たまたまそこにいるけれども、見るべきものではない、話し手のほうを見るべきである、ということを私は思うんですよ。

透明であるべき通訳者を話し手が見ないように、西山は工夫をするようになった。

それでね、たとえば一対一で通訳するような人——ここに話し手がいて、私がその方の通訳する。それで、聞いている人はね、彼が言ったことを今度私が通訳すると、聞き手のほうは私を見るんですよ。で、わざと私はこっちのほうを振り向いてしゃべる。そうすると自動的にその方は話し手のほうを見るんです。そういうふうにして通訳することがあったんですよ。
それで私は、本当は僕はそこに存在はしてはいるけれども、いない、ただ声だけで情報を聞き取ってもらうというべきであると。これが本当は理想的なやり方というふうに思ったわけなんです。

通訳をしているときの西山が、話者が聞き手に向かって話しかけるよう、あえて話し手から目をそらすようにしていた、という告白は、西山の通訳者の役割に対する意識を期せずして表しており示唆的である。ラング（Lang, 1978）は、ニューギニアで裁判を傍聴したところ、通訳者が自分の中立性を明示する目的で、

「話している人たちのいずれにも向かず、じっと自分の手だけをみつめていた」[1]（p. 235）ことを報告している。非言語行動の様式は異なるが、どちらも会話の参与者が直接対話をするよう、通訳者が自分自身の存在を消し見えなくするよう努力している姿にほかならない。

アポロで表舞台へ

日本で同時通訳の存在が一気に知られるようになったのは、アポロ月着陸の宇宙中継が契機であった。アポロ計画は一九六一年、ケネディ大統領によって始められ、宇宙船の打ち上げは日本でも毎回、衛星中継でテレビ放映されたが、ハイライトは何と言っても一九六九年七月二一日アポロ11号による月着陸であった。各テレビ局は打ち上げから帰還までを、衛星中継で日本全国に生放送し、アームストロング船長をはじめとする宇宙飛行士の声は、同時通訳を通して一般家庭に届いた。

放送通訳は、テレビ局のアナウンス・ブースに通訳者が入り声だけを流すのが通常の形態であるが、当時はまだ月に着陸するまでは宇宙船からの映像が届かない時代であった。ＮＡＳＡと宇宙飛行士のやりとりを音声で聞かせるだけでは映像的にもたないという判断があり、同時通訳の音声を聞いた視聴者からの問い合わせも多かったことから、スタジオ内に同時通訳者が座り、テレビカメラの前でヘッドフォンをつけて同時通訳する、という後にも先にも例のない演出が各局で試みられた。そのため、多くの人々が初めて同時通訳者の姿をブラウン管で見ることになった。

村松、小松は民放テレビで同時通訳を担当した。國弘は「アポロなんてやりたくねえ」「霊媒ではないんですから、あの世の声は通訳できません」と逃げ回り清里に潜伏していたが、見つかってしまい「屠所にひかれる羊」のごとくNHKに行く。「どうでもいいような単語を一生懸命バカみたいに覚えて」本番に臨むが、ガーガー、ガーガー聞こえるだけで、「月で石を拾っているナントカ船長が、何を言っているのかわからない」。「わかってもわからなくてもいいから、何か言ってください」とNHKに言われたので、「何か言わなくちゃいけないから」「もっともらしいことを」創作して訳したのが、後に発表になった交信録でバレてしまい、顰蹙をかうはめになる。

「メカに弱い」國弘と違い、もともとエンジニア出身の西山は、NHKから依頼がくると、電気工学専門家としての関心から快諾する。

私はものすごく興味をもっていたんです。というのは、もともとエンジニアあがりでしょう。それだからね、非常に興味があったんです。お月さんまで人間が行って無事に帰ってくるようなやり方、それからどういうふうにするのか、ロケットがどうなるか、どういう機械装置を使うか、どういう通信方式を使うのか、全部いろいろなことに僕は興味をもっていたんですよ。[…]

それでね、NHKから電話がかかってきたときに、じゃあやりましょうと言って、やり始めたんです。で、7号からずっと、四年間ぐらいやりましたけどね。

一〇日間にわたったアポロ11号生中継で、回数にすると延べ三五回、NHK全国放送に出演し(西山 1979, pp. 127-149)、宇宙飛行士の言葉を日本語に訳した西山は、「すべて順調」が流行語になるなど一躍、全国的なヒーローとなる。

一九六〇年代は、振り返れば、日本が国際社会に完全復帰したことを印象づけるイベントが相次いだ時代であった。一九六四年に東京オリンピック、一九七〇年に大阪万国博、そして一九六九年のアポロ月着陸は、宇宙からの声を同時通訳する様子がお茶の間に披露された点で画期的なことであった。同時通訳者の存在が初めて一般に知られ、英語学習への機運も急増した（Torikai, 2005）。

それまでは、ブースにひっそりと隔離されて同時通訳を行ってきたのが、突如、スタジオのライトに照らされて同時通訳をすることになった時の困惑を、西山は忘れない。

最初はただブースに入ってね、そして7号が地球を回っている間に、ただ、ちょっちょっと通訳しただけで。それは通訳したのが村野さんやああいう解説員の人の耳に入って、いまはこんなことを言っていると彼は言っていたんですね。

ところが8号になってね、これは約一週間か一〇日ぐらいの長い番組になったんですよ。月まで行って、月のまわりを回って、また帰ってくる。着陸はしないけども回って帰ってくる。で、一週間か八日間ぐらいのあれをやって……

そのときにね、初めは私はやっぱりブースに入って、モニターをみながら通訳したんですよ。ところが二回目か三回目になったら、ブースに行ったら私の席がないんですよ。あれッと思ったら、下に、ちゃんとスタジオのなかに私の席がありましてね、そしてテレビカメラが私の席をにらんでいるんですよ。それで僕は「ちょっと、ちょっと。おい、何をしてるのか」と聞いてね。そうしたら「いやあ、実はあんたの顔を出そうと思う」と言うんだ。

だから僕は「いやですよ。だってさ、同時通訳してるときは、僕は一生懸命で集中してるからね、集中してるときの私の顔なんか、おそらくしかめっ面してね、こんなことを私はやってるんだろうから、そんな顔を出されたらオレはいやですよ」と言ったらね、「いや、出さなきゃ困るのよ」と言った。どうしてかといったらね、視聴者から問い合わせが来てね、「あの同時通訳する機械装置はどんな装置ですかって問い合わせが来たから、あれは機械じゃなくて、生の人間だってみせなきゃいけない」って。それでとうとう僕はカメラに出るようになっちゃったんです。

「あのときから私の顔が知られるようになってねぇ」と西山は照れるが、アポロ宇宙中継で、「透明人間」は、突然、透明ではなくなり、生身の人間として人々の目に焼きついた。

もっとも、それは例外的な特殊現象であり、基本的には「透明人間」としての通訳を西山はその後も淡々と続ける。アポロ月着陸翌年の一九七〇年に刊行された著書でも、西山は「通訳は透明人間」(p. 35)と言い切っている。

同時に西山(1970, 1979)は、高度な知的能力を必要としながら創造性を抑えることが宿命の通訳者が感じる欲求不満にも言及している。

通訳という作業は、自分という存在を出来るだけ除外しなければならない作業である。原語の話を上手に他国語で表現するという「作文的創造力」を発揮しなければならないが、それと同時に自分の意見や自分の意思というものがその通訳の障害にならないように注意しなければならない。このような仕事は、人間の創作意欲を押えて[原文ママ]しまうことになりかねないから、通訳の仕事に携わる人は、つとめてバランスよい精神状態を保つよう心がける必要がある。(1979, p. 109)

自分の意見や発案を発表したり、新しい知識分野を開拓したくなるのは、人間の本能ともいえる。しかも通訳者になるには、十分知的な能力を必要とする。そういう知的能力をもちながら、そこから発生する創造力の一面（自己の意見、発案など）を押えて、発言者のことばを忠実に再表現することのみに専念することは、精神力の相当強靭な人間でもフラストレーションで耐えきれなくなってくるだろう。（p. 37）

ひとつの解決策として西山が提案するのは、通訳者が「通訳だけでなく、他の専門職を兼ねること」である（p. 37）。大学職や評論活動など、二つの専門職を両立させている通訳者は、「一方の職業が他方の職業を支えるので」、かえって生き生きしている、という。

自分自身がそのような不満を感じたことがあるかどうか、通訳者になったことを後悔したことがあるかどうか質問された西山は、こう答えた。

通訳をするとね、間違ったときには教えてくれる人もいますし、文句を言う人もいるけれどもね、あるいは酔いどれると「オイ、通訳」というふうに呼ばれるとか。あの時代ですからね。もうまったくの言葉の機械のように扱われたのが多いのですよ。[…]

それはね、いやもうこき使われてね、もうくたくたになったぐらいだから、通訳ほど僕はやりたくないものはないぐらい。

ただ、「その逆が一回だけあったんです」と西山は続け、通訳をしていて嬉しかったことを語り始めた。アポロ宇宙中継に関連して起こった出来事である。

ジョンソン［駐日アメリカ］大使からね、とてもいいお褒めのお手紙をいただきました。「大使館の仕事でないけれども、あんたがそれをやったのはとっても貢献してくれた」というようなことが書いてある。

そういうお手紙をいただいたのがありがたかったけど、もう一つはね、バスに乗ってうちへ帰るときに、その当時はバスは席は向かい合わせになっていたんですよ。［…］向かい側に、年をとった和服姿の老婦人がいられた。その方が私をジロジロみているわけです。僕はネクタイがゆがんでいるかと思って、気持ち悪い。

ところがね、しばらくして客が空いてきたら、そのおばあさんが私の前のほうにちょっと立ってね、つり革につかまって私をみている。「失礼ですけれども、あなた様ですか、あのアポロの通訳をしておられましたのは」。だから私は「はい。私、実はNHKでやってました」と言ったら、私にふか～くお辞儀をされてね、「どうもありがとうございました。まさか私がまだ生きてる間に、人間が月を歩くとは夢にも思わなかったけれども、あなた様のお陰で、現実にそれがあるということがわかりましたので、本当にありがとうございました」といって、僕にお礼を言ってくだすったんですよ。

あまりにも意外であったので、私は言葉が出なかったんですよ。「ああ…」といって私はお辞儀するだけでね、ものも言えないぐらい、どんと私にね、何ていうのかな、もう感動したんですよ。

その瞬間だけ、「ああ、通訳者というものも、ときどきは冥利のあるときがあるんだな」と。それはほとんど初めてだったですよ。

西山は電気工学の専門家を志したものの、自らの意思とは関わりのないところで、偶然のいきがかりから通訳者への道を歩むこととなった。ところが皮肉にも、電気工学の専門知識があることで、アポロ宇宙中継の同時通訳を依頼される。宇宙計画への純粋な興味から仕事を引き受けた西山は、おそらくアポロ同時通訳を楽しんだ唯一の通訳者であった。他の通訳者は國弘と同様、内容に不安を感じながらの同時通訳で、楽しむ余裕などなかったというのが本音であろう。そして、アポロ同時通訳の結果として、自らの信条に反し「透明人間」から脱した西山は、初めて「ああ、同時通訳もできるようになってて、よかったなあ」と実感することになる。

3 目に見える機械として

小松達也は日本生産性視察団の通訳を辞した後、米国にとどまり、一九六五年頃に開催された日米文化教育会議等での会議通訳を担当した。

> 日米文化教育会議のほうは、これは同時通訳でしたけどね、これはそんなにむずかしいとは思わない。國弘さんや村松さんと一緒にやりましたけどね。これは同時通訳でブースに入ってやりました。そういう意味では、ブースに入った本格的な同時通訳としては、それが初めてだったと思いますが。

主としてブースに入っての同時通訳は初めてでも楽であったが、米・カナダ・日本の三カ国が集まった北太平洋漁業会議では、外交交渉を逐次通訳することが多く苦労した。

そう。北太平洋漁業条約は逐次でしたね。［…］で、なかなか苦労した覚えがありますね。［…］やっぱりJPC［日本生産性視察団］のチームで回っていたのとは全然違っていましてね。私とアサノさんとふたりでやったんですけども、それはまあ、いきなり本格的な外交交渉をやらされた感じでしてね、本当に手探りだったという感じがしますよ。［…］それから、夜おそくまで会議がありましたしね。夜十時ぐらいまであったりなんかして、大変だったですし。

まあ、そういう意味での外交交渉としては、それが最初ですね。

一九六五年、既に日本に帰国していた村松、國弘らは同時通訳を提供する会議運営会社サイマル・インターナショナルを設立し、小松にも参加を呼びかけた。これに応えて帰国したことが、日本における小松の通訳キャリアの出発となり、小松はその後、G-8サミット（八か国首脳会議）をはじめ、数々の国際会議や外交交渉に携わることとなる。

小松が手がけた外交通訳には、沖縄返還をめぐる一連の日米間交渉も入る。日米政府代表だけでなく、両国の学者やライシャワー駐日大使なども加わっての返還交渉は、日本の現状分析から、日米同盟の理論的根拠、アジア地域の安全保障という観点からの沖縄の位置づけなど、扱うテーマも多岐にわたった。ある日の会議で日本側の軍事専門家が発言した言葉を、小松は印象深く覚えている。

一つ覚えているのは、日本側の人が、これは軍事専門家だったと思いますけどね、当時「小指の思い出」という歌が流行っていましてね。〔…〕

「あなたがかんだ小指が痛い……」というのがね。それを、僕が通訳していたんですけどね、沖縄というのは小指のキズのようなものだと。日本全体からいえばね。しかし、小指のキズだけども決してそれは軽いんじゃない、小指が痛いときというのは全身が痛いんだ、という話をしたんですよね。それを僕は通訳をした覚えがありますけどね。

それでしばらくして沖縄返還が具体化したわけですけどね。その舞台裏みたいなものをずっと聞いていましたので、それはやっぱり非常に印象に残っていますね。

小松が記憶している日米交渉には、電気製品をめぐっての協議もある。

あとは、日米交渉は、たとえば電気製品――テレビですね、テレビだと思いますけど、通産省とアメリカ側との交渉を二回ぐらいやったことがありますけれども、これももう、ともかく徹夜でしてね。通産省で私、三日ぐらい徹夜した覚えがありますよ。〔…〕

それで、寝ていると起こされて、「再開するから頼む」といってね。これは逐次でしたけどね。三〇分か一時間ぐらいやっては二、三時間休み。そしてうとうと寝ていると、また再開してやるということを三日ぐらい続けてやりましたけど、これも非常に技術的で、条約の条項とか、あるいは実際のテレビの機械的なこととか、そういうかなり具体的なことを両方でやり取りをしていましてね。

私は通産省側の通訳で、アメリカ側の通訳はアメリカ側にいたと思いますけども。これもともかく一生懸命やっていましたんでね、中身はあんまり覚えてないですけども、なかなか大変でしたよ。

外交チームの一員として

小松は数え切れないほど外交交渉を経験したが、依頼主が外務省であろうと通産省であろうと、日本側の通訳者は常に外交団の一員として扱われた、という。他国の場合は、「外部から通訳者を雇う」という感覚であることが多かったが、日本側通訳者は、いわば身内として、はるかに多くの情報をクライエントである官庁から得ていた。

われわれが期待するのは、やっぱりブリーフィングであってね。こういうことを言いたいとか、これについてやるとか、そういうことの情報は、そういう外交の会議でも政府なんかの会議の場合には、比較的十分資料というのはもらえますね。だいたいね。それから打ち合わせもありますしね。

ですからそういう点、日本側の通訳というのはそういう点は非常に恵まれているんじゃないでしょうかね。その点に関してはね。官僚側といいますか、お役所側が非常によく準備するということがありますからね。しかもそれは、通訳に対しても十分公開して知らせてくれるわけですよ。そういう意味では、われわれは日本側の一員という位置づけだと言っていいでしょうね。

外務省の日米交渉のときでも、あるいは通産省で日米経済交渉の通訳なんかもやりましたし、あるいは外国へ行ってミッションや、あるいはOECDとかIAEとか、あるいは中東なんかの交渉なんかにも随行して行きましたけど、そういうときは、われわれはほとんど日本側の代表団の一員というような位置づけが——サミットですらそうですよね。それに対して日本語以外の通訳者というのは、これはもういわば第三者の通訳者、専門家として雇われるわけですよ。ただ、それはそれなりに情報は、彼らにもある程度の事前の情報というのは与えられるけども、われわれがいわば日本側の、サミットなんかでも日本側の代表団の一員みたいな位置づけで、日本側から得ている情報とは相当大きな違いがありますよね。だからそういう意味では、非常に十分な情報が大体常に日本側の通訳の場合には得られているということはありますね。

小松は、この点について、プラスとマイナスの両面があったとする。プラス面は明らかである。通訳者にとって、事前に得る情報は多ければ多いほど背景知識の蓄積に役立つからである。しかし、否定的側面もあった。

小松　私もね、私が逆に外国の側に立って、外務省の人が日本側に立って、逐次で両方で通訳したということが何度かありますけどね、そのときによく感じたのは、外務省の人が通訳するときに、やっぱり外務省の利益を常に意識しているなということは感じましたね。それはやっぱり通訳としては、客観性に欠けている通訳をしているなということを感じたのはよくありましたね。それはやっぱり彼らの立場として、それはやむを得ないでしょうね。

鳥飼　そうでしょうねぇ。

小松　われわれはそういうことはないですよ。たとえ外務省に雇われてもね。あるいはまた、そういうことをある意味において、外務省じゃないですけどね、ほかの官庁なんかですと、要請されることもありますけどね。

鳥飼　あッ、そうですか。
小松　ええ。そういうことはありますけどね、それはわれわれはやりませんね。
鳥飼　要請された場合には、「それはできません」と。
小松　ええ、「それはできません」と言いますね。

また初期の頃、特に通訳者だけが同席を許される一対一の会談では、報告書を提出して欲しいと要請されたこともあった。この依頼に対しても、小松たちは断ることを方針とした。

小松　官庁の通訳の場合には、通訳者が記録をとることを要求されるんですよ。〔…〕
　あとでね。特に大事な大臣との会議なんかだと、事務方が入れないことがあるでしょう。そういうときなんかは、必ずしも通訳しながら記録をしてなくても、あとでその内容を担当者に伝えることを要求されるんですよ。これはやっぱりね、通訳としては非常に困るんですよね。
鳥飼　困りますよねぇ。
小松　それはやっぱりわれわれは断っています。それは断ることによって仕事がこないということ、これはあります。ありますけどね。
鳥飼　それでも断っているんですか。
小松　それでも断るんですが、そういうようなことはありますね。それはやっぱりね。サミットでも実はそういうことを要求されたことがありますよ。ですけど、それはわれわれね、ちょっとやりましたけども、少しやってももうやめましたね。それを意識するとやっぱりね、通訳のほうに集中できなくなる。だから当然です、それは。

「通訳のほうに集中できなくなる」ことを説明したので、現在では、通訳者に報告書提出を求めるようなことは行われていないはずだ、と小松は補足する。

通訳者が外交団の一員として機能することのマイナス要素として考えられる基本的な問題は、中立性である。外交団の一員ということは、「身内として」通訳することになり、プロの通訳者にとっての職業倫理である中立性に抵触しないだろうか。この疑問に関して、小松の考えは以下のようである。

だからといって、われわれの通訳の客観性が侵されているとは思いませんけどね。通訳はいろいろ情報をもらうということは必要ですから。それはもう、そういう形で内輪の人のようにいろんな情報をもらうというのは、非常にこれはありがたいことですけどね。

だからといってその内容のことに、それはちょっとおかしいとか、そういうことにまで介入することはありませんし、われわれも通訳の心得として、情報はあくまでも客観的に情報としてもらうけれども、それによって客観性を失わないという心構えと訓練は十分あると思いますしね。そこで中立性が損なわれているとは思いませんけどね。

［…］

その点に関しては、われわれの、大体通訳者というのはそういう中立性というのは、ちゃんともっているんじゃないでしょうかね。それは日本の場合には、それは外務省で通訳する場合なんかは、本当に外務省は優遇してくれますよ。仲間としてね。［…］しかし、そういう点の利益を享受しながら、やっぱり客観性というのは、それは当然守っているし、われわれも守ってきたし。そういうところは、やっぱり通訳の最も大事なところじゃないでしょうかね。

小松は、「メンバーの一員」として通訳者が仕事をすることのメリットとして、十分な事前情報を与えられることから、同時通訳に不可欠な「予測」が可能になることを挙げる。

［総理大臣の通訳を務めることが多い、あるプロ通訳者の例をあげて］彼の英語のきれいさ、わかりやすさの大きな要因の一つは、やっぱり非常にアンティシペーション［anticipation 予測］を彼がきかしているということだと思いますね。アンティシペーションというのはね、それは要するに言葉を言わないのに、その人の考え方を通訳が先取りしているということですからね。［…］

特に同時通訳の場合には、やっぱり話し手の意図というのは、要するに、いうなればコミュニカティブ・インテンションとはもうちょっと違ってね、ただ意図にとどまらずに、言わんとしたことですよね。それが言葉に出たことでもあるわけですけどね。それをやっぱりあくまでも捉えろと、捉えてから訳せということを言っておれば、で、そういうふうにしてやっておれば、それはやっぱりおのずと予測してやっていかざるを得なくなりますよね。そうすると、それはやっぱりそういう訓練、あえて予測しようというほどアーティフィシャルにやろうとしなくてもね、話し手の言わんとすること、話し手の意味を正確に理解しようと思えば、それのいわば必然的な結果として、やっぱり予測ということは出てきますよ。

通訳者は透明ではない

小松は、オンブズマン会議の例を引きながら、自らの通訳スタイルを「オリジナル重視型」だと分析する。

小松　［…］当時は経済企画庁のもとに、要するに日本にいるアメリカ企業の――まあアメリカに限らないんですけどね――いろいろな苦情を持ち込むという、オンブズマン制度というのがだいぶ前に、一〇年ぐらい、もっと前にできましたよね。それでもって、その後、わりと継続的に、日本にいるアメリカ・ビジネス関係者と、日本側はそれの苦情の対象になる企業とか、そういうところとの会議というのがよくありましてね。それの同時通訳を何度かやりましたけど、このときはやっぱりねぇ。

一つは、やっぱり日→英の通訳で、自分がはたして日本側の言っていることをちゃんと訳しているのかという日英の通訳の私自身の技術的な自信のなさ、はたしてきちっと訳せているのかなというもどかしさと、それとそれが通じないのは、私の通訳の未熟なゆえなのか、日本側の発言が逃げているのか、曖昧なのか、それがわからないわけですよ。ですから、それがうまく向こうに通じないというもどかしさというのは、いつも感じていましたね。

そういう意味での曖昧さというか、日本側の言うことが英語にして向こうに十分伝わらないというもどかしさというのを一番強く感じたのは、そのオンブズマン会議のときが一番。それはわりとはっきりしているわけですよ。

向こうが、「こういうことがあって、こうなんだけど、これは非常におかしい」という苦情をアメリカ側が述べる。それをまた訳すわけですよね。それに対して、日本側がそれに対してはこういう事情があったとか、こうだとか、いろいろ答える。それをまた訳すわけですよね。これはねぇ、いま申し上げたように、自分の通訳がきちっと的確に訳されているのか、日本側のあれが……こんがらがってね。

しかし、よく通じてないということには――通じてないということには、通訳の責任も一部はあると思うんですけどね、やっぱり日本側の説明が明瞭ではない、はっきりしないということも、やはり関連があると思うんですね。ですから、それはもう通じてないということはわかりますから、そういう通訳のもどかしさというのは非常にありましたね。だからそういう通訳というのは、ある意味において非常にフラストですよ。その会議のときはいつもそれを感じましたね。

鳥飼　いまの場合はご自分が通訳なさりながら、相手の受け方をみて、どっちが悪かったのかなあという思いなんでしょうけども、例えば明らかにわかってしまったようなときというのは、小松さんが通訳をなさるときのスタンスというのは、どういうスタンスですか。つまり、一歩出ていってしまって、それは通じないからこう英語でやってあげちゃおうという通訳の可能性もあれば、いや、曖昧は曖昧なんだから、そのまま曖昧にして伝えてあげようということも可能なわけですよね。

小松　[…] やっぱりオリジナル重視ということですよね。ですから文化の橋渡し役とか、よくいわれるカルチュラル・クラリファイア [cultural clarifier] というようなことは、まったくそれはなかったですね。

僕の考えとしては、通訳はそういうことをやるべきじゃないということを前から強く思っていますから。やっぱり、あくまでもオリジナルに忠実にということでやっていたつもりですよね。ですからその場合に、曖昧だったら曖昧のままに訳すという意識もないですね。ただそれをできるだけきちっと訳そうという意識しかないですよね。

語りの中で小松は、"cultural clarifier" という英語を使った。これは小松の説明では、ビジネス通訳などで新しく登場したもので、二つの文化に精通した通訳者が、クライエントに対し「何を、どのように言うか」までをアドバイスする、一種のコンサルタント業務を含んだものである。これは、通訳者の役割を逸脱したものだ、というのが小松の見解である。

カルチュラル・クラリファイアという言葉に代表される、通訳が文化的なことも含めて内容的なことにまで介入するというのは、コミュニティ・インタープリターの場合は、これは別でしょうけどね、会議通訳の場合には、それはまったくタブーだと私は思いますね。そういう意味での、あくまでも話し手に忠実である。その、話し手に忠実であるというのも、話し手の人に対してじゃなくて、話し手の言ったことに対して忠実である。

ただ、言ったことを理解するためには、それは話し手までいかなきゃいかんけどもね。ところまでいかなきゃいけないけども、しかしながら、それはあくまでもそれは話し手が話したソース・ランゲージ・テクスト〔source language text 起点言語テクスト〕というものを通して、スピーカーに迫るということであって、それはあくまでも、そういうソース・ランゲージ・テクストにあくまでも忠実であるということでしょうね。

小松自身が「しかし、そうきれいごとじゃないですよ。ただね、一生懸命それをより的確に訳そうという努力をしているということでしかないですね」と述べている通り、これは言うは易く行うは難し、であり、その都度、状況判断を迫られるということになる。

小松の語りの中で、小渕恵三首相(2)の通訳をしたときのエピソードが登場した。国際会議のレセプションの席でのスピーチであったが、あまりにも日本的な謙遜が過ぎて、困ったという。

鳥飼 小渕さんの謙虚な言い方というのは、たとえばどういう感じなんですか。

小松 たとえばね、彼は中曾根さん〔中曾根康弘・元首相〕、福田さん〔福田赳夫・元首相〕と同じ選挙区、同じ群馬なんですよね。

ですから「私は群馬県では角のラーメンやのおやじです」と。「中曾根さんと福田さんはでっかい、いわば三越、西武みたいなもんです」と言ってね、非常に自分を卑下した言い方をされるわけですよ。そういうのを訳していましてね、こんなはたして——一国の首相ですよ。ねぇ。[…]

こんなに卑下をするのはね、外国の人にどういう印象を与えるだろうと考えざるを得なかったですね。ですからそのときは、これは逐次通訳でしたけどね、そのときはやっぱり、ちょっと彼の卑下というのをむしろソッフン[soften 和らげる]してね、あんまり、「そのふたりに比べれば、私はまだビッグショット[big shot]ではない」というね、モデスト[modest]な存在だという程度にやわらげて言いましたけどね。それはやっぱり一つの文化の違いではあるでしょうね。

鳥飼 そうですね。日本人だったら、たぶん好感をもって受け止めるでしょうけどね。

小松 そうそう、好感をもたれるでしょうけどね。そういうのを訳しながら反応をみていますと、やっぱりね、聞いている人が首をかしげるのがわかるんですよ。ある程度。反応がね。ですからだんだんとそれをやわらげてやりましたけどね。結果としてはわりと評判はよかったですけどね。私の通訳の評判じゃなくて、小渕さんの話の評判がね。

「オリジナル発言に忠実であるべき」という通訳原理を信条としながらも、外交通訳は一筋縄ではいかない、とも小松は感じている。

[…] 特に外交交渉なんかですと、そういうことじゃなくて、ただ言葉を直訳すればいいということを期待されるんですよね。「それを判断するのは当局者がやるから、通訳としてはただ言葉だけを直訳すればいい。感情も解釈も交えずに」ということを言われることもありまして、それはそれで理屈だと思うんですよね。

ですけどもそれと同時に、やっぱり言葉というのはその人の考え方と切り離せないですからね。とはいうものの。ですから言葉をよりよく理解するためには、その人が何を言わんとするのか、どういう人で、どういう立場だから、何を言わんとするのか、ということまで踏み込んで考えるということは、必要だし…

通訳者が直面するジレンマを小松は英語で“a pitfall”と表現する。

小松 それはあります。それはある意味でしょっちゅうありますよね。何を言わんとするんだろうなということ。これは通訳としては、やっぱりどうしても私のような通訳をする場合の、ある意味でのピットフォール［pitfall 落とし穴、陥穽］というのは、この人はこういうことを言いたいんだろうなというふうに、われわれが解釈しちゃうわけですよね。それは所詮はわれわれの解釈ですから。で、それによって訳してしまうということになってしまうわけですよね。

それが正しいかどうかということは、私はそれを訓練を通してやっていけば、要するに熟練すれば、それは正しくなると思いますけどね。だけど、あんまりそれに頼るのは危険だという意識もまた半分には――半分というか、ちょっとね、やっぱりありますね。

やっぱり本当の客観性を維持するという点で、それはある意味において、それこそセレスコヴィッチの意味の理論ですけどね、それにあんまり頼るということは、やっぱり一面危険はあるということは私は意識していますし、やっぱり意識する必要はあると思いますね、それは通訳としては。ですから、さっき言った、淡々と機械のように訳すということもまた、必要でしょうね。その辺のところは、やっぱり通訳の技術的なことで難しいところじゃないでしょうかね。

鳥飼　そのバランスというのは、やはり通訳なさっていながら、その場の状況で臨機応変にということですか。

小松　そうですね、ま、そういうことですね。私なんかの場合は、ある意味でそういう、自分が理解する話し手の解釈に非常に強く頼るというスタイルですからね。やっぱり言葉の理解というものはそういうものだというふうに思いますよ。[…]

だけどもそれと同時にやっぱり、特に技術的なものとか、外交交渉という場合の立場というものもありましょうからね。その場合にもっと機械的に、直訳的にといいますかね、本当に言葉のレベルで、あまり意味まで踏み込まずに訳すということも必要でしょうね。それはやっぱり、まあ七対三とか八対二ということになると思いますけどね。

話者の意図を理解するのが通訳者の仕事であるが、その過程で、通訳者自身の「解釈」が入ることは避けられない。通訳者が、「話者の意図」だと考えていることは、あくまで、通訳者自身が、話者の意図をそのように解釈した結果に過ぎない。「原文に忠実」であることと「話者の意図を解釈する」ことの比率は、小松は自身の通訳では、七対三か、八対二である、と自己分析する。

会議通訳者であり、マックス・ウェーバーに関心を寄せる経済学者でもある近藤正臣は、「通訳者も自分の価値観、視点をもった一個の人間であり、究極的にはその視点からしか原発言を「解釈」できないが、それは特定の通訳者の勝手な解釈ではない」と主張する。「科学は異なった視点から見えてくるものを付き合わせ真理に近づこうとするけれど、通訳者は、同時は言うにおよばず逐次でも、その場で一応の「解釈」をして、それを提示しなくてはならない。ここがいちばん苦しいところではあるが、〈通訳者は話者の視点〉から原発言を解釈するよう鍛錬しているから、普通の聞き手よりはより話者に寄り添って発言を解釈することができる」というのが近藤の見方である。(3)

原文忠実主義を信条としながらも、小松は通訳者が透明だとは考えていない。

鳥飼 小松さんは先ほどから客観性とか中立性とおっしゃっていますけど、そういう意味では透明であるべきと……

小松 その場合の透明というのはどういう意味か、ちょっと私わからないんですけれども、私自身は、通訳者は透明だとは思ったことはないですね。確かに通訳の仕事においては、中立・客観的じゃなきゃならないということは最も大事なことだけども、しかしながら通訳の存在としては、やっぱりかなり意識がありますから——いい仕事をしてやろうとかね、その場のコミュニケーションに貢献しようという意識は当然あるわけですからね。それはある意味においてかなりビジブル〔visible 目に見える〕な存在じゃないでしょうかね。

実際の、特に逐次通訳なんかの場合、それはある意味において同時通訳でもそうですけれども、通訳者の存在というのはやっぱりありますよ。それは存在感がね。非常にうまくいった場合には気がつかれないということもありますけどね。だけどもやっぱり、それなりに通訳者としての存在感というのはあるんじゃないでしょうかね。ただ、実際の言葉の上での通訳においては、あくまでも客観的じゃなきゃいかんという意味でね。存在としてはやっぱりありますよ。しかも、これはこういう意味だと自分は理解する、という意思決定をするわけですから。それはある意味において必ずしもトランスペアレンシー〔transparency 透明性〕とは言えないですよね。

たとえば非常に大事な記者会見のときなんかは、通訳者は主役の隣に座るわけですよね。隣に座ったって、名前として知られるわけじゃもちろんないですけどもね。よくいわれる「ひとりおいて……」ということになりますけども。しかしながら通訳者としては、やっぱりそこにおける存在感というのは意識しているんじゃないでしょうかね。目立とうというんじゃなくて。やっぱりそこで自分が正しい解釈をして、正しい表現をしてやるんだという、そういう意識というのは強くもっていることが、やっぱり通訳として必要だと思いますね。

それと黒衣とか、あるいはトランスペアレント〔transparent 透明〕だということとがどう関係があるかというのは、私もよくわかりませんけどね。ただ、意識的には、必ずしも黒衣だとは思いませんしね、トランスペアレンシーだとも思いませんですね。

通訳者が透明な存在ではいられない、というのは、「これはこういう意味だと自分は理解する、という意思決定をする」わけであり、「自分が正しい解釈をして、正しい表現をしてやるんだという、そういう意識というのは強くもっていることが、やっぱり通訳として必要」だからであり、つまり、心理的に通訳者は、必ずしも「黒衣」ではありえない、というのが小松の通訳者観である。

機械としての通訳

通訳者の役割に関する小松の意識は複雑である。忠実な訳をする通訳者像がある一方、話し手が発するメッセージの意図を「解釈」することを余儀なくされる以上、通訳者は透明ではありえない、とする。ただし、小松が主張する通訳者の可視性は、通訳者自身の心理や内的感情を指しており、通訳者が「見える存在」として何らかの影響力を行使するという意味ではない。小松は語りの中で繰り返し、通訳者の役割は限定されたものであり、外交に影響を与えることはない、「通訳の役割というのはそれほど大きくはない」と主張している。

ですから、そういうときの通訳というのは、その場ではあれですけども、やっぱり長期的に国と国との関係にまで影響を及ぼすような大きな役割なりを通訳が果たすということは、私はあんまり、過大評価だと思いますね。[…]

ですからある意味において通訳は、その場におけるコミュニケーションを通じ合わせるということは、これは大事な役割で、それは果たしていますけどね。それがたとえば国と国との関係に及ぶほどの永続性をもち得るかということは、僕は必ずしもそうじゃないというふうに思ったほうがいいと思いますね。[…]

したがって小松にとって、通訳者の役割として最重要なのは、言語コミュニケーションである。言語を正確に理解し、それを巧みに表現することが任務であり、テクストの内容や文化的要素にまで深く立ち入ることはない。その意味では、通訳者は「黒衣」であり、極端に言えば、「機械」である、と言い切る。

小松　やっぱり言葉のレベル――もちろん言葉のレベルといった場合は、その延長として、話し手の人柄とか話し手の思想とかにそれは入っていくということは、これはもう、それこそ認知心理学からいって当然のことですからね。それはいわば言葉の延長としてあるということとして考えれば、それはあり得ることだけども。しかしながら一般的には、言葉のレベルで、いかにそれを客観的に正確に理解し、よりよい言葉で表現していくかという、そういうコミュニケーションの、言葉のレベルの質を高めるということに徹するということだと思いますね。だからその意味においては、これは黒子には違いないですわな。

〔…〕もちろん、うまい通訳とへたな通訳の違いというのは当然あると思いますよ。それによって会議がスムーズにいくかいかないかということは、当然あると思いますけどね。〔…〕そういう意味で比較的いい通訳をしてきたというふうには思いますけどね。それはしかしプロとしては、それは当然のことであって、それは少なくとも会議がスムーズにいくぐらいの通訳をしない限りは、それはプロとは言えないわけですから。そういう通訳をしてきたとは思いますけどね。〔…〕

ま、そういう意味においては、機械だったという見方はできるかもしれませんね。

鳥飼　機械？

小松　機械。そういう見方からすればね。それで、機械としては比較的いい機械だったということは、言えるかもわかりませんね。

小松は、「あんまり僕個人として貢献をしたとか、だから日米関係がうまくいってきたとか、あんまりそういうふうには思いませんですね」と、日本外交に貢献するほどの役割は果たしていないことを強く主張し、自らを「機械」と呼ぶ。これは、ゴフマン（1981）の用語を借りれば、「発声体」に徹する、ということである。

小松は通訳者としての自分を「機械」と位置づけ、「根っからの通訳」と評したが、次に「発声体」の枠におさまらなかった、もう一人の「根っからの通訳」の事例を検証してみたい。

4 「不沈空母」誤訳事件

国家間の外交において通訳は欠かせない存在であるが、その存在が表に出ることは通常、ない（Roland, 1999, p. 7）。あるとすれば、誤訳が問題化した際である。戦後の日本外交を振り返ると、誤訳が話題になった事例はわずかながらある。一九七〇年佐藤・ニクソン会談での通訳や、米議会で演説した鈴木善幸首相の「ハリネズミ」を聞き違えて「賢いネズミ」と訳してしまった例などもあるが（鳥飼 2001, 2005）、この二例はいずれも外交官が通訳を務めていて起こった誤訳事件である。プロの通訳者がかかわった中で、マスコミがもっとも大きく取り上げたのが、中曾根元首相の「不沈空母」発言の英訳である（鳥飼 2001, pp. 58-76；鳥飼 2005, pp. 31-36）。

事件の概要

一九八三年一月、レーガン大統領との首脳会談のために渡米した中曾根首相は、ワシントン・ポスト社主（当時）キャサリン・グレアム邸での朝食会に招かれ、論説委員等と歓談した。その際、中曾根首相は「日本列島を、ソ連の爆撃機の侵入を防ぐ巨大な防衛のとりでを備えた不沈空母とするべきだ」とする独自の防衛観を披露した。この発言は通訳者によりその場で英訳されたものが、翌日のワシントン・ポスト紙で大々的に報道され、日本国内で大きな波紋を広げた。ソ連が日本政府を批判し、中曾根首相が一時、発言自体を否定したことから、マスコミ報道も外務省の対応も迷走することとなり、批判の矛先は通訳者に向けられた。

当の通訳者であった村松は、その朝食会について、こう語る。

キャサリン・グレアムさんもね、最初に大平さんを呼んだころなんていうのは、慣れてなかったし、社長になったばっかりだから、震えていたんですよ。ブルブル、ブルブル。
中曾根さんのときには、すっかりキャサリン・グレアムも慣れて、"Mr. Prime Minister, would you like to keep this off the record, or what's your wish ?" とか、うまいこと聞いたんですなぁ。まんまと引っかかっちゃって、彼は「オン・ザ・レコードで結構です」と言っちゃったんですよ。そのあとで「オフレコのところはそう申します」と。それは約束を向こうも守って、テープを回しながら、オフ・ザ・レコードのところはそこでテープを止めたと思います。そのテープが残っていたので、それがあとで新聞に載ったわけですけどね。

朝食会に出席し騒動の発端となった記事を書いたワシントン・ポスト記者オーバードーファーは、その後、独自の調査を踏まえ、誤訳内容を報道した。テープに録音された、中曾根首相の日本語でのオリジナル発言と、英訳された発言を比較検討したところ、日本語では「大きな航空母艦」となっていたものが、"unsinkable aircraft carrier." と英訳されていた、という発見である。オーバードーファーは、一九九七年四月一〇日、東京の国際文化会館で講演をし、事件の概要を語った。(4)
朝食会では、自動車問題などがまず話題になったが、しばらくしてオーバードーファーは安全保障問題を持ち出す。

「鈴木首相は、これと同じ朝食会の席上、シーレーン一千マイルを防衛する、という趣旨のことをおっしゃいましたが、首相の方針はいかがですか？」中曾根首相は通訳を介して、こう答えました。「防衛にかんする私の見解というのは、日本列島全体が不沈空母のようになり、ソ連のバックファイヤー爆撃機の侵入に備え巨大な防衛のとりでを築くことです。これが、我々の第一の目標。第二の目標は、日本を囲む四海峡を完全に制圧し、ソ連の潜水艦などが通過しないよう守ることです。第三の目標は、シーレーンを確保・維持することです。公海上の防衛は数百マイル延びるべきで、グアム・東京間および台湾海峡・大阪間のシーレーンを防衛するのが我々の願望です」

中曾根が日本の防衛について開陳した持論は、それまでの日本の首相の発言を大きく超える内容だった。

聞いていた私も驚きましたが、同席していた誰もが日本の首相がここまでいった、と感心し、社主の息子であるドナルド・グラハムは朝食会が終わるとすぐ「この話は記事にした方がいい」といったほどです。

ポスト紙はふつうそういうことはしないのですが、なにしろ社主の息子がいうのですから、記事にしようかということに突然なりました。それで、私が記事を書いたのです。非常に慎重に、通訳者の英語を正確に再現し、おさえ気味に書きました、そのうえ、一面トップ記事にはしないよう編集者にいったほどです。

オーバードーファーによれば、日本の同行記者団は外務省から「ワシントン・ポスト紙の朝食会ではとくに何もありませんでした」と聞いていたため、朝刊を目にして騒然となった。

夜十時頃になってワシントン・ポスト紙の一刷りが日本人記者団の滞在するホテルに届くと、騒然となってしまいました。こういう発言があったことをまったく知らされていなかったし、「不沈空母」という表現に飛びついたわけです。真夜中にもかかわらず、外務次官と広報官がたたき起こされて、記者団の質問攻めにあいました。「日本を「不沈空母」にするなどと、首相は言ってない」というのが外務官僚の返事でした。

村松の説明では、「不沈空母」という用語は、ワシントン・ポスト紙で報道された英語から、新聞記者が辞書を調べて日本語へ逆翻訳したものだという。

ところが、unsinkableというのを、これは、この部分はon the recordだったので新聞に載ったわけですよ。[…]その時、日本の記者さんたちはunsinkableを辞書を引いて、さすがブンヤさん〔新聞記者〕というのはうまいものだな、「不沈空母」という、うまい言葉を。「不沈なんとか」というのは戦前からあるわけですよ。戦後、アニメで「不沈戦艦ヤマト」なんかになっちゃったけども、戦前から不沈戦艦という言葉はあったんですよ。英語でも大きな軍艦の巨大なやつのことをいう場合に、unsinkableと。

村松の記憶では、騒ぎになる前は、断固とした口調の通訳を中曾根は気に入っていた。

そして、"to defend Japan, the United States and our allies from Soviet SS21 and SS22 missiles."と訳したらば、[中曾根さんは] その毅然とした英語の語調が気に入って…中曾根さんは相当わかると自分では思っているわけですよ。それで「うん」と。そこにいた日本の大使も「うん」と。外務次官の中島トシジロウさんも「うん」と。それから太田さんという人が広報担当で、彼が記録係だった。彼もみんな「うん」と言った。「うん。よかった」と言われてね。

で、中曾根さんの言い方、語調、彼はかっこつけていったわけですよ。これを英語にする場合に、unsinkable aircraft carrier のように言ったら、みんなが喜んで、私も快心の訳だと思ったんですが。

オーバードーファーによれば、翌朝出社すると、日本の記者からの問い合わせでワシントン・ポスト社の電話は鳴りっぱなしとなった。

中曾根首相は米国マスコミを対象に記者会見を開き、この件に関して質問されると「はい、そういう発言をしました」と認めました。しかし、日本の報道陣を相手にした記者会見では「いや、そういうことは、言ってません」と否定したのです。

政治家の二枚舌の典型である。日本国内での騒ぎを鎮めるために、発言を否定したものの、米国マスコミに対しては、発言通りの報道を望んだというのが本音であろう。マイケル・シェイラー（Michael Schaller, 2001, p. 58）は次のように解説する。

一九八一年に大統領に就任すると、ロナルド・レーガンは米国の軍事力を強化してソ連の脅威に対抗することを公約として掲げ、日本にシーレーン一〇〇〇マイルの防衛をする自助努力を求めた。一九八二年から一九八七年にかけ米議会は日本に対し、防衛力を高めるか、米軍の安全保障負担に対して対価を払うことを求めた。防衛費は平等に負担するべき、という意識の表れともいえるが、同時に、自動車をはじめとする日米間の貿易不均衡の拡大に対する苛立ちと怒りが噴出したものでもあった。

一九八〇年代の日米間の経済摩擦、安全保障をめぐる軋轢は、レーガン大統領と中曾根首相（一九八二年一一月就任）との個人的友情がなければ、さらに悪化していたはずである。中曾根首相は、レーガンの対ソ戦略に呼応するナショナリストとしての立場を明確にし、米国政府の反ソ政策、米軍増強を支持したのであった。

米国からの要求に応える、というだけでなく、中曾根は米側からの外圧を利用して安全保障に関する長年の信条を実現しようとした、と見ることも可能であろう。中曾根自身が後年、著書で、「アメリカに行って、「不沈空母」といったり、あるいは「運命共同体」といったりして、国内では随分新聞、テレビ、学者の反対にあったけどね、いちいち説伏してきましたよ」（1997, p. 9）と回想している。

それにもかかわらず、中曾根は当初、発言を否定した。村松の解釈では、新聞見てからソ連がかみついたもんだから、「総理、不沈空母とおっしゃったそうですが？」と言ったときに、彼はそのときには実は既にしまったと思っていたわけですよ。…そんなもんだから「不沈」という言葉にこだわって、「私は、そういうことを言っていない」と言ったんですよ。だから「私の使ったことばは違うけれど、意味はそうだ」と言うのが当然なんだけども、しまったと思ったもんだから否定しちゃったんですよ。じゃあ、なかった、言ってない、誤訳だ、ということになったわけですよ。

オーバードーファーの記憶では、一日か二日後、日本の広報官がワシントン・ポスト社へ朝食会のテープを聞きに来た。

広報官はすぐにやってくると、テープを持って静かな部屋に入り、テープを聞き、そして戻ってきました。そして実に妙な顔をしているのです。私は思わず「どうしたんですか？」と聞きました。彼が言うには、「日本語では言っていないんですよ、首相は。通訳者が英語で“unsinkable aircraft carrier”って言ってるんです」。そこで私はすぐ、テープの日本語を仔細に分析させました。すると中曽根首相が言っていたのは、日本の立場を描写して「大きな航空母艦」であるという表現だったのです。それを通訳者が英語にした際に、“unsinkable aircraft carrier”と訳していたのです。

私は愕然としました。英語では言っているけれど、日本語では言っていない！　どうしよう。

本来なら、かつてないほど踏み込んだ防衛論を展開した中曾根発言の中身が問題となるべきであったが、「不沈空母」がいわばキーワードとして浮上し関心が集中した結果、首相は「大きな航空母艦」と言っているのに通訳者が「不沈空母」という表現に変えた、という問題に焦点が絞られていった。

「大きい」と「不沈」

「不沈空母」が実は、原発言では「大きな航空母艦」だったということは、何らかの理由で通訳者が「大きな」ではなく「不沈」という形容詞を選択したということである。

この判断について、村松は、中曾根が「大きな」と言ったことを認めつつ、unsinkable という英語が適切だと考え、あえて使用したと説明する。

日本語の語感としては「日本列島を大きな航空母艦のようにしてソ連のＳＳ21、ＳＳ22ミサイルから日本、米国及び他の同盟国を守るのです」と、こうかっこよく言ったわけですよ。それを、逐次通訳でやってますから、それを私が確かに、“making the Japanese Archipelago like an unsinkable aircraft carrier,”と。キーワードはそれですよ。島を船に例える場合には、unsinkable とつけるのは、慣例的にいろいろ用例もあるはずなんですがね。

この証言から読み取れるのは、村松の訳語選択の拠り所となったのは、「中曾根さんの、あの言い方、語調。彼は毅然とかっこつけていったわけです」という発言者の語調と、英語の語法である。「“big aircraft carrier”といったら、英語としてはナンセンシカルですよ。航空母艦というのは大きいに決まっているわけですから。ポンポン蒸気と違うんだからね」という理由の他に、村松は unsinkable の用例を挙げる。

それから“Unsinkable Molly Brown”というブロードウェイのミュージカルをご存知ですか? モリー・ブラウンというのは女の主人公の名前。M-o-l-l-y。モリー・ブラウンというのは、あれは女優はだれがやったんだ? 有名な人ですよ。ブロードウェイ・ミュージカルで、私がアメリカに行ったときには有名でしたけども、要するに非常に元気のいい、絶対メゲることのない、モリー・ブラウンという、気っ風のいい、肝っ玉ねえさんみたいなのが主人公なんですよ。それが“Unsinkable Molly”。Unsinkable という言葉は、ごくごく普通に使われる言葉なんですね。非常に丈夫なとか、絶対だれにも負けないという意味でね。

メモを取っての逐次通訳とはいえ熟考する時間的余裕のない状況下、村松は首相の語調、英語の用法という二つの要素を判断材料に訳語の選択をした。その咄嗟の判断について村松は、「ああ訳したのは当然ですよ」「[unsinkable と訳す]べきだと思っていますし、あれでよかったと思う」と言い切った。しかし、中曾根首相自身の「不沈空母」発言否定により、原因は通訳者の誤訳である、と事態は推移していった。

誤訳事件へ発展

当時の新聞報道を概観すると、中曾根首相や外務省の説明が二転三転したことがもっとも回数が多く取り上げられており、次がソ連からの抗議について、および誤訳についての報道である(鳥飼 2001)。

その中で通訳者に対し好意的であったのは朝日新聞であった、と村松は回想する。

そしたらば朝日新聞に、このくらいの囲み記事で載ったんですが、「彼は誤訳だと言った。しかし朝日新聞の調べによれば、通訳をしたのは、正確さで定評のあるサイマル・インターナショナルの村松増美であることがわかった。したがって総理は言ったに違いない」と書いてあるんですよ。
　あれはね、私はほんとに鬼の首をとったような気がしましたよ。切り抜いてあるけども、どこにあるかわからないけどね、あれは絶対新聞にありますよ。それはいろんな人が言っていましたよ。「総理より、村松さんのほうが信用あるんだね」と言われてね。アハハ。面白かったですよ。

「不沈空母」事件の展開に大きな影響を与えたのは、当然ながら当事者の一員であるワシントン・ポスト紙であり、とりわけ、朝食会に同席し記事を書いたオーバードーファー記者である。オーバードーファーは、「ちょうど数日後にシュルツ国務長官に同行して日本を訪れることになっていたので、「このテープを日本に持参して、首相周辺の誰かと話しをして、通訳者とも話しをして、すべてを記事にする」と決意する。

　そこで来日するや、まず通訳者に会いましたが、私の話を聞くと切腹でもしかねない勢いで、記事にはしないでくれ、と懇願するのです。私は「書かないわけにはいきませんよ。このままじゃ、まずい。はっきりさせなければ」と答えました。（オーバードーファー 1997；鳥飼 2001, pp. 69-70）

これに対し村松は、オーバードーファーとは友人として再会したのであって、正式な取材ではなかったと抗議する。

彼が書いたのはね、私に「お茶飲もう」と言って、古い友だちとしてホテル・オークラでお茶を飲んでいるうちに、書き始めたから「アンタ、まさかインタビューじゃないだろうね」「悪いけど書くよ。聞いたら話したじゃないか」「それはアンタ、違うじゃないか。私はそんなつもりじゃない」と言ったけど、出したんですよ。〔…〕最近になって、まあいいやと許す気になりましたね。会ったらば「もう忘れていいよ」と言ってやろうかと思うんですがね。だけど、友だちとお茶を飲んでしゃべりながら、それをインタビューにしちゃうというのは、絶対私は背信行為だと思いますよ。「私にとっては、これは職業的生命に関わるから、そんなもの書かないでくれ」「いいや、書く」と。

もっとも、米国に帰国したオーバードーファーが書いた記事は、村松の記憶では「まあまあ」だった。

そこでは、彼は「ワシントン・ポストのテープをいろいろ調べたところ、大きな航空母艦と言った」と。これはワシントン・ポストの社説に載ったわけですよ。〔…〕

そのなかでは、"a big aircraft carrier doesn't mean anything" だと。それで "an unsinkable aircraft carrier is if anything sounds elegant" とか "literally" とかなんとか、褒めてくれたんですよ。いい訳であると。

オーバードーファーは、訳語の選択を非難することはせず、「中曾根首相の率直な発言が日本国内の同首相への支持を低下させる危険がある」と述べ、「中曾根訪米は対日圧力を低減し、いくつかの期待を抱かせている。日米同盟は新段階に達した」と論評した。しかし、この訂正記事は日本側の報道ではほとんど取り上げられず、「中曾根氏サイドから感謝された」に終わった、とオーバードーファーは述懐している（オーバードーファー 1997；鳥飼 2001, p. 70）。

中曾根発言の真意

「不沈空母」は誤訳ということになってから、村松は中曾根とこの件について話し合うことはなく、ウィリアムズ・サミットを最後に公式に総理大臣の通訳をつとめることはなくなる。「通訳者の誤訳」とされたまま、この件は人々の記憶の片隅に残るだけとなる。

村松は、通訳者は弁明をしないものだ、と断ずる。

> [⋯] ところが中曾根さんが誤訳だということにして、私はそれに対しては一切、通訳は弁明するべきじゃない [⋯]。誤訳をいちいち、「だから誤訳したんだ。あの人が悪いんだ」、そういうことは言うべきじゃない。一つの私の見栄でもあり美学なんですが。それで、後世がそれを証明してくれるだろう、なんて。

しかし、中曾根が回想録で、この件に触れていることについて、村松はこう語る。

中曾根さんがね、結局、〔著書の〕中にははっきり書いてあるんですよ。「最初、私は誤訳だと主張したが、後で考えてみると、私の趣旨を実によく体したよい訳であった」と。「しかし、誰も怪我の功名を否定することはない」と、そう書いてあるんですよ。「怪我の功名」って言い方、つまり、自分は失敗した、と。へまやったと。だけども、それで結果的に自分の趣旨がよく分かって、ソ連が怒ったかもしれないが、自分はそれで自分の主義を貫いたんだってことをね。〔…〕それを通訳の誤訳にしたのは悪かったとか、それは撤回するとかは全然言ってないわけですよ。世間では誤訳だということになってしまった。私は泥をかぶったと思ってますよ。

「不沈空母」発言を否定した中曾根康弘は、二〇〇四年刊行の『自省録』では、「不沈空母」発言の〝真相〟を四頁にわたり記述している。以下に一部を抜粋する。

この朝食会での私の発言の真意は、はっきりさせておきたいと思います。それは、「日本の防衛のコンセプトの中には海峡やシーレーンの防衛問題もあるが、基本は日本列島の上空をカバーしてソ連のバックファイアー爆撃機の侵入を許さないことだと考えている。バックファイアーの性能は強力であり、もしこれが有事の際に日本列島や太平洋上で威力を発揮すれば日米の防衛協力体制はかなりの打撃を受けることを想定せざるを得ない。したがって、万一有事の際は、日本列島を敵性外国航空機の侵入を許さないよう周辺に高い壁を持った船のようなものにする」という意味でした。〈中略〉

通訳は、それを「Unsinkable aircraft carrier」、つまり「不沈空母」と意訳したのです。結果として、「不沈空母」発言は、鈴木内閣以来、ワシントンに鬱積していた日本への不信感を払拭することになりました。誰が通訳にあたっても、私の発言そのものが断固たる強い調子ですから、結果はそう違わなかったと思います。安全保障をめぐり、日米関係は極度に悪化していましたから、意図的なショック療法が必要でした。百万語を費やすよりも「不沈空母」の一言が、即座にてきめんに効いたのです。

(pp. 112-113)

この文章から判断すると、「不沈空母」は元首相の真意であり、あえて海外での発言を根拠に自らの主張を既成事実化していくという政治手法を取っていたと考えられる。「不沈空母」の一言が日米関係改善の特効薬となったと今になって語る中曾根は、「誰が通訳にあたっても、…結果はそう違わなかった」と述べている。問題になれば通訳者の責任、成功すれば発言者の功績、という通訳者の立場が見事なまでに浮き彫りになっている。

通訳者の選択

オースティンとサール(Austin 1962, Searle 1981)によれば、人間の発話行為(speech act)には、現実のことばとして発話される「発語的意味」(locutionary meaning)と、言外の意味をこめた「発語内の力」(illocutionary force)とがあるという。たとえば、「この部屋、暑くない?」という発話は、発語的意味としては文字通り、「この部屋の中の温度は高くないか?」という質問であるが、発話者の意図は、「この部屋は暑いので、窓を開けたらどうだろうか」という提案かもしれず、「暑いから、窓を開けて頂戴」という依頼かもしれない。そのような発話意図をオースティンは「発語内の力」と呼んだ。

この枠組みで中曾根首相の発話を分析してみよう。「発語的意味」(locutionary meaning) は「大きな航空母艦」であったが、「発語内の力」(illocutionary force) は、「日本防衛の為に全土を基地化する」であった、と考えられる。なぜなら、騒動が一段落する頃には、中曾根首相自身が、「不沈空母は精神的な意味で使った形容詞」「いざというとき、日本防衛のためには水も漏らさぬ備えをしてやるんだ」という防衛の意味であると釈明している。つまり、メタファーとしての「不沈空母」の意味を後日、発話者自身が明示したことになる。

ところが問題の焦点は語用レベルでの「等価」ではなく、「大きい」と「不沈」は違うという単語レベルでの「等価」に限定されてしまった。

ナイダ (Nida, 1964) は、「等価」を「形式等価 (formal equivalence)」と「動的等価 (dynamic equivalence)」の二種類に分けた。「形式等価」は基本的にオリジナル重視であり、①文法単位、②語使用における一貫性、③原文コンテクストにおける意味、の三要素からなる (p. 166)。それに比べ、「動的等価」では、受け手の反応を問題にする。

> 動的等価は、二言語、二文化の人間が「確かに、そのように言う」と言えるような翻訳である。(p. 166)

村松は、自らの通訳信条について、こう語る。

私のいままでよく言っているのは、日本語から英語に訳す場合、英語から日本語に訳す場合、いずれも、もしこの人がもう一つの言葉をしゃべれたら、こういうふうに言いたいだろうなというように訳すというのが、一つの信念なんですよ。だから中曾根さんみたいにカッコいい武張ったことを言うんだったら、そういったようなミリタントなトーンが出るような英語に訳すのが通訳だと思うし、非常に婉曲な言い方をされたら、婉曲に訳すのが仕事だし。

中曾根という人物ならびに信条、政治家としての思想的な立場などを総合的に考えると、単に「大きい」というよりは、英語のレトリックとして自然であり、意を体した「不沈」という訳語が適切だと判断した、その根拠を村松は説明する。

訳すときには、コンテクスト、それからその人のトーンですね、それからパーソナリティね。それはトーンとかパーソナリティは、特に通訳の場合は、しゃべり方に表れるべきなんですよね。

カタン（Katan, 2004, pp. 99-101）は、話者のトーン（語調）もコンテクストの一部であると考え、ナイダは動的等価を論ずる中で、「自然な訳とは①受容言語と文化の全体、②メッセージのコンテクスト、③受容言語の読み手（聞き手）に即さなければならない」（pp. 166-167）と主張する。

「コンテクスト」には多様な定義があるが、本書ではマリノフスキー（Branislaw Malinowski, 1923, 1935）が提示した「文化のコンテクスト（context of culture）」と「状況のコンテクスト（context of situation）」の二分類を採用する。「文化のコンテクスト」では、言語は文化との関連で理解され、サピア、ハイムズ、ホール等がこの考えを発展させた。「状況のコンテクスト」は、言語を取り巻く状況の中で発話を検討しようというもので、ファースやハリデー等がこの意味での「コンテクスト」を研究した（Katan, 2004, pp. 99-102）。ただし、この二種類は二律背反するものではなく、「コンテクスト」理解には文化と状況のどちらも重要である。

このような概念の「コンテクスト」観から振り返ると、中曾根発言が生まれた状況はタカ派の首相が米国を公式訪問した際に、米メディアに対して防衛論を述べたものである。当時の日米間は、日本の防衛努力の不足を米国が強く批判していた（Shaller, 2001, p. 58）時代であり、通訳者は日米間の緊張関係を熟知していたはずである。外交を取り巻くそのような背景及び首相の性格や政治姿勢を総合して「コンテクスト」として理解しており、それが首相の断固たる話し方に表れたと感じた。

ナイダ（1964）は「トーン」について、「内容に忠実であろうとするとオリジナルの精神を壊す恐れがあるが、逆に、メッセージの「フィーリング」「トーン」などを再現しようとするとオリジナルの本質部分の訳が緩いと批判されかねない」と訳者が抱えるジレンマを指摘する。トーンを再生することは容易なことではない。しかし、発話意図を把握する為に、話し手の語調は重要な鍵となる。バフチン（Bakhtin）は、スピーチ・ジャンルを論じた中で、「イントネーションのわずかなニュアンス（淡々としている、尊敬を込めている、冷たい言い方、温かな口調、喜びをこめたイントネーションなど）は、話者の個性（感情面での意図）を表現できる」と述べている（1986/2002, p. 79）。

村松は、話し手の口調から意図を判断するには、背景の知識が不可欠であると強調する。

だいたい、word for word の訳というのは、私、ダメだと思うんですよね。コンピューター・トランスレーションですら、最近は文脈で訳すようになってるけども。…発話者の意図を知るのは、相当、背景知識を知らなきゃならない。…それ以前から中曽根さんてのは、ああいう、わりと、こう、武張ったことの好きなね、どちらかというとミリタント［militant 軍事的］な姿勢を出すのが好きな人だから、それ分かってれば、ああ訳したのは、私、当然ですよ。

中曾根首相が海軍出身でタカ派的防衛論者であることは日本では広く知られており、その中曾根が「大きな空母」と宣言した際に、沈めようとしても沈まないような航空母艦、すなわち、全土を基地化する、というのが発話の真意である、という推意が通訳者に働いたことになる。

「大きな」が「不沈」と訳されていたという報道には、踏み込み過ぎの訳＝誤訳という判断が感じられるが、すべての語を「逐語」的に訳すのが通訳ではなく、特に「動的等価」、或いは語用論的等価という観点から見た場合、発話者の言わんとしているメッセージを汲み取り、受け手に意図が伝わるように訳すのが「通訳」である。

無論、発話意図の解釈とほぼ平行して、選択する訳語が、言語的かつ文化的にオリジナルとどの程度に等価でありえるか、という問題は常について回る。ある表現を使った際に聞き手が浮かべるイメージは、日米で異なるかもしれず、また、戦前生まれと戦後生まれ、男女、軍人と民間人、政治家とジャーナリストなどで、解釈を異にする可能性がある。「大きな航空母艦」を "a big aircraft carrier" と直訳することは可能であり、自分ならそちらを選択したと考える通訳者も多く、その方が妥当な訳だと考えることも可能である。少なくとも安全な訳ではあった。村松の場合は、「コンテクスト、それからその人のトーンですね、それからパーソナリティ」を瞬時に総合判断した上で直訳を避け、"unsinkable aircraft carrier" というはるかにインパクトが強い英語を使用した。

村松は中曾根の語調を再現しようと考え、ゴフマンのいう「発声体」の役割を果たそうとしたつもりだったが、訳語選択の判断をした時点で「発声体」の役割を超え、「ミリタントなトーン」に押される形で「作者」の役割を果たしてしまった。これが表面化したことが、批判の対象となったと考えられないこともない。通訳者には「発声体」の役割のみを期待しているからこそ、メディアは単語レベルでの等価に拘泥して創造的な訳を「誤訳」と批判し、中曾根は著書で「誰が通訳にあたっても、私の発言そのものが断固たる強い調子ですから、結果はそう違わなかったと思います」と、村松を「発声体」の役割に押し戻した。

村松の場合は、本人の意識は「発声体」であり、発話意図の再生の段階で本人にその自覚はないまま、フッティングを「作者」の役割に移動させてしまったと考えられる。ところが、そもそも通訳の役割は「発声体」を超越するもの、と感じている通訳者もいる。相馬雪香である。

5　日本初の女性同時通訳者

相馬雪香は日本初の女性同時通訳者である。

日本で女性の通訳者は一九七〇年代に急増し、現在はプロ通訳者の八〇％以上が女性であると言われるほどであり、小松は「通訳の世界は圧倒的に女性優位である」(2003, p. 22) と評している。しかし、小松によれば「一九七〇年代くらいまではトップクラスの通訳者はほとんどが男性であった」(p. 22)。小松は著書で以下のエピソードを紹介している。

> 一九七三年にＩＭＦ（国際通貨基金）の主導で、通貨調整のためのＧ－５国際金融会議がワシントンで開かれることになり、お客さまである大蔵省に女性三人の同時通訳チームを提案したところ、「こんな大切な会議を女性に任せるわけにはいかない」といわれ、一生懸命説得してやっと同意してもらったことがあった。(p. 22)

その頃までは経済界でも同様の考えだったが、「女性同時通訳者がその力を実証し、十分やれるということがマーケットに認められると、たちまちのうちに女性が多数を占めるようになってしまった」(小松 p. 22) という。

相馬が通訳を始めたのは一九七〇年より二〇年も前、戦後間もない一九五〇年代の日本である。その存在は例外的であり、女性としての苦労を味わったであろうことは想像に難くない。

性差別

相馬は明治四五年（一九一二年）一月に生まれている。女子学習院を卒業した昭和六年（一九三一年）当時、女性はふつうの大学には入れず、女子大しか進学の選択肢がなかったことは前章で紹介した通りである。二・二六事件の翌年、昭和一二年（一九三七年）に、平将門を祖とする旧相馬藩主であり子爵家の跡取り恵胤と結婚し、昭和一四年（一九三九年）に長女・不二子が生まれる。

そうしたら昔から家に出入りしていた人が、「お跡取りをお産みにならないと、奥様のお立場はございません」と言うんです。何言ってるんだと思って、腹が立ちました。（日野原&相馬 2003, p. 94)

翌一五年（一九四〇年）に長男・和胤が誕生するが、「そのとき、長男を産んだから私の立場が守られるなんて何て嫌なことだと思って、悔し涙がこぼれました」と回想する。

そうしたら、「感激して泣いていらっしゃる」って看護婦が言うの。なお腹が立った。子供には気の毒だけれど、そんなことで自分の立場が守られるなんて嫌なことだって。そんな時代でした。（前掲書）

戦争中の昭和一九年（一九四四年）に相馬は四人の子供の母となるが、終戦翌年の昭和二一年（一九四六年）には、日本リーダーズダイジェスト社に入社している。そして一九四八年、米国とスイスで開催されたMRA国際大会に出席したことは第5章に詳述した。

相馬と西山がスイス、コーでのMRA国際大会に参加したのは、一九五〇年である（第5章を参照）。会議終了後、一行は米国に立ち寄り、国務省を訪問した。米国滞在中、国会議員を含む日本代表団の通訳を一手に引き受けたのは西山千であった。相馬は、こう振り返る。

私と千さんは、五〇年にもアメリカの国務省なんかに行っているからね。［…］アメリカの主に男の人たちの通訳は、だから西山さんがやったの。そのとき、憎らしいと思ったことがある。［…］「やっぱり男の人だからって、私にだって何でさせないんだ」なんて思ったこともありますよ。やっぱり日本の国会議員やなにかの通訳を、アメリカのいろんなところでの通訳を全部、西山さんがやったの。

戦後間もなくは、女性は男性からまともに扱われなかった、と相馬は語る。仕事をしたいという女性に対する男性の反応は、「女だから」であったという。

女なんて、なんとも思ってもない連中じゃないですか。［…］そのとき女なんてね、ほんとに相手にされなかった時代ですよ。

韓国に行ったときなんかでも、いざというと宴会。入り口で「女性は入れません」といって追い出されたこともあるし……。

相馬は「自分の引き下がるところを知っているとか、そういう女子学習院の教育がずいぶん役に立った」ことで、そのような時代を乗り切れることができた、と考えている。

「女が一人前の仕事ができるなんて思ってもなかった」時代に相馬が仕事をすることが出来たのは、千葉三郎議員のおかげであった。千葉は、「初めて私を一人前に扱ってくだすった」国会議員で、「この人の顔をよくみてごらんなさい。尾崎さんに似ているでしょ」と言って、相馬を紹介して歩いた。

一九六五年、千葉三郎議員がアジア国会議員連合を立ち上げると、相馬は通訳の仕事を依頼されるようになり、その縁で岸信介首相⑤の通訳を務めるようになった。在任中の岸は批判されることが多かったし、相馬自身も会う前は戦犯である岸に好感を持っていなかったが、通訳を務めるうちに、岸がアジア諸国から信頼されている様子を目の当たりにする。「岸さんの場合にはね、いろいろ苦労しているじゃない？ 巣鴨を知っているじゃない？ それで日本があれしたのを知っているからね、その意味で相当真剣だったんだろうと私は思うの」と評価し、「今の政治家のほうが自分本位…岸先生なんかの時代と、何か政治家の感覚が違うような気がするの」と感じている。

「使命」としての通訳

インタビューを通して相馬が幾度も繰り返した言葉がある。「情熱」と「コーリング（calling）」である。

通訳者の役割に話題が及ぶと、「何のための橋渡しなのか」を問い、「情熱」という語を繰り返した。通訳の仕事は、通訳者の情熱に支えられなければならない、と相馬は主張する。そうでなければ、話し手のメッセージは聞き手に伝わらないし、情熱のない通訳は無意味である、とさえ相馬は考える。

どうしてもその考えを片方にわからせたい、その情熱がなきゃ通訳はダメね。

通訳者が、そのような情熱をもつためには、何のために通訳をするのか、という目的が前提である。

何のために通訳するか、ですよ。それが根本じゃないでしょうか。

目的があり、情熱があれば、「言葉は与えられる」というのが相馬の経験である。

やっぱり本気で相手に「この人の言うことを伝えたい」という気持ちがあると、言葉って与えられるのね。

したがって、通訳者にとって最も重要なのは、単なる仕事ではなく、神から与えられた使命——コーリングとして通訳をすること、というのが相馬の信念である。

通訳する方が、どういう気持ちで通訳をするかが問題でしょう。単なる自分の職業としてするのか、コーリング……ある使命感をもってするのか、それがすべて大事じゃないかと思うの。

相馬は、インタビューの間、通訳を「自分のコーリングとして——職業としてでなく——考えていただきたい」と繰り返し、callingという英語を何度も使った。

キリスト教で使われる言葉ではあるものの、日本では馴染みの薄いこの言葉を、相馬はごく自然に口にした。英国人の血を引く母親の影響かもしれないし、カトリックのミッションスクールに通った経験から来るのかもしれない。(6) MRAの影響もあるだろうが、同じ時期にMRAと関わった西山は、この言葉を全く口にしていない。日本語にすると、「天命」ということになるのだろうが、英語の"calling"とはニュアンスが異なることから、あえて日本語を使わずに英語のままを使用したと推察される。西山も相馬も、日本語を話すときには、きちんとした日本語を話し、英語の単語を投げ入れてちゃんぽんにしない折り目正しい話し方であるので、英語をそのまま使用した"calling"は印象的であった。さらに印象深かったのは、相馬が通訳は単なる仕事ではなく、神から与えられた特別な"calling"であると力を込めて訴えたことである。

母と娘

相馬は、通訳者が話し手に対して共感（empathy）を持たねばならない、と強調したが、この信念を見事に表した一件がある。長女の不二子が一九七五年に国際会議で同時通訳をしていた時のことである。出席していた相馬がいきなり立ち上がって通訳ブースに歩み寄り、わが娘を叱りつけたのである。当の不二子は、その時のことを著書で、こう記している（原 2004）。

一九七五年、初めての報酬をいただいてから十年たち、ようやく自分も一人前に通訳できるようになったかなという頃です。アジア国会議員連合の招きで、サイゴン陥落直前の南ベトナムから国会議員が来日し、切々と祖国の戦況について訴えました。その通訳をしているときに、突然、母が物凄い形相で飛んできて、ブースをがたがた揺するのです。ブースメイトにかわってもらって外にでると、母はその場で烈火のごとく怒りました。（p. 32）

筆者は、たまたまその場に居合わせ、血相を変えた相馬がブースに駆け寄り、呼び出された不二子が泣き出した光景を目撃したが、話の内容は聞こえなかったので、流暢な同時通訳の何が問題だったのだろうと不思議に思った。通訳に関してクレームが来ることはあっても、その場で怒りをぶつけることなど会議の場で見たことはないので、忘れられない場面であった。いったい何が不満であのように激怒したのかインタビューで長年の疑問をぶつけてみると、相馬の答えはこうであった。

得意になって不二子が通訳するからね。あれはベトナムの人と日本でのあれですよ。ベトナムが陥落前の時代だからね、自分の国が今死ぬかどうかの瀬戸際の人ですよ。だけどその痛みが不二子の通訳からは伝わらないの。［…］「相手の痛みを感じない通訳なんか、やめろ」と言ったの。相手の気持ちが伝わらなければ、喜びにしろ痛みにしろ、役に立たない。私は、通訳の基本はそれだと思っています。

そのときは、叱られた内容を通訳仲間の誰にも語らずに泣いていた不二子は、著書で、こう述べている。

私が、「え～、ベトナムといたしましては～」という調子で通訳をしていたが、何事だと。「ベトナムがこれで最後かどうかという瀬戸際にあるときに、いい調子になって通訳するな」と言うのです。「理解者を得ようとして来日したのでしょう。説得に来たのでしょう。あなたは話す人の気持ちを全然意識していない。もし、その人の国を思う情熱とか、危機感が感じられないのだったら、通訳なんてやめてしまいなさい」と体を震わせて叱るのです。そのときの母のショック療法によって、コーのMRA世界大会で初めて通訳した自分をいつのまにか見失っていたことに気づきました。（原 2004, p. 32）

話し手に共感を持つためには、話し手について熟知していなければならない、と相馬は言う。話し手を良く知らないままでは、良い通訳など出来ない。通訳をするには、「世界情勢とか、そういった国のことをやっぱり感じること」「異文化をどうお互いにわからせるか。相手の立場、相手の気持ちがわからない通訳はダメだよね」と相馬は強調する。そのようにして通訳に備えることを考えると、通訳は商売ではなく、「コーリング」として使命感を持つことが、通訳者としての前提であると相馬は信じている。

通訳者の責任

通訳者は、国際情勢という大きな枠組みの中で、発言者のメッセージを理解しなければならない、と相馬は力説する。

それで私の場合なんかは、アジア国会議員連合というのができたとき、やっぱり岸先生とそれから例えばベトナムのゴ・ジン・ジェム、誰だかとの間とか、それからタイにしろタイのそういった連中との間とか、やっぱり国を背負っている人たち。だったら、とても自分にそんな能力がなくても、できるだけわかろうとしようとする意欲が必要ですよね。

同時に相馬は、聞いている相手が理解できるかどうかも同じくらい重要であり、その為にはある程度の編集も必要だと考えている。

鳥飼　相馬さんが通訳をなさっているときは、かなり透明になっていますか？　それとも、ときに英語でこういうふうに言ったらまずいからというようなことで、少しつけ加えるとか……

相馬　つけ加えて、相手にわからせることが通訳でしょう。だから、どうやったら、こっちの気持ちが相手に通じるかということを、むずかしいけど考えていなきゃならないわね。

外交交渉における通訳者は、公式の慣例では、発言者側の通訳者が発言を相手国の言語に通訳する。そのような外交通訳であっても、発言者と聞き手の「両方大事」であるので、通訳者は片方だけではなく、双方のことを考えて通訳をするべき、というのが相馬の考えである。辞書の中に並んでいる訳語のどれを選ぶかの選択には、「相手の気持ち、こっちの気持ち、それをできるだけわかろうとする姿勢」が必要になる。国際情勢というコンテクストの中で発言者の心情を理解し、その上で相手がそのメッセージを理解するよう努力する。そのためには、「やっぱり自分を捨てること」を覚えないとならない、と相馬は指摘する。

語りの中では、相馬が明らかに「聞き手」にフッティング(7)をシフトしたエピソードが登場した。一九五〇年、MRAの代表二人が一万田尚人(8)に面会した際のことである。当時の一万田は日銀総裁として銀行界に君臨する、まさに「帝王」のような存在であった。相馬はMRA代表の英語を逐次で日本語に訳した。

そのとき、一万田さんでどのくらい私、通訳を勉強したかわからない。うかつなことを言うとね、天井を見ちゃうの。つまんないと。

だから一万田さんの顔を見ながら、それで私、適当に通訳したらね。やっぱり相手にわかってもらわなきゃならないから、つまんなくてそっぽを向いちゃったんじゃ話にならない。だから相手の興味を引くように通訳したことを覚えています。[…]

あの人ぐらい厳しい人はいなかったですよ。通訳で。もうヒヤヒヤしていたよ、私。[…]

一万田さんというのは、そういう意味ではこわかったね。こわいというのはね、せっかくこっちの言っていることをどうやってわからせたらいいか、ということで苦労したんですよ。こっちが言っているのをそのまま言わないで、彼にわかるような言葉にしなきゃならないということで、苦労しました。

相馬は、この時の通訳について、一万田日銀総裁の「興味を引きつけるということがとっても大事だった」と回想する。会談の目的、フェルメール（Vermeer, 1989）の言葉を借りれば「スコポス（*skopos*）」は、MRAが日銀総裁からの支援を取りつけることであった。そのスコポスを念頭に、相馬は「どういう言葉を使ったらいいのかということを、ずいぶん考えた」。

相馬は、このような通訳が、本来の責任範囲を超えるものであるのを承知しており、通訳者がすべきでない判断をしたという非難がありえることも認める。しかし、これに対する相馬の答えは単純明快である。

「通訳なんていうのは、自分の勝手なことを言われちゃ困る」と言う人がいるかもしれないけどね。でもわかってもらえないんじゃ、困るでしょう。

通訳のモティベーション

通訳者は「活発な頭脳的活動をしながら、みずから創造力を発揮することができない」ため、「それを押え［原文ママ］ながら、発言者に対する同情的な理解を持って常に発言を受け入れ、受動的な機能を続けようとすれば、相当強靭な精神力の持ち主でも、挫折感に悩まされる」と西山（1970, p. 90）は指摘する。國弘（1969, pp. 89-90）も、「通訳者は、とかく自分の仕事が主体性を欠いたものでしかない、という点に煩悶し、フラストレーションを感ずる」（本章第6節を参照のこと）と認める。解決策として、西山は「他の専門職を兼ねる」（1970, p. 90）ことを勧め、國弘は「他の分野にも生き生きとした関心を持ち、人間性の練磨に意を用いる」姿勢と精進が不可欠であるとする（1969, pp. 89-90）。

相馬は、「やっぱり自分を捨てることを考え……覚えないとダメね」「通訳というのはやさしいことじゃないですよ」という表現で仕事の辛さと厳しさを表現したが、挫折感や煩悶については多くを語らず、むしろ情熱と使命について頻繁に言及した。通訳をする動機が相馬の場合は明快であり、日本が世界の情勢を知るように手助けしたい、という強い使命感から通訳に向かったことがうかがわれる。

ただ、ほんとに一生懸命しなきゃならないという、なんとかして向こうの人の考えを日本人にわからせたい、それが一番強かったですね。そういう世界的な考えをどうやって日本人にわからせるかというのが、私の、やっぱりすごいモティベーションね。やっぱり世界のなかの日本でなきゃいけない。ああいう戦争をして、孤立したってどうにもならない。だから今でも私は〝世界のなかの日本〟という……。

だから通訳になる人には、そういうモティベーションが必要だと思うのね。国のために、世界のために、自分が役立つという。通訳を職業として考えるんじゃなくて、コーリングとして考えなきゃいけないんじゃない？

いやしくも通訳をめざす人間は、国の為、世界の為に貢献することを使命とするべきである、というのが相馬の考える通訳者の役割である。だからこそ、相馬は単なる職業としての通訳観を否定し、「コーリング（calling）」としての通訳を強く訴えたのである。

6　首相秘書官の「けれん通訳」

ゴフマン（1981）が提示した「話し手」の役割機能を通訳者にあてはめてみると、西山、小松は「発声体（animator）」としての機能を重視し、相馬は「作者（author）」としての役割を強調した。村松は、「発声体」であろうと努めながら、結果として「作者」の役割にフッティングをシフトした。第三の機能である「本人（principal）」については、その役割を果たすことを認める通訳者はいないであろう。所詮、通訳者は誰か他の人間が話したことを異なった言語で再現することが役目であり、通訳者が話す言葉に通訳者自身の考えや意見が含まれることは、ない。だからこそ、通訳者は「発声体」として機能することを求められ、場合によって「作者」として機能することはあっても、「本人」となることはありえない。

ところが、その「ありえないこと」が起こった事例が過去にある。カミンカー（André Kaminker）という伝説的な通訳者がいる。あるとき、カミンカーの通訳に対し、発言者がクレームをつけた。「あなたの通訳は、私の発言通りではなかった」。するとカミンカーは澄まして、こう答えたという。「はい、違っています。あなたが、おっしゃるべきであったことを私は通訳で言いました」[9]。また、あるときは、国連総会でロシア代表のモロトフがいつまで経っても演説を終えず、誰もが苛苛してきたことがあった。ようやく通訳をする番になるとカミンカーは長々とした演説を一言で通訳してしまった。「モロトフ氏は、「ノン」と言っております」[10]（"*M. Molotov dit non*"）」。いずれの場合も、カミンカーは「発声体」であることを拒否し、「作者」どころか、「本人」として機能した。カミンカーはロシア語―フランス語の通訳者であったが、日本語―英語の通訳で似たようなケースがある。

三木武夫首相(11)が一九七五年に訪米した際の出来事であり、「本人」として通訳をやってのけたのは、國弘正雄である。

三木首相記者会見

以下、國弘自身の語りから、当時を振り返ってみたい。

國弘 それでワシントンでね、総理になってからね、ワシントンで外人記者クラブで、新しく総理になった人は講演もせないかんわけ。それでまあ講演、三木さんやったっていうわけよ。

ところが〔…〕質疑応答の最後はね、ふざけた質問をするんだよ。ふざけたって言うと語弊があるかもだけど、それはね、ふざけて答えなきゃいけないんだよ。つまり、どういう答えをするかによって、その人のスピーカーとして、政治家としての力量をはかっちゃうんだよね。あの、ワシントンのいやらしい専門家の狼のごときがね、その答えがうまく行ったか否かで、あいつはあの程度この程度って決めるわけよ。

それは知ってたの。それを三木さんにも言ってたわけよ。事前に。総理ね、最後の質疑応答のときは勝手に訳しますから変なこと言わないでくださいと。それは言っといた。最初に。もうすでに、事前に。そのときはもう何にも言わないでって。三木さん英語わかるからさ、そんなこと言っとらんといわれたら面目丸つぶれだからさ、こっちは。だからね、最後の、質疑応答のところはまあ全く私が勝手に訳しますからね、と言っておいた。〔…〕

最後の記者クラブの最後の質問ていうのは総理の力量が問われるものですからね、勝手にやりますけど、いいですね、って言ってたわけですよ。そんなこと普通の大臣秘書官はやらねえってわけだよ。〔…〕

鳥飼 通訳者もやらないですよね。

國弘　そういう皮肉なこと言わないでよ。あえて誤訳したわけですよ。はっきり言えば。

鳥飼　三木さんは何かおっしゃったわけですよね？

國弘　おっしゃったんだけどね。あんまり面白くなかった。どうしてああやってくそ面白くもないことを言うんだろうと思ったよ。非常に生真面目に。あの人、生真面目だから。［…］要するに話の内容はね、当時のジャイアンツ、当時ね、ジャイアンツは強かったのよ、今のジャイアンツとは違うのよね。ジャイアンツをね、［…］譲ってくれませんか、我々も強化したいから、という質問だったのね。それで三木さんはね、それに対して野球のことなんかよく知らないじゃない。

それでね、俺はね、これがね、鼎の軽重を問われる例のやつだなと思ったからね。それで、三木さんが言ったことを全くお構いなしにあることを言おうと思ったわけよ。「ええ、あんな読売ジャイアンツなんていくらでもあなた方にくれてやりますよ」って言おうと思ったの。それでヒョッと見たら、誰がいたと思う？

鳥飼　渡邉恒雄さん？

國弘　そうなの、ナベツネがね、当時ワシントン特派員だか支局長だかしらないけど、ナベツネが目の前にいるのよ。あっ、これはいくらなんでもね、ナベツネを敵にまわしたらね、三木の将来にマイナスになると思ったよ。それでね、［…］はっと頭を切り替えてね。

ちょうどね、当時ね、日米の経済交渉なんかでさ、なんていうかな、結構こうやってやってたときだったの。ね、それが頭にふっと浮かんだからね、こう言ったのよ。このね、今では、プロ野球は日本の national pastime〔国民的娯楽〕。アメリカだけの national pastime じゃありませんよと。日本の国技でもあるんだからね、あなたがたがね、何でもね、言えば我々がイエスと言うと思ったら大間違いですよと。日米交渉と同じだと。

そうしたらね、みんながワーッと拍手してくれたわけよ。三木さんはキョトンとしてたよなあ。はっきり言うとね。

宮沢喜一が横にいるんだよ。これはまずいかな、宮沢が何か言ってくれたら。宮沢はよく英語わかるやつだから。彼は当時外務大臣で、一緒に行ってたから。それでね、僕はちらちら宮沢のほうを見てね、このおじさんがね、僕の通訳についてもね、逐次ですから、同時じゃないからね、俺の逐次通訳をいやな思いでね、皮肉な思いで聞いてやがるんだろうなと思ったからね、ちらちら彼のほうを注意しながら見てたことには見てたわけよ。それでね、その最後の質問の答えはね、どう彼が受け止めてくれたかってのは、ものすごい僕は気にかかったわけよ。そうしたら彼がわっと笑ってくれたのよ。ああこれはパスしたなと。宮沢さん、一番怖いね。あの人のね、試験をパスしたな、と思って僕はほっとしたのよ。

当時の日米関係をふまえたジョークで切り返した通訳に会場は沸いたが、國弘は、自分の通訳が「通訳のあるべき姿」ではないことを率直に認める。

國弘 それはまあ、しかしね、通訳としてはね、僕はね、はっきり言って、「けれん相撲」だと思う。「けれん」っていうのはね、華麗だけれども正当なものではない。たとえば、「とったり」とかさ、「あしとり」とかさ、勝つことは勝つんだよ。だけどそれは、堂々たる、上手投げとか下手投げでもいいけど、そういう相撲ではないよ。これはほとんどペテンに近いよ。「けれん」ていうのは、そういうことなんだ。要するに、「けれんな技」だったってことは間違いない。[…]

鳥飼 でもね、そうなると通訳者の役割って何か、いうことにもなってくると思いますよね。

國弘 だから俺はぜったいダメなの、通訳者ではないの。三木総理のためにやったんだよ。このときは総理だけど。

それはね、ちょっとね、悪女の深情けみたいなとこはあった。

國弘は当時の通訳を振り返りながら、何度も、「けれん（外連）」であると語り、「通訳者」としての役割を逸脱していたことを認めた。「けれん」は、もともとは歌舞伎用語であり、視覚的効果を高めるために、たとえば本物の水を使うことを「けれん」と呼び、「けれんが多い」と言えば観客受けをねらうことを指す。芸の本道から外れるとみなされたこともあったが、現在では歌舞伎の楽しみのひとつとして認知されている（Kodama, 2000, p. 85）。その歌舞伎用語が相撲でも使われるようになり、國弘は相撲の技にたとえて、自分の通訳を、「けれん相撲」と評した。

三木武夫という人物に惚れ込み、その人物にとってプラスになるかどうかを最大の判断基準とした國弘は、「三木さんにとってまずいと思ったときには、勝手に改竄」し、三木のために「よかれと思って」、あえて「本人」としての機能に踏み込み、通訳の常道から外れた「けれん通訳」をやってのけたことになる。

「通訳の美技」

國弘の「けれん通訳」は、その場にいた関係者だけでなくマスコミにも評価された。朝日新聞は「米国の三木首相」という現地の様子を知らせる特派員によるコラムで、「通訳の〝美技〟が助け舟」と題し、次のような記事を掲載した。

「ワシントンには残念なことにプロ野球のチームがない。一つ、東京ジャイアンツを招致するよう骨を折ってもらえないでしょうか」。六日ナショナル・プレス・クラブで開かれた昼食会で、三木首相の演説が終わったあと、質疑応答の締めくくりに、こんな〝質問〟が飛び出した。

「野球はいまでは米国より日本の国技といったほうがよいほど、わが国では人気のあるスポーツ。せっかくですが、ご提案は受諾しかねます」。三木首相がこう鮮やかに切りかえすとユーモア好きの米人はヤンヤの喝采を浴びせた。が、実はこれが通訳に当たった国弘氏の意識的な〝誤訳〟。

「私は野球好きでテレビは見ないが実況放送だけは、かかさず聞いている。なんとか話を進めてみましょう」と、苦笑まじりにボソボソ返事したというのが真相。日ごろ「翻訳とは反逆（原文への）だ」というのが自説の国弘氏らしい思い切った通訳ぶりの生んだファイン・プレー。お役人の通訳ではとてもこうはいかなかっただろう。（大谷特派員）

お役人だけでなく、プロ通訳者ならなおさらのこと、「なんとか話を進めてみましょう」というオリジナル発言を「ご提案は受諾しかねます」と脚色することは、ありえない。常識的には誤訳という批判は免れない。朝日の記事について國弘は、首相が通訳に「救われたわけでもなんでもない」としながら、「通訳の美技」と書いてくれたことは「助かった」と述懐する。

三木の米国訪問を成功させたいという國弘の思いは、米紙メディア報道でも報われる。日本の首相による訪米が米国メディアで取り上げられることは滅多にない時代に、ニューヨーク・タイムズのコラムニストであるジェイムズ・レストン（James Reston）が、広島原爆投下三〇周年にあたっての三木訪米を高く評価したのであった。

三木氏は、世界で大々的に知られた人物ではない…しかし、この人物は理解と協調への希求とでも呼べる理念を抱いて、米国を訪れた。これは、かつてないことである。〔…〕日米間の違いを克服し、ソ連、中国、そして貧しい国々と話し合うためにはどうすべきか、三木は洞察を有している。（ニューヨーク・タイムズ、一九七五年八月八日、p. 27）

國弘は、この記事を読んで三木と欣喜雀躍したときのことを、つぶさに語る。

〔…〕朝、ニューヨーク・タイムズを買いに行ったわけよ。そうしたらふっと見ていたら、レストンがね、「日本の総理の訪米はグッド・ニュースであった」と、「よき訪れであった」と書いていたわけよ。僕はそれを見てすぐ三木さんのところへすっ飛んでって、「総理」って言ってね、こんないい記事をレストンが書いてくれました。レストンが書いてくれたっていったら、アメリカにおいて最高の人でしょ。っていうことがあってさ、三木さんも喜んでくれてね〔…〕

國弘が三木武夫の通訳をするようになったのは、三木が外務大臣だった頃からである。通訳という仕事にしっくりいかない気持ちを既に感じていた國弘だが、「三木さんのときは、がんばったことは事実」だと認め、その理由を次のように説明する。

> 僕は何とかして三木さんを、生意気な言い方でゴメンナサイね、彼を男にしたいと思ったわけ。総理にしたいと思ったわけよ。何とかして総理にしたいと。それでね、それだから外国、僕ができる分野っていうのは、外国における、あるいは外国とのからみを、〔…〕少しでもプラスに働かせたいっていうのが僕のできることでしょ。

國弘が、三木首相記者会見で通訳者としての役割を逸脱したのは、三木への思いが優先したことにほかならない。

通訳者の本音

五名の同時通訳パイオニアの中で、「あんまり通訳、好きじゃなかった」と告白したのは、國弘一人である。「同時通訳の神様」として日本全国に名を馳せた人物から聞く言葉としては意外である。國弘の通訳については、日英両方の言語に通じているライシャワー駐日大使（Edwin O. Reischauer）も太鼓判を押している。

> 最初に私の注意を捉えたのは、彼〔國弘〕のもつ日本語英語間の通訳者としての、比類ない技能であった。彼はただ単に字義通りの直訳で能事おわれりとせずに、内容を正確に伝えようと心をくばっていた。直訳では、ことを明らかにするよりは、むしろ混乱させかねない。とにかく彼は、何とかして正確な意味を伝えるべく――フランス語を使うことを勘弁してもらうなら――的確無比な訳語《ル・モ・ジュス》を求めてやまないのである。その上に、彼の摩訶不可思議ともいうべき同時通訳の技能は、私に畏敬の念を

抱かせずにはおかなかった。(1982, pp. 292-3)

西山と共著で出版した『通訳』(1969) で、國弘は「通訳者はロボットでもなければ、機械でもありません」と人間としての「個性」を認め、「通訳者の役割」を演奏家になぞらえている。

この点について私がよく引く例は、作曲家と演奏家との関係です。音楽を業とする人のなかで一番エライのは、やはり作曲家でしょう。なんといっても彼は頭の中で、新しい音をつくり出すのですから。しかし演奏家だって一流の人はやはりエライといえるでしょう。なるほど彼は作曲家が提供してくれた楽譜に従って、演奏を行わなければなりません。それを逸脱することは許されません。通訳者も同じことです。原発言者が、犬が東を向けば、尾は西を向く、といっているのに、ネコの話にしたり、東西を南北とするのは、たしかに行きすぎです。

しかし演奏家には独奏性［原文ママ］や創造性は許されていないでしょうか。そんなことはありません。同じベートーベンのピアノ・コンチェルトでも、パデレフスキーとギーゼキングとゼルキンとでは、みな違います。それぞれが個性的で、それぞれに興味があります。

これらの名演奏家がピアノの演奏技術の修業に日夜心を砕き、修練を重ねていることは容易に想像できます。長年にわたる懸命の努力が、彼らを世界的な大演奏家にしたてたに違いありません。会議通訳者もまたことばの習得と完成に向かって、不断の修業が求められます。しかし名演奏家は単にピアノの技術に限らず、音楽の背景をつくりあげている多くの隣接分野——芸術全般——についても、たえざる努力を続けているに相違ありません。そして芸術だけではなく、哲学・宗教などのような他の分野にも生き生きとした関心を持ち、人間性の練磨に意を用いていることでしょう。その心がまえと努力とが、彼らの一人一人の演奏を、単に一介の技術に堕させることなく、ふくらみと味わいとを持ち、人間性に支えられた高み――芸術性――を付与しているのです。会議通訳を芸術の高みにまで到達させようと思うならば、われわれもまた彼らにならわねばなりません。そうすることによってはじめて、会議通訳を単なる通弁技術、ヨコのものをタテにするテクニックを越えたものに高めていくことが可能になります。(pp. 88-89)

國弘は、この後に続けて、創造性を発揮できない通訳の仕事について触れ、「通訳者個人が自分の仕事を正しく評価し、精神の安定を確保し、仕事への誇りを感ずるためにも、また、個人のレベルをはなれ、会議通訳を一つの専門職として確立するためにも」、「他の分野にも生き生きとした関心を持ち、人間性の練磨に意を用いる」姿勢と精進が、不可欠であるとする(pp. 89-90)。

この文章は、主として会議通訳者を志す読者を念頭に書かれているが、通訳者が自分の仕事について、「創造の喜びや個性の発揮とは無縁」であり「主体性を欠いたものでしかない、という点に煩悶し、フラストレーションを感ずる」(p. 89)と語っているのは、國弘自身の内なる声を表現したようにも感じられる。この文章を書いた國弘は当時、三九歳であり、金山宣夫による著者紹介では「言論界をはじめ官界・実業界において縦横の活躍をするかたわら、NHK中級テレビ英会話を長年にわたって担当するなど、英語教育にもユニークな貢献をしています」とある。「同時通訳の神様」として世に知られながら、既に三木武夫外務大臣の秘書官も務めている。

そして同じ頃、同時通訳を一生の仕事にと夢を抱く大学生（筆者）に対し、「同時通訳は確かに重要な仕事だけれどもねえ、一生をかけるほどのものかねえ。きっと君もいつかは自分の歌が唄いたくなるよ」と水をかけた。國弘はインタビューで自らこの発言に触れ、「自分の歌を唄いたい、自分の踊りを踊りたい」と言ったことは、「オレ自身の思いだったわけだよね」と当時の心情を吐露した。

やがて自分の歌を唄いたくなるよ。自分の踊りを踊りたくなるよ。人の踊りや歌の振り付けなんていうのは――通訳というのはそういうもんだけどね――そんなことじゃ絶対満足しないから」と僕は言ったの。そしたら「そんなことは絶対ない」と［君は］言ったの。だからオレは今、ザマアミロと思っている。悪いけど。

心理学者のマズロー（Maslow, 1970）は、人間の欲求を五段階に分類した。最初が、「生理的な欲求 physiological needs」、次が「安全に対する欲求 safety」、さらに「愛情 love」「尊敬 esteem」と続き、最後に「自己実現への欲求 self-actualization」が来る。

動機づけに関する研究で知られるドルニェイ（Zoltán Dörnyei）によれば最近は、「'need' という概念は、より具体的な *goal* で表現されており、この「*goal*（目標）」こそが人間の行動を動かす「エンジン」の役を果たし、行動を方向づける」（2001, p. 25）としている。

國弘の場合は、稀有な同時通訳者として、さらには文化人類学者、大学教員、ニュースキャスター、評論家、文筆家、翻訳者など、ハバート・パッシンの言葉を借りれば「広大で多面的」（1982, p. 266）な活躍をしており、三十代後半で既に「尊敬への欲求」は十分に満たされていたといえる。マズローの五段階分類に従えば、最終レベルの「自己実現」だけが残されていたのではないか。同時通訳をしているだけでは満たされない思いが、「自分の歌を唄う」という言葉として表現され、それはむしろ自分自身に対して向けられていた。そして、そのために見つけた「目標」、行動を推進するエンジンとなったのが、「三木武夫」という政治家であった。

「同志」として

三木武夫を、國弘は著書のタイトルで「操守ある政治家」、と深い尊敬と愛情を込めて呼ぶ。

三木さんの場合はね、これはもうやむにやまれずというか、断りきれないということもあったし、僕自身がとにかく三木を、政治家としての三木をなんとか——こんな生意気な、ほんとに不遜だと思うけどね、三木さんていう人をね、やっぱりね、表に出さないかんと熱烈に思っていた。いわば三木ファンだったわけよね。だから三木さんに関してだけはね、だから三木武夫をなんとか総理大臣にせないかんと思ったわけよ。まあ、総理になってくれたから、ほんとによかったんだけどね。

で、三木さんを総理大臣にするうえにオレに何ができるだろうかということで、海外における三木さんの国際的な活動というものに、いろんな形で——有形無形いろんな形で僕としての力を貸したということはありますわね。これはかなり意図的にというか、意識的にありますね。

三木と國弘の関係を、ニュースキャスターの筑紫哲也は「奇妙な秘書官」として描写する。

> 三木武夫氏が外務大臣に就任し、奇妙な秘書官〔原文ママ〕を伴って霞ヶ関に乗り込んできた。外務省詰めの政治記者だった私と國弘正雄氏の初めての出会いである。
>
> 「國弘秘書官」の奇妙さの最たる点は、上司たる三木氏の侍僕たる風がほとんどなく、むしろ同志的結合に基づいて同氏を助けている色が濃く見えたことである。それは大臣秘書官の通念から見れば全く異彩であった。記者クラブにやってきての談論風発も全く自分のことばで自分の思考を語っていた。〔…〕
>
> 一言でいえば、國弘氏はこの国では珍しい型の「自由人」だと私は思う。その自由さが旺盛な好奇心と地道な研究熱心と相まっていろんな領域を拓いていく。〔…〕
>
> このことが端的に出ている例として私が知っているのは、前述の三木氏との関係である。
>
> やがて首相に就任する同氏のブレーンとして、あるいは私的な補佐役として日米関係を含む国際的場面で重要な役割を果たすのだが、このことも首相との関係で國弘氏の「自由」を減殺することはついになかった。政策上の選択、決定でときとして賛成できないことがある。そういう時、遠慮はなかった。國弘氏は長く三木氏と行動を共にしながら、三木氏の属する党に選挙の時、一度も投票してないのではないかと私は疑っている。
>
> インターメスティックという國弘氏の造語がある。国際と国内との線が引きにくくなった時代を象徴することばとして拡がった。國弘氏自身がこの語にふさわしい人だと私は思う。(1982, pp. 297-8)

筑紫が鋭く観察したように、國弘は秘書官らしからぬ秘書官であったし、通訳者らしからぬ通訳者でもあった。元駐日大使でありハーバード大学教授であったライシャワーは、「自著のうちで最も重要と考える『ザ・ジャパニーズ』の訳者には彼〔國弘〕をおいてない旨をつよく申し入れ」(1982, p. 293)、「翻訳は反逆なり」を自説とする國弘は、そのライシャワーから白紙委任を取りつけた上で自由闊達な翻訳を試みている。並みの訳者ができることではない。

國弘と三木の出会いは、三木が國弘にかけた一本の電話から始まった。当時の三木は池田勇人政権での自由民主党幹事長であり、國弘は中央大学講師であった。用件は、週に一回、"Time"や"Newsweek"などの英文週刊誌を読みながら国際情勢についてレクチャーして欲しい、という依頼であった。

三木のオッサンがね、あるときね、僕にちょっと来てください――「國弘先生、来てください」とかなんとかいって電話をかけてきたんですよ。〔…〕それでね、要するに一週間にいっぺんでいいからね、国際問題ないしは外交問題についてね、「タイム」ないしは「ニューズウィーク」でいいから、それを一緒に読んでくださいと。それで講釈してくださいというわけだよ。それでオレもね、ギョッと思ったわけよ。ギョッと思ったんだけどね、あとで聞いてみてビックリしたのはね、三木さんはかつて若かりしときに同じことを森矗昶さんに関してやっているんですよ。三木夫人のお父さんの、いわゆる昭和電工財閥をつくった森コンツェルンの大将の森矗昶さんに同じことを。当時は「タイム」を読んでいたそうですよ。

三木からの依頼に対し、國弘はこう答えたという。

國弘　「結構ですけども、私は先生の属しておられる政党にただの一度も投票したことがありませんし、おそらくこれからもしないと思います」と、こう言っちゃったのよ。

鳥飼　そう言ったんですか。

國弘　そう言ったのよ。初めからそう言ったのよ。そしたらね、三木さんがね、「そんなことはなんでもないですよ」とこう言うわけよ。それで、そのときに彼が英語を使ったわけよ。「投票というのは、vote one's conscience、良心を、いわば箱に入れることであって、それが私の属している党であるか、あるいはどの党であるか、そんなことは関係ない。vote one's conscience なんですから、それでいいんだ」と、こう言うんだよ。

オレはちょっとそのときに、「全く、これはちょっと参ったなあ」と思ったことは事実ですよね。それでね、しかもね、幸いというか、うれしいことにというかね、「じゃあ、あなたは何党に入れているんですか」なんてバカな質問はしなかった。おそらくわかっていたと思うよ。「ああ、どうせコイツは社会党ぐらいに入れているんだろう」と思っていたと思うよ。僕は感動したよね。[…]

じゃ、どの党に入れているんだなんていうようなことは、そんなバカなことを聞いたら、僕は三木さんを腹の中で軽蔑したと思う。「ああ、やっぱりコレも政治家だな」と思ったと思うよ。でもそんなことはこれっぽっちも言わないで、vote one's conscience。

このときの三木の返答に國弘は「感動した」。そして、やがて國弘は、三木の平和憲法への思いを知るようになる。

［三木夫人の］睦子さんがね、あるときね、オレの目の前でさ、「パパ、何だってあなたはいつまでも自民党なんぞにいるのよ」とこう言ったんです。総理大臣夫人だよ。自民党の。「自民党なんぞにいるのよ」と言った。「なんぞ」と言ったんだよ。そしたら三木さんが悲しそうな顔をして、「ママねぇ、僕が自民党にいなくなったらね、自民党は憲法でもなんでも変えちゃうよ」とこう言ったわけだ。

この逸話は、三木睦子自身も朝日新聞に語っている。

「あなた、なんで金権の自民党にいるの」「私はこの憲法を守らなければと思っているんだ。私が出たら自民党はほんとに改憲しちゃうかもしれないよ」

戦前、武夫は「日米戦うべからず」と主張して官憲ににらまれたくらいだから、武夫の「非戦」は本物と睦子は思っている。（朝日新聞、二〇〇六年三月八日）

自らの戦争体験から「非戦」「護憲」の思いが強い國弘が、三木武夫に同志として惹かれたのは、自然な流れであった。

フェルメール（Vermeer, 1989）による「スコポス理論」では翻訳の目的が焦点化される。國弘の場合は、同志・三木武夫の首相としての将来を最大の目的に通訳をした。そのために、プロ通訳者としての倫理を犠牲にしたし、通訳そのものより、発言者の利益を最優先したともいえる。

この記者会見での通訳が、「通訳の美技」として報道されたことは、通訳者である國弘が「透明な存在」ではなくなったことを物語る。しかし、ヴェヌティ（Venuti, 1995）の表現を使えば、この記者会見通訳では極端なドメスティケーション（受容化）が行われたわけで、國弘の英語訳だけを聞いていた米国メディアは、ユーモアに満ちた英語の自然さに三木を高く評価し、通訳者としての國弘は透明な存在であった。「本人」として機能した通訳者は、オリジナル言語を理解する聴衆の間では「目に見える存在」となり、対象言語のみを解する聴衆にとっては「透明な存在」、という皮肉な結果となった。だが、そんなことは國弘にとって、どうでも良いことであったろう。三木の評価を高めることが、この場での通訳の最終目標であった点から総括すれば、國弘は目的を達したことになる。

國弘の「けれん通訳」は、アンジェレーリ（Angelelli, 2004）が描く「現状を維持することも変更することもできる強力な存在」（p. 89）という通訳者像を髣髴とさせる。

7 通訳者のポジショニング

ここまで見てきたように、五名の同時通訳パイオニアはそれぞれが多様なハビトゥスを背景に、通訳というフィールドで多彩なプラクティスを展開し、通訳に対する姿勢も信条も意見も個性豊かである。何らかの一貫性を軸にした通訳者像を抽出することは極めて困難である。アンジェレーリがいみじくも指摘したように、「通訳者の役割に関する信条と、通訳する場が通訳者の実際の行動に大きな影響を与えるので、すべての通訳者が同じように仕事をすると考えるのは危険である」(Angelelli, 2004a, p. 83)。

たとえば、相馬と西山はともに、通訳が成功するための重要な前提として、「ラポール (rapport) ――話し手との間の理解と共感」を挙げた。そのようなラポール形成は容易ではないが、西山とライシャワー駐日大使との間には、そのラポールが常時、理想的な形で存在した。國弘と三木武夫首相も同様である。しかし、この二組の関係は注意深く観察すると、心理的距離や力関係において決定的に異なっている。西山は、尊敬するライシャワーを英語式にファーストネームで呼び捨てにする気持ちになれず、「先生」と日本式に呼んだ。ところが、國弘と三木の間では三木の方が國弘を「先生」と呼び、二人の関係はむしろ「同志」であった。

五名の多様性と多面性は、「通訳がいやになったことがありますか?」という問いに対する答えにも、顕著に出ている。「いやになったことがある」と答えたのは西山、國弘、村松である。西山の場合は、専門が電気工学でありながら、偶然と時代の流れが重なって、本人の意思とは関わりないところで通訳への道を歩んだ。しかし後に、西山自身が強く関心を抱いたアポロ宇宙中継を同時通訳する仕事は、文系が大半を占める通訳者の中で例外的に理工系であったことが幸いした。そして「アポロの同時通訳」として知られたことで、見知らぬ女性からお礼を言われるが、それは西山にとって「通訳者になって良かった」と思った、「初めてにして唯一の経験」であった。その西山は、「通訳者は透明であるべき」だと、五名の中で最も強く主張している。

西山と違い、國弘は自らの意思で通訳者になり「同時通訳の神様」と呼ばれるまでになった。しかし、通訳者が黒衣であることを十二分に理解しながら、あるいはそれゆえに、「自分の歌を唄いたい」と訴え、「おれはほんと通訳が嫌いだったから」と最も率直に告白した。同時通訳者になったことを後悔はしていないが、一生続けたいとは考えておらず、村松が年月を経ても同時通訳への情熱を失わずに現役でいたことを、真似できない、と感じている。

あの人は「ミスター同時通訳」とよく言われるけどね、本当にあいつは「ミスター同時通訳」だよ。好きなんだよ。

僕は嫌いなの、はっきり言って。そこが村松君と僕の違うところでね。村松さんはほんとに好きなの。本当にね、生まれながらの、生まれついてのね、通訳という仕事というのが好きで好きでしょうがないと思うのよね。あいつは僕と同じ年なのよ。七三だから。［…］ところがね、あの人はね、本当に同時通訳というのが好きで、いまだにやるのよ、彼は。

オレは「もう勘弁してよ」という……「もう頼むから。お願い、お金を払ってもやりたくない」というほうなんだ。もうくたびれるからいやなの。

しかし、その村松も米国滞在中の一時期、「通訳を廃業して」、エコノミストとして働いたことがある。通訳の仕事に創造性がないように感じて迷いが生じたのと、国務省の同行通訳として出張ばかりが続く生活に飽きたことが原因だった。

オウムのようにというのは、よく人に言われたことがあるし、そういえばそうだと。こうやって繰り返しているだけじゃ、なにもオリジナリティがないと思った。これは間違いだったわけですよ。あとになってみればね。しかしそのときには、繰り返しはもうけっこうだと。それと旅するのはもういいやと。結婚もしたしね。まだあのころは女房も若くてきれいで、可愛かったしさ。

米国を西から東まで、あるテーマについての六週間の産業視察旅行に随行して通訳をするというサイクルが、一年間に6、7回繰り返されていました。三年目あたりから少々マンネリ気味になり、「おうむのように」他人の言葉を唱えていることに飽きてきました。旅暮らし（living out of a suitcase）にも、うんざりしてきました。なにか、通訳しなくてよい仕事、旅行をしなくてすむ仕事はないかと思っていた頃、ちょうどよい具合に、ワシントンにあるUnited States-Japan Trade Council［日米貿易協議会］という団体で、日本人のresearch assistantを求めていたのです。私はすぐ飛びつきました。「ああ、これで通訳も旅行も、もうしなくてすむ」と喜んだものでした。（1978, p. 26）

しかし村松は、やがて、通訳そのものが嫌なわけではないと自覚し、再び通訳職に戻る決心をする。「通訳者は見えない存在」であることは村松も強調したが、西山とは若干ニュアンスが異なる。西山が、「本来なら対話者は直接話し合うのが理想」なので、通訳者が介在していることは「必要悪」（1970, p. 140）であるとし、完全な「透明人間」を理想としたのに比べ、村松は、「黒衣」であることを認めつつも、「役者の衣装の裾をちょっと直すくらい」は必要であろう、と考えている。

「通訳をやめようと思ったことはない」と答えたのは、相馬と小松の二人である。相馬は、使命感があるから、やめようなどと考えたこともない、と答えた。そもそも相馬にとって、通訳は使命であり、単なる仕事ではないのだから、やめるという発想がないとも考えられる。

小松は、やめたいと思ったことがあるか、という質問に対し、言下に否定した。

鳥飼　これまでなさってきて、もう通訳はいやだというふうに思われたことって、あります？

小松　それはないですね。

鳥飼　あッ、ないですか。

小松　それはないですね。

五名の中では最も寡黙で、昔から「おしゃべりは苦手だった」と自他ともに認める小松は、「やっぱり、〔通訳が〕好きなんでしょうね」と認め、自分自身を「根っからの通訳者」と評する。通訳者としての役割についての規範意識を強く持って自分を抑制し、通訳者が外交に影響を与える可能性を最も強く否定したのが小松である。ただし、五名の中で唯一「透明」の意味が分からない、とコメントしたのも小松である。小松は、通訳者が「見えない存在」だとは思わない。しかし、「文化の仲介者」という通訳の位置づけには異論を唱える。小松が理想とするのは、「見えるけれど性能の良い機械」である。

ゴフマン（Goffman,1981）の「聞き手」の分類にしたがえば（本章冒頭を参照）、通訳者は「直接話しかけられるのではない受け手“unaddressed recipient”」である。この役割を意識して行動に移した西山は、話し手が本来の受け手である「話しかけられるべき聞き手」を見るよう、話し手が通訳をしている西山を見ても、その視線を外してあえて脇を見るように心がけた、という。ゴフマンの「話し手」の分類では、「透明人間」を旨とする西山は、躊躇することなく「発声体」の役割を担った、と考えられる。

「見えるけれど性能の良い機械」を志す小松も同様に、「発声体」としての機能を重視していると言えよう。ただし、「客観的で中立」な通訳規範は、必ずしも「透明」であることと同義ではない、と小松は考える。通訳する場によっては、見えない存在ではいられないこともある。また、小松が「オリジナルに忠実」と言う際には、必ずしも発言者に対してではなく、「発せられたオリジナルのテクスト」に忠実であることを意味している。そういう意味では、機械のはずの小松は、場合によっては「作者」としての機能を果たしている。小渕首相の過剰な謙遜を英訳の際に、「和らげた」ことが好例である。

村松は、黒衣としての通訳を規範とし「発声体」に徹する意識は濃厚であるが、訳語選択における創意工夫を見ると、無意識的に「作者」としての役割を果たしている。「不沈空母」事件の項で詳述した通りである。

相馬は、発言者の気持ちになって代弁することを重視する点では「発声体」であるが、実際には「作者」としての機能にフッティングを変えることもあり、どちらかといえば「作者」としての意識が強い。必要なら「編集」を加えて通訳するという方針を明言したのは、相馬だけである。「聞き手」に分かってもらわなければ意味がない、という受け手重視のスタンスは、一万田日銀総裁の通訳をしたときの体験に基づいている。

「発声体」と「作者」との間でフッティングを変える実態は、いくつかの事例で見られたが、「本人」の役割まで果たしてしまったケースは國弘だけである。國弘の「けれん通訳」は、「受け手重視」でありながら、深層では話し手のために行った異例の通訳である。日本語英語の両方を理解できる聴衆には、通訳者の存在が鮮明に写るが、日本語を解さない英語話者にとっては「透明な存在」である点でも、この事例は稀有である。しかも当の通訳者は、この通訳が職業倫理に抵触することを十二分に認識しながら、意図的に規範を無視する行動を取っている。

「けれん通訳」の例が端的に示すように、通訳者の役割は通訳現場のコンテクストや状況に応じて自在に変化する。通訳者が「規範」として信じている役割と異なった役割を果たす場合もあり、その「フッティング」の変化は、意識的なこともあれば無意識の場合もある。五名の語りから浮かび上がるのは、社会という舞台における、コミュニケーションの出来事としての通訳の実際であり、状況に照らしながら瞬時の判断を下しつつ柔軟に対応する自律した通訳者の姿である。

通訳者が信条とする役割意識と、現実に通訳者が果たす役割とは必ずしも一致しない場合がありえることが事例から分かる。「発声体」としての機能を求められる通訳者は実は、自らの意思で訳を選択する「作者」であり、その信条や実際のパフォーマンスには相当の個人差があった。さらには、通訳者の役割に関して用いられる、「黒衣」「透明」「見えない存在」などの常套句は決して同義語ではなく、より詳細な検討が必要な内容を内包していることも判明した。

次章では、これらの点を含め、通訳という営みをより深く考察することを試みる。

注

(1) Wadensjö, 1998 所収。
(2) 小渕恵三は、一九九八年七月から二〇〇〇年四月まで総理大臣を務めた。
(3) 二〇〇六年八月二四日、Eメールによるコメント。
(4) 以下、引用は Oberdorfer, 1997, pp. 18-29、日本語訳は鳥飼 2001, pp. 66-70 所収。
(5) 岸信介(一八九六―一九八七)。一九五七年に首相。
(6) 相馬は女子学習院に転校する前は、聖心に通っていた。
(7) 'footing,' Goffman, 1981
(8) 一万田尚人(一八九三―一九八四)は第一八代日銀総裁。サンフランシスコ講和会議では日本代表団の一人であった。
(9) Longley, 1968, p. 4, Roland, 1999, p. 167 所収。
(10) Trevelyan, 1973, P. 81, Roland, 1999, p. 167 所収。
(11) 三木武夫(一九〇七―一九八八)は、三〇歳で国会議員になり、終生、平和と民主主義、政治倫理を追求し、「クリーン三木」として知られる。金脈問題の追及を受けて田中角栄が退陣した一九七四年、首相となる。

第7章　考察――通訳の役割をめぐって

これまでの章では、五名の同時通訳パイオニアのライフストーリーを軸に、人間としての通訳者の実像を探った。その結果、通訳者の役割についての意識そのものに個人差がある上、実際の通訳も一様ではなく、その場の状況によって多様な判断がなされている実態が浮かび上がった。これは通訳が、「社会的な真空空間」で起こるのではなく、発言者と通訳者との関係性を反映した「社会的な実践」であり、「コミュニケーションの出来事」であることを物語っている。本章では、「通訳者の役割」について、さらに考察を深めたい。

1　「声」と「文字」

通訳と翻訳は、「解釈」という点において基本的には同じ訳出行為であることを第2章で説明した。しかし通訳は、別の観点から見ると、翻訳とは決定的に異なる。第2章で紹介したセレスコヴィッチの言葉にあるように、翻訳が「文字」を扱うのに対し、通訳は一瞬で消え去る「声」を扱う点である。オング（Walter J. Ong, 1982/2002）が指摘するように、「音」はその存在が消える瞬間にしか存在しない、束の間の

「はかない（evanescent）」（p. 32）ものである。音声言語の優位性を説いたソシュール（Ferdinand de Saussure）にしたがい、オングは「言語とは音声的な現象である」と主張する（2002, p. 6）。その証左としてオングは、人間の歴史の中に存在した何千という言語のうち文字を有したのは一〇六言語であり、今日の地球に現存する三〇〇〇ほどの言語のうち、文字を持つのはわずか七八言語であることを紹介している。

以下では、文字ではなく、「声」を訳す通訳の特質を、オングの「声の文化（orality）」という考えを参考に掘り下げてみたい。

オラリティ（声）と通訳

オング（Ong, 2002）は、書くこととは無縁の文化における「声」を、「一次オラリティ（primary orality）」と呼び、現代のハイテク文化における電話、テレビ、ラジオなど電子機器による「声」を、新たな「二次オラリティ（secondary orality）」と呼んだ（p. 11）。無論、厳密な意味での「一次オラリティ」は今日の世界では存在しない。しかし、どの文化も文字を知っている現代であっても、テクノロジーに囲まれた環境にあったとしても、多くの文化で一次オラリティの思考が色濃く残っている、とオングは主張する（p. 11）。

オングによると、「一次オラリティの特徴を有する声の文化（primary oral culture）」では、思考はコミュニケーションと密接に結びついている。聞き手が話し手の思考を刺激し、保持することに貢献するだけでなく、思考を記憶し保持し取り出すにあたっては、語呂合わせやリズムに乗せるなど、記憶に残りやすく取り出しやすいような形が取られる。たとえば定型表現は、談話をリズムに乗せ、かつ記憶補助装置として機能している（p. 35）。諺も、日常的に誰もが聞くことにより、記憶として保持し、簡単に思い出せるように作られている（p. 34）。

長い文字の歴史を有する日本は、オングの分類では「二次オラリティ」の文化であるが、同時通訳パイオニアの語りからは「一次オラリティ」の特徴が垣間見える。好例が落語である。村松も小松も落語が好きで、しかも通訳者にとって参考になると考えている。オング（2002）は、「声の文化」は定型的で繰り返しが多い性質を持ちながら、独自性も豊かであると述べる。「声の文化」におけるオリジナリティは、新しい物語を作ることにあるとは限らない。同じ昔物語であっても、その都度、新たな要素を加えてユニークな語り方をすることにある[4]。これは、まさしく落語の世界である。誰もが知っている話であっても、そしてお決まりの常套句から始まるにしても、新しい要素が入ることで、昔の物語を現代の聴衆が楽しむことになる。

東京の下町で育った村松は小さい頃から落語に親しみ、小学校一年生の時には、学校で落語を披露している。教壇に上がり、落語家の真似をして、「えー、毎度、古い話ですが」と知っている小噺を語ったと言う。落語の語り口、とくに「間」の取り方などは、通訳パフォーマンスに大いに参考になると村松は勧める。

別の例として、話し言葉を特徴づける「繰り返し（redundancy）」（Ong, 2002, pp. 39–41）は、通訳を助ける要素となっている。談話における繰り返しは、対面での会話より、大人数の聴衆を前にした講演などで目立つことをオングは指摘し、聞き手の数が多くなると、全員がすべての言葉を理解するわけではないことから、話者は自然に繰り返すようになる、と説明している（p. 40）。同時通訳が想像されるより難しくない要因には、この繰り返しがある。どんなに有能な同時通訳者でも人間である以上、単語を聞き逃すことはありえるし、機械の具合によって聞き取れないことも起こりえる。それでも同時通訳を続けることが出来るのは、背景知識に基づいた推測と、重要なことほど繰り返されるという話し言葉の性質による。[5]

さらに、「声の文化」の特質としてオングが挙げるのが、記憶を助ける「声」の存在である。この点は、パイオニア通訳者の語りからも浮かび上がる。卓越した記憶力を賞賛された村松は、「話すことで、忘れない」と答えた。

國弘は、漢文の素読から「音読」という英語学習法を編み出したが（第4章を参照）、これもオングの言う「声（orality）」と「文字（literacy）」に照らし合わせると興味深い。テクストを「読む」ということは、実際に声を出すにせよ、頭の中だけにせよ、音に変換することを意味する。熟読であっても、現代的な速読であっても、読むことから「声（orality）」を切り離すことはできない、というのがオングの見解である（p. 8）。

相馬は、「翻訳と違って、通訳は速く考えて、速く話さなけりゃならない」と語った。これは、手書きというのは話し言葉の十分の一の速度、[6]という書き言葉の特質と話し言葉の違いにほかならない。

興味深いのは、相馬が強調した「共感（empathy）」が、「声の文化」の特質のひとつとして挙げられていることである。距離的に離れることで客観性を樹立する「文字の文化」と対照的に、「声の文化」では、共感を持って参加する性質が顕著である。[7]もっとも、これは通訳者が客観性を求めない、ということではない。小松は、客観性と中立性が重要であり、クライエントと距離を保つべき倫理を再三にわたって強調した。むしろ、文字と声の違いは、「書くという行為に読者は参加せず、読むという行為に作者は参加していない」(8) (Paul Ricœur, 1991, p. 107) のに対し、声はコミュニケーションと密接に結ばれており、(9) 言葉は「今、ここで (here and now)」使われる (Ong, 2002, p. 46) 点にある。

通訳と文字

同時に訳すのではなく、まとまりごとに区切りを入れて訳す逐次通訳では、「声」を訳出するにあたって、メモ取り (note-taking) という「文字」の助けを借りる。逐次通訳に欠かせないメモ取りの目的は、話の内容を記憶し、直後に再生することにある。

西山は、通訳を始めた頃はメモを取る方法を知らず、すべてを頭の中に叩き込んで通訳したため、忘れてしまい後から付け足すことがあった、と語った。

声を扱う通訳者が文字と無縁でありえない状況は、放送通訳において顕著である。突発ニュースなどで準備の余裕がない時は別として、通常のニュース番組では、通訳者は記者が用意したニュース原稿を事前に訳出し、放送時にはアナウンサーが読み上げる日本語に合わせて英文を読み上げる。「文字」と「声」が錯綜し、翻訳と通訳の境界が消滅する例とも言える。

「声」を「文字」として歴史に残す「オーラル・ヒストリー」についてオングは言及していないが、「声」から「文字」文化への移行に関してナラティブについては考察しており (p. 136)、「声の文化」では、物語や語り (ナラティブ) が記憶を保存し、編成し、伝えることに使われる、と観察している (p. 137)。

本研究は、テープに録音した「声」を「文字」に書き起こすという二次オラリティ的な作業を土台とし、「声」を「文字」として記録した上で「文字の文化」に特有な客観的分析を加えた。しかし、「声」を扱う通訳者の記憶を「声」によって再生し、「声」を通して歴史を振り返ろうとした点で、本研究の主役は、「声（orality）」である。

2　通訳における文化的要素

異なった言語の間に立つ通訳者は、二つの文化を知るバイカルチュラル（bicultural）な専門家として（Snell-Hornby et al., 1997）、バーバ（Homi Bhabha, 1994）の言う「第三の空間」で異文化の意味という荷を扱う。第２章で紹介したように、「訳す」という行為は、言語と文化との葛藤を引き受けることであり、エーコ（Eco, 2004）によれば「訳す」とは、オリジナルの言語文化世界（the linguistic and cultural universe）と受け手の言語文化世界とが、どう折り合いをつけるか（translation as negotiation）ということにほかならない（pp. 89-100）。

ところがライフストーリー・インタビューでは、「文化をどのようにして学んだか」「通訳をしている際に、どのように文化的差異に対応したか」という質問に対し、明快な答えが誰からも出なかった。小松達也はむしろ否定的な反応を示し、他の四名は質問自体に関心を示さなかった。言語習得について微に入り細にわたり語った様子と対照的に、文化については「学んだ記憶はない」「気にしたことはない」「文化の違いで通訳に困ったことはない」と、予想外に素っ気ない答えが返ってきた。

國弘正雄は、エドワード・T・ホールの名著を翻訳し(10)、日本に「異文化間コミュニケーション」という用語(11)を紹介した人物である。その國弘も、文化について自ら積極的に語ろうとはしなかった。

相馬は、文化の差を埋めるという難しさは、「あまり感じない」「英語と日本語の、ふだんの差をあまり感じないで育っちゃったからね」と言い切った。

『誤解と理解』という著書で日米間のコミュニケーション・ギャップを解説した西山も同様に、「バイカルチュラルになるということも、もちろんそれぞれの社会に住んでいましてね、経験である程度知るようになりましたけれども」という以外に、文化について特に語ろうとはしなかった。唯一の例外は、日本に帰国し電気試験所に就職してから、昼休みになると同僚が散歩に連れ出しては、「日本の伝説だとか日本の社会だとか」について教えてくれた、と語ったことであった。もっとも、西山本人は文化として意識していないが、広い意味で文化の問題と解釈できるエピソードは登場した。たとえば、電気試験所に就職したばかりの西山は当初、日本語の読み書きを自習するため、図書館に配属された（第4章）。しかし、やがて西山は不安になり、同僚に相談する。「私ね、とっても心配だ。こういうことで給料をもらっているのは悪いような気がする」。すると同僚は、「それはいいんだよ。君はね、ただ言われるとおりにやればいいんだ」と答えた。西山は、「それなら、といって、むしろ逆にそれを真に受けてやって、三ヵ月間ぐらい図書室で勉強していたんですよ」と振り返る。日本社会の習慣を学んだとも言える体験であった。

それにしても、通訳をしている時に異文化の障壁をどう乗り越えたかについて、苦労した経験はない、あるいは、記憶していない、と全員が答えたことは、どのような理由からであろうか。

ひとつ考えられるのは、「文化」の定義が曖昧だった可能性である。文化の概念が広過ぎたため、小松がいみじくも指摘したように、文化は「elusive（とらえどころがない）」と感じられたのかもしれない。

「文化」の定義は多様である。一九五二年の米国人類学者による報告では、一六四の定義が紹介されている。[12] 現存する中で最も古いと言われるのは、英国の人類学者であるタイラー（Edward Barnett Tylor）が一八七一年に『原始文化』[13] で述べた「文化もしくは文明とは、その広い民族誌的な意味においては、知識・信仰・芸術・道徳・法律・慣習・その他、およそ人間が社会の成員として獲得した能力や習性の、複合的全体である」とした定義である。レヴィ＝ストロース（Claude Lévi-Strauss）は、「文化には、道具、制度、習慣、価値、そして言語など、きわめてたくさんの事物が含まれる」と述べた。[14] 平野健一郎（2000）は、「国際関係を文化の側面から理解しようとするならば、普遍文化と個別文化の双方を捉えることができるような文化の定義が望ましい」（p. 10）と説き、文化人類学を日本で樹立することに貢献した石田英一郎（一九〇三—六八）の「文化システム論」を紹介している（p. 11-14）。

最近では、トロンペナース（Fons Trompenaars）が、文化を三層に分類し、外側が事物（artefacts and products）、中層には規範や価値観（norms and values）、そして中心に基本的なものの考え方（basic assumptions）があるとした。[15] ホッフステード（Geert Hofstede）は、文化を玉ねぎになぞらえた。表面的な皮に覆われた中に深層があり、芯には価値観（values）がある、という。[16] ホール（Edward T. Hall, 1952）は、文化を「氷山」に例えた。「氷山の理論（The Iceberg Theory）」によれば、文化の中で最も重要な部分は隠れており、目に見えるのは氷山の一角に過ぎない。ホールは一九八二年には、文化を「技術的（technical）」「公式（formal）」「非公式または意識外（informal or out-of awareness）」に分けた「文化の三要素（Triad of Culture）モデル」を提示した。

バーバ（Bhabha, 1994, p. 38）はポストコロニアル的視点から、「多文化主義または文化多様性というエキゾティシズム」に陥ることを警戒し、「文化のハイブリッド性（*hybridity*）」を強調した。バーバによれば、「間（*inter*）」という観念が重要なのは、「間」が、翻訳や交渉の起こる場であり、「狭間の空間（the *in-between* space）こそが、文化の意味という荷（the burden of the meaning of culture）を運ぶからである（p. 38）。そのような「狭間の空間」を、バーバは「第三の空間（a Third Space）」と呼んだが、そのような視点は近年の外国語教育、異文化コミュニケーション分野における研究に多くの示唆を与えてきた（Kelly, 2006, pp. 31-34）。たとえば、クラムシュ（Claire Kramsch, 2005）は、文化リテラシーを論ずる中で「文化的な第三の空間（cultural third space）」という表現を使っている。

コミュニケーションとの関連で言えば、ホールは、「文化はコミュニケーションである（Culture is communication）」と述べており（Hall, 1959/1973, p. 97）、サモバー（Samovar et al.）もまた、「私たちが何を話し、どのように話すかは、私たちが暮らしてきた文化によってほぼ決められる」と指摘している（1981, p. 25）。筆者が質問で用いた「文化の違い」「文化の障壁」は、パイオニア通訳者にとっては「言語とコミュニケーション」の範疇に組み込まれているものであったのかもしれない。通訳者にとって「文化」は言語コミュニケーションそのものであり切り離して考えることが出来ないことは、つまり、パイオニア通訳者が言語とコミュニケーションについて語ったとき、明示的ではなくとも、文化がそこに包含されていたとも考えられる。

この点を省察するために、以下では、ベネット（Milton Bennett）の「異文化感性発達モデル（Developmental Model of Intercultural Sensitivity）」、バイラム（Michael Byram）の「異文化能力（intercultural competence）」、さらにはクラムシュ（Claire Kramsch）の「異文化リテラシー（intercultural literacy）」を紹介し、通

訳と文化的要素の問題を考えてみたい。

異文化感性発達モデル

カタン（Katan, 2004）は、ベネット（Bennett, 1993）の異文化感性発達モデル（DMIS : Developmental Model of Intercultural Sensitivity）を訓練に応用することを目的に、翻訳者・通訳者の信条にあてはめて考察している（p. 329）。ベネットのモデルでは、異質な他者に対する反応は二種類六段階に分類される。自文化中心ステージ（ethnocentric stages）は「拒否（denial）」「防衛（defence）」「最小化（minimization）」に分けられ、「文化相対ステージ（ethnorelative stages）」は、「受容（acceptance）」「適応（adaptation）」「統合（integration）」から成る。

第一段階「拒否」は、他者があたかも存在しないように振る舞うことで、この段階では有能な通訳者・翻訳者は存在しえない、とカタンは考える（p. 332）。

第二の「防衛」段階になると、相手の言動や価値観の中にある予期せぬ異質性に直面した時の自然な反応として、「何が正しいか」「何が普通か」というような自身の核になる信条を守ろうと防御的になる（p. 332）。この範疇に属する翻訳者としてカタンは、翻訳を通して弱者を助けようと介入するヴェヌティ（Lawrence Venuti）やニューマーク（Peter Newmark）を挙げる（p. 333）。

第三段階の「最小化」は、普遍主義という表象をとることから、カタンは個別言語にとらわれず一般的かつ普遍的な類似性を信奉するセレスコヴィッチ（Danica Seleskovitch）を例示し、グライスの「会話協調原則」の普遍性を信じるチェスターマン（Andrew Chesterman）を加える（p. 334）。さらにカタンは、欧州連合（the European Union）が意識せずに採用している「意味は言語間の移転が可能であり、通訳・翻訳は基本的にコピー」という規範は、この段階に属すると判断している（p. 334）。

第四の「受容」段階になると、絶対的な原則から相対性の認知へと主要概念が移行し、コミュニケーション・スタイルの違いを認識するようになる。カタンによれば、この段階に到達すると通訳者・翻訳者は、異文化を超えて同じメッセージを伝えることはできないことを悟り、状況のコンテクストや文化のコンテクストを考慮に入れるようになることから、時として方向が定まらなかったり、試行錯誤したり優柔不断になったりする（p. 334）。

第五段階の「適応」では、異なった世界観に適応する新たな方法を獲得するようになり、意識的に異質な思考の枠組みにシフトする複数主義（pluralism）へ移行する。通訳者・翻訳者はこの段階で、二種類の地図を有するバイカルチュラル（bicultural）となり、訳者の「(不) 可視性」の議論が始まるのは、この段階からだとカタンは考える（p. 337）。

最後の第六段階は、「統合」である。ここまで来ると、ひとつ以上の文化的視点から状況を分析し評価する能力が生まれる。通訳・翻訳に関して言えば、起点言語テクストと対象言語テクストの両方を関連づけることが出来るのみならず、第三の立場を取って思考することが可能になる、とカタンは述べる（p. 337）。すなわち、訳者は複数の選択肢の中から選択をする「文化の通訳者、仲介者（a cultural interpreter or mediator）」というアイデンティティを獲得し、「超文化的使命（supra-cultural mission）」を帯びて異文化の橋渡しをするようになる（p. 337）。

本書に登場する五名の通訳者が、以上のどの段階に属するかの判断は難しい。語りからは、普遍的な規範を信奉していることが窺われるので、その点では「最小化」段階に入るが、実際の通訳ぶりからは、文化によるコミュニケーション・スタイルの差異を認識していることが明白であり、「受容」段階にあるとも考えられる。しかし、特に西山と相馬は、二つの異なった世界を内在させていることから、「適応」段階に属する。

最終の「統合」段階については、どうであろうか。分かってもらうためには編集もいとわないと明言した相馬以外は、「文化の仲介者」的意識は見えない。むしろ、不介入の伝統的規範が濃厚である。しかし、仔細に行動を分析してみると、複数の選択肢の中から自律的に選択を行っていることが浮かびあがる。異文化コミュニケーションを介添えするという使命感も強い。「文化的通訳者」という概念を意識しないままでも、あるいは反発したとしても、現実には、「統合」段階に属していると解釈できる。

ベネットの異文化感性モデルは初心者の通訳教育には応用可能かもしれないが、通訳者の役割意識分析に応用するには、モデル自体を通訳者対象に精緻化する必要があると考えられる。

通訳者にとっての文化

ワデンジョー（Wadensjö, 1998）によれば、言語から切り離して文化を論じること自体が、「語りをテクストとみなすモノローグ的な通訳観」を表す。つまり、五名の通訳者は無意識に、「言語と文化をダイアローグとしてとらえ」、通訳における文化を言語から切り離すことなく、コミュニケーションの相互行為として理解していた可能性がある。

そのような視点から、あらためて五名の語りを振り返ると、それぞれのライフストーリーが豊かな文化的体験に彩られていることが分かる。語り手が、「文化」というレッテルを貼らないだけで、聞き手としての筆者には「文化」だと考えられる事例がいくつも発見できた。西山が日本の対人関係を学んだ例が然り(第4章)。河野一郎の啖呵の例も然り(第6章)。さらに、西山が著書で「予備知識の重要性」として提示した例は、言語と文化の問題にほかならない。

インガソール駐日大使(Robert Ingersoll, 1971-73)が視察したとき、視察先で日本人が「私たちは八人兄弟です」といったのを、私は'We're eight brothers.'と通訳した。それから会話が進んでいるうち、その日本人は「私の妹」といったり「姉は…」と話はじめた。そこで私が「先ほど八人のご兄弟とうかがいましたが、お姉さまや妹さまは?」と聞くと「八人のうち姉が一人、妹が二人います」とのことであった。「兄弟」といっただけでは、普通は姉妹も含まれる日本語は、通訳者にとってはまぎらわしい悩みの種のことばである。わざわざ「兄弟姉妹」とはいってくれない場合が多い。

私は急きょ先ほど通訳した英語の一部を性転換しなければならなかった。大使は当然ながら私の通訳に不信を抱いた。それで日本語についての説明までしなければならなかった。

ところがその晩、夕食会のとき大使は'My brothers in New York.'と話しはじめたから、私は「その"brother"は大使の年上のかたですか、年下のかたですか」と聞き返した。'What difference does that make?'(「そんなことはなんの関係もないだろう」)と大使が反論したので、日本語ではこんな場合には「兄」か「弟」といわなければならないということばの事情を説明した。(1979, pp. 67-68)

村松は語りの中で、「やぶさかではない」というソニー創設者の答えを理解できなかった米国人経営者のエピソードを披露した。

東京通信工業がソニーになったその年に、井深さんたちと私、トップマネージメントで六週間アメリカで一緒に旅したんですよ。そのときに彼が、シリコンバレーという名前がまだなかったころのシリコンバレーね、あるエレクトロニクスの会社が彼を招いて、団体行動がなかった日に「ぜひお招きしたい」と。それで井深さんが「村松さん、来てくれますか」「ああ、いいですよ」と。

それで行って半日、そこの工場を一時間半みて、そこのオーナー経営者が「いかがですか、ミスター・イブカ。わが社と協力関係をもちませんか」と言ったときに、井深さんが、おそらくそれほど積極的じゃなかったんでしょう。ただ、日本的にその場で「いや、結構です」とも言わなかった。何て言ったかというと、「いや、検討するにやぶさかではありませんね」と言ったんですよ。

やぶさかではないというのは、ゼロではないですよね。私それを英語にするときに、その曖昧な、一種の二重否定を直訳して、"I would not be unwilling to consider your proposal." というふうに訳したんですよ。そうしたらその男が、いまでもはっきり覚えているけれども、"What does he mean by that? What does he mean ?" と私に聞くわけですよ。[…] それで、しょうがないから井深さんに「意味がよくわかりませんと言っています」と言ったら、彼は私の顔をみてニヤッと笑って、「やぶさかではないと言っておいてよ」とおっしゃった。それ以上言いたくなかったんだと思いますよ。だから私が "Repeat. Mr. Ibuka says, 'I would not be unwilling to consider.'" 彼はこうシュラッグしたんですよ。

相手のアメリカ人が井深の返事を理解できなかったことは明白だったが、村松はこの場合は「異質化(foreignizing)」に徹して起点言語中心の通訳方略を採用し、曖昧な発言を曖昧なまま訳した。村松は、この例を文化の問題とは明示しなかったが、米人経営者について、次のような評価をしている。

彼がもしルース・ベネディクトでも読んでいたらば、「これは即答は避けているんだ、しかし脈がないわけではない」と。だったら"Thank you. I will get in touch with you by writing."とかね。あとで手紙を出して、場合によったら"I'll be happy to come to Tokyo to talk further."と言ったら、仕事につながったかもしれないわけですよね。彼は不勉強であった。井深さんはそういう曖昧な表現をされたのを、私がそれなりの意図を体して曖昧に訳した。勉強してないほうが悪いんですよね。と私は思いますがね。

國弘は、ハワイ大学で文化人類学を専攻している。その理由を問われると、生まれて初めての海外旅行先であったハワイについて語り始めた(ハワイでの日米学生会議については第3章を参照)。

やっぱりハワイという土地はああいう土地でしょう。とにかく異文化、異人種、異民族、異言語——日本語も非常に使われていますからね。そういう異、異、異というヘテロの交わる、交錯するところである。もちろんアメリカ合衆国自身がね、なにもハワイに限らずニューヨークでもどこでもね、アメリカ合衆国自身がそういう、いわばヘテロの、人種・民族のるつぼとか、いろんな言い方があるじゃない? メルティング・ポットとかね。このごろはモザイクだというような言い方もあるらしいけども。そういう異質なものが交じり合っているところであるんですけれども、アメリカ合衆国自身もそうだけれども、ハワイは特にすぐれてそうであったというような気がするんですよね。〔…〕

そういう異質な文化が共存している。〔…〕そういう異文化的な――〔…〕まだ日本ではあんまりそういうことをみんなが言わなかったときに、たまたまハワイというところにいたがゆえにね、異文化間コミュニケーションとか、あるいは文化人類学とかね、そういったようなものに……何ていうかな……近づくキッカケになったわけですね。

また國弘は、戦後二、三年経って翻訳されたルース・ベネディクトの『菊と刀』を「並んで買った」こと、日本の学界で『菊と刀』を巡る大論争が起きたことを語り、さらに生産性チームの通訳者として全米を旅した経験を、「一種の、柳田國男先生の日本民俗学を例にとって言えば、アメリカ民俗学――俗っぽいほうの「俗」ね――をやったようなもんです。それぐらいアメリカの各界を見ました。言葉と「こと」の両面でね」と総括した。

小松が語りの中で「文化」に言及したのは、日本の歴代首相の中で通訳しにくかった人物を聞かれたときである（小渕首相の発言については第6章を参照）。

竹下さん、あるいは小渕さんというのは、やっぱり難しかった。曖昧というか、はっきりしないところと、それから非常に日本的なことということで。小渕さんなんか非常に謙虚なんですよね。非常に謙虚なので、どのくらいその謙虚さを英語に訳したらいいかということで、苦労したことがありますね。だからそのふたりは難しかったですね。[…] こんなに卑下をするのはね、外国の人にどういう印象を与えるだろうと考えざるを得なかったですね。ですからそのときは、これは逐次通訳でしたけどね、そのときはやっぱり、ちょっと彼の卑下というのをむしろソッフン [soften 和らげる] してね、あんまり、「そのふたり [中曾根康弘・福田赳夫] に比べれば、私はまだビッグショットではない」というね、モデストな存在だという程度にやわらげて言いましたけどね。それはやっぱり一つの文化の違いではあるでしょうね。

しかし小松は、インタビューの間、終始、文化的な問題については懐疑的であった。たとえば、アメリカ文化に関心を抱くようになったきっかけを聞かれると、「特に意識的に文化を勉強したということはないですけども、先ほども言いましたように、私はアメリカが非常に好きだったものですからね」と答え、こう続けた。

特に文化というものを必ずしも意識したということは、あまりないですね。たとえばジャズとかね、映画とか、ミュージカルとか、あるいは国務省で回っているときも、それこそアメリカの経営とかアメリカ産業とか、そういうのにふんだんに触れるわけですから。それで自動車工場とか鉄鋼所やらしょっちゅう行くわけでしょう。そうすると、たとえばその当時はやはり、日本は産業的にもまだ幼稚園ですから、非常にアメリカとの差というのを感じたわけですね。非常にそういうのには興味がありましたし、実際日本から来る人も、そういう状況でアメリカへ行っていて、それでアメリカから学ぼうとした。われわれはそれにおつき合いをして、それの橋渡しをしたわけですからね。それはいうなればもろにアメリカ——アメリカ文化という言葉は、私はあまり好きじゃないんですけどね。といいますのは、文化というのは僕は意識したことは——それはもちろんアメリカ産業とか、アメリカ経営とか、アメリカの自動車産業とか、アメリカの政治とか、あるいはアメリカの人種問題とか、あるいはアメリカの音楽とか、そういうスペシフィックな分野で、その国のことをいろいろ興味をもって知っていったということしかないですよね。それはまあ、総合すればそれは文化ということなんですけどね。ただ、文化というものとしてそれを意識したということはありませんし、僕の意見では、文化というのは非常にエルーシブ［elusive とらえどころがない］でね、文化として捉えるということは、あんまり建設的なことでも必ずしもないいんじゃないかと思っていますけどね。

インタビューの後半で小松は、文化について懐疑的である理由を明かした。ビジネス通訳の一部に、「カルチュラル・クラリファイアー（cultural clarifiers）」と称して、クライアントに「何を、どのように言うか」など内容にまで立ち入るコンサルタント的な役割を兼ねるものがあることから、文化に深入りし過ぎると落とし穴にはまることを危惧してのことであった。

小松が批判した「カルチュラル・クラリファイアー」は、カタン（Katan, 2004）が「文化の通訳⑰（cultural interpreter）」と呼ぶものに近い。通訳者の役割は、「目立たないブラックボックス」「歩くジェネラリストとしての言葉の翻訳者」から「目に見える第三者」「文化の仲介者」「異文化間の交渉についての専門家」へと変革した、とカタンは見る。このような見方は、そのまま通訳者が「言語の導管」から「コミュニケーション・ファシリテーター（a communication facilitator）」「二言語・二文化の仲介者」へと役割をシフトすることにつながる。この点については、本章の最後で詳しく論じる。

異文化能力／異文化リテラシー

ここで「異文化能力／異文化リテラシー」という新たな概念から、通訳における文化の問題を考えてみたい。クラムシュ（Kramsch, 1998）がいみじくも指摘するように、言語がコミュニケーションというコンテクストで使用されるとき、「言語は文化と複雑かつ複数の方法で結ばれる」（p. 3）からである。ただし、ここで言う「文化」とは、ハーシュ（Hirsch, 1987）の言う、特定の文化を知るという意味での「文化リテラシー（cultural literacy）」ではない。ハイムズ（Dell Hymes, 1972）が提唱した「コミュニケーション能力（communicative competence）」に文化的要素を加えることを主張する、バイラム（Byram, 1997, 2001, 2003）の「異文化能力（intercultural competence）」、もしくはクラムシュ（Kramsch, 2005）による「異文化リテラシー（intercultural literacy）」を指す。

バイラム（Byram et. al., 2001）によれば「異文化能力」とは、①異文化への態度[18]、②知識[19]、③解釈および関連づけるスキル[20]、④発見とインターアクションのスキル[21]、⑤批判的文化認識[22]、の五要素から構成される（pp. 5-7）。

上記に定義づけられた異文化能力は、本書に登場する五名のパイオニアは全員が身につけていると考えられる。五名とも、好奇心に満ち、異文化を受け入れるオープンな態度がある。二つの文化と社会に精通し、異文化を解釈し自文化に関連づけて説明できる能力がある。異質な文化を新たに学び、現実のコミュニケーションやインターアクションという制約の中で、獲得した知識、スキルや態度を機能させる術を心得ており、自文化と他文化を批判的に評価する能力を有している。

クラムシュ（Kramsch, 2005）は異文化リテラシーを解説するにあたり、まず近代社会の変遷を、①制度的社会（a bureaucratic society）、②企業家的社会（an entrepreneurial society）、③グローバル・ネットワーク社会（a global networked society）の三段階に分けて提示した。

制度的社会におけるリテラシーは、テクストや著者が優先され、著者の意図を読み取ることが求められる。伝統の記憶が口頭と文書で次世代へと伝えられることにより歴史が内在化され、翻訳とは「ひとつの言語から別の言語へ等価を求めて行うもの」と考えられる（p. 19）。

企業家的社会は、国際市場を志向する社会であり、国家の利害と国際的利益とがテクノロジー面でも経済面でも文化面でも緊張関係にある。言語は対人コミュニケーションとして、「異文化が邂逅する場や個人間で交換される情報」として捉えられ、リテラシーとは「二人の話者、もしくはテクストと読者の間に生起する表現、解釈、意味の交渉を行う一連の認知的社会的スキル」と定義される（p. 21）。

しかし、上記のいずれも現在の「グローバル・ネットワーク社会」には対応しきれない、とクラムシュは考える。「グローバル・ネットワーク社会」においては、「象徴的、歴史的、文化的、イデオロギー的な価値観」がより重要になり（p. 23）、「異文化リテラシー」はエコロジカル（ecological 生態学的）かつトランスカルチュラル（transcultural 超文化的）な視座を導入したものでなければならない。異文化リテラシーとは、個別文化の価値観を学ぶのではなく、自らの文化と異質な文化を対比させ、両者の差異を批判的に読み解く能力を指す（p. 21）。エコロジカルな異文化リテラシーとは、異なった人々の異なった歴史観を相対化しコンテクスト化することを重視し、たとえば、ある言葉が内包する意味がいかに歴史的な状況を反映しているかを理解することなどを含む（p. 25）。

クラムシュが自身で認めるように、異文化リテラシーの概念は「答えよりもさらなる疑問を生み出してしまう」面もあるが、市場や国家や民族の支配から離れた「文化的第三の空間（a cultural third space）」を模索しようという考え（p. 31）は、これからの通訳者にとって示唆的であり、通訳者の役割を再考するにあたって参考になるものである。

3　通訳者の役割とは何か

「通訳者の役割」に関する議論は必然的に、中立性や忠実性などの倫理や規範、さらにはアイデンティティの問題を伴う[23]。社会学者のアンダーソン（Anderson）は、一九七六年にいち早く「通訳者の役割の曖昧さと葛藤」について指摘した[24]。二〇〇五年になるとインギレーリ（Inghilleri, 2005a）が通訳者の立場を、ブルデューの言う「社会的空間における不確定な領域[25]」に存在するものとして表現した。

ポェヒハッカー（Pöchhacker, 2004）によれば、厳格な職業倫理では「正確にして完全、かつ忠実な訳」が規定され、通訳者は「中立的」な立場にある「非人間」であるがゆえに、対話を主導することは禁止されている（p. 147）。

西山は、河野一郎農林大臣が啖呵をきったことに気づかなかった失敗に関連して（第6章を参照）、通訳者の立場のジレンマを次のように語った。

鳥飼　〔…〕通訳者というのは、（発言者が）啖呵をきったら、これはそのまま言ったらアメリカ側に失礼だろうと思っても、やっぱり英語で相当きつい言い方をするべきだと思いますか。

西山　しかたがないから、やるでしょうね。それはなぜかというと、話し手が言わんとしていることですから。通訳者の責任じゃないわけです。その代わり、聞き手のほうは怒ってしまうかもわからないですね。〔…〕

そうすると今度は、それは通訳者がうまくやらなかったというふうにね、通訳者のせいにするという場合もあります。ですから通訳者というものはね、否応なしに相手が責任を負わすということになる。でも通訳者がそうじゃないんで、話し手が責任をとるべきだということは、そうなんですよねぇ。

日本通訳学会初代会長であり、日本語―英語間のベテラン会議通訳者である近藤正臣（大東文化大学教授）も、西山と同様の考えである。「誤解のないように、ということの方が重要」であり、正確に通訳をすることによって「戦争になった、あるいは交渉が決裂したというようになっても、誤解が原因ではなく、ちゃんと理解した上でそうなったのなら、それはそうなっても仕方がない、そうなっても通訳者の責任ではない。誤解して平和になっても、あるいは交渉がそのときはうまく行っても、誤解が解けたときにはもっとひどいことになる。そうはさせないのが通訳者の仕事だ」というのが近藤の見解である。[26]

これに反し、日本語―中国語間の通訳者として活躍している永田小絵（獨協大学専任講師）によれば、「中国では通訳者のことを「小さな外交官」と呼ぶ」ことが多く、通訳者は「国際親善・友好促進という「大目標」に奉仕する職業である」という考え方があるという。中国人の書いた昔の翻訳論を振り返っても、「何のために訳すのかという目的志向であり」、実利実益と乖離した忠実さや中立性を強調しているものは、見当たらない。通訳スクールでは、「中国語通訳者の存在意義は日中友好の架け橋たることだ」という考えが基盤になっており、現場に出てからも、「会社の利益や日中友好を阻害することが明らかであれば必ずしも「言った通り」に訳さなくてもいいし、大きな目標を達成できれば個々の言い回しなどは大した問題じゃない、という雰囲気があった」と説明する。(27)

通訳者の役割に関して村松は一九八五年のシンポジウムで、通訳というのは「舞台裏の仕事」であるゆえ、「その役割に満足できない人は適性がない」と断じ、「どんなに名訳だって、訳した人の名前があとに残るわけじゃない」ので、「派手に舞台のフットライトの当たるところで踊ってみせて、みんなに拍手をしてもらいたい人は、通訳をやってはいけない」と語っている(村松 1986, P. 250)。自分自身が踊りたくなって通訳から意識的に遠ざかった國弘を含め、パイオニアは五名とも、基本的には黒衣としての役割を認めている(第1章を参照)。しかし、それぞれが「黒衣」としての通訳者の役割を語るとき、その意味は微妙に異なっている。西山と村松は、「黒衣」としての役割を自明のものと捉え、通訳者が「透明」であるのは当然だとする。國弘は、自分の「けれん通訳」は通訳規範を逸脱したものであると自己批判し、通訳者は機械ではないものの、基本はあくまで「黒衣」としての役割だと注意する。相馬だけは、「黒衣」か否かの議論には拘泥せず、使命を持って役割を果たすことを最重視し、目的さえ明確なら方法はおのずと決まってくると示唆した。小松は、「黒衣」は必ずしも「目に見えない存在ではない」と考える。「黒衣」として行動しつつも、その存在自体を否定することはできない以上、透明ではありえない、という見方である(第6章を参照)。小松は、役割論議で登場する「不可視性(invisibility)」「透明性(transparency)」「黒衣」などの用語の概念と相互の関連が不明であると指摘する。

このような役割観の違いは、常識的な規範意識と現実の通訳実践との乖離を反映したものかもしれない。この点について、以下の項で掘り下げてみる。

■通訳者の役割に関する意識調査

アンジェレーリ（Angelelli, 2004a）は、「通訳者の役割」をテーマに、米国、カナダ、メキシコ三ヵ国の通訳者（会議、法廷、医療）を調査した。その結果、通訳訓練においては、「正確性（accuracy）」が最も重要な要素だと考えられており、「到達不可能な目標を到達可能な現実として定めていることが、規範と実際の通訳との間に緊張を生み」、「通訳する場や、通訳する相手により異なったニーズや制約が生起することが、規範との乖離を余儀なくする、と指摘している（p. 13）。

アンジェレーリ（Angelelli, 2004a）は、通訳における規範と通訳現場の実情を調べるために、社会学的アプローチによる「通訳者の対人関係における役割調査票（Interpreter Interpersonal Role Inventory）」（IPRI）を考案し、異文化コミュニケーションとしての通訳者の役割意識を探り、通訳時の対人関係における「可視性・不可視性㉘」に関する通訳者の考え方を測定した。具体的には、以下の五要素を「可視性」測定の判断材料とした（p. 50）。（以下、特に言及がない場合は、Angelelli, 2004aからの引用）

（1）参加者との同調。
（2）参加者との信頼関係および参加者同士の信頼関係を構築。

（3）メッセージだけでなく情動も伝えるか。
（4）文化的差異の説明、言語だけでなく文化も通訳するか。
（5）会話時のコミュニケーション・ルール設定。

調査回答者は、カナダ、メキシコ、米国の通訳者二九三名。男性二六%、女性七〇%、不明四%であり、四〇歳から四九歳が最多であった。専門を問わず何らかの大学院教育を受けた者三九%、うち博士号取得者九%。受けた通訳訓練は「一年以上」が一一%、「無し」が三五%であり、大半が一学期間から一年間の訓練を受けていたが、その内容は資格認定研修一四%、大学院の通訳コース一三%であり、残りの七三%は、ワークショップや on-the-job training など、正規の訓練ではないものであった。訓練を受けている割合は会議通訳者が最も高く二六%、法廷通訳者では五・五%、医療通訳者が一一%。通訳歴は五年から一〇年が最多であった。回答者の大半は中流であり、年収は $40,000 から $60,000 である (p. 67)。

通訳者の可視性を探るにあたってアンジェレーリは、特に以下の三点を問題にした (p. 67)。

（1）通訳者の社会的身分と、「可視性」に関する考えに相関関係があるか。
（2）通訳する「場 (setting)」によって、「可視性―不可視性」間のどこに位置するか違いが出るか。
（3）通訳する「場」によって、「役割観」は異なるか。

以下、アンジェレーリの調査結果を、日本の同時通訳パイオニア五名の語りと対比させながら、検証してみたい。

(1) 通訳者の社会的身分と、「可視性」に関する考えに相関関係があるか？

アンジェレーリはこの問題を、権力のあるグループと地位の低いグループのどちらに同調するか、性別、年齢、教育などの項目に分けて分析している。

権力のあるグループと地位の低いグループのどちらに同調するか

調査の結果、「通訳者は両者のいずれとも、あからさまに与することを嫌悪する」、とアンジェレーリは報告している（p. 69）。この結果は、本研究が対象とした五名のうち四名に当てはまる。三木首相と同士としての関係を築いた國弘は例外として、パイオニアはいずれも「中立」を旨とした。相馬が述べた「両方、大事だよ」という言葉が、それを端的に表している。

ただし、権力のあるグループと地位の低いグループのどちらに同調するか、という設問自体が、実際には回答が困難である。社会的弱者が通訳を必要とするコミュニティ通訳では、裁く側と裁かれる側、あるいは医者と患者など、権力関係が明白なことが多いが、国際会議での同時通訳の場合は、参加者同士の力関係は存在するにしても、表面的には露骨に出ない場合が多い。外交交渉の場合は、国家間の力関係はあるにしても、対話者は首相と大統領など双方が支配的立場にいる人間である。交渉の参加者間に権力の優劣が厳然と存在した例は、終戦直後の敗戦国日本が占領軍と協議した場合が典型であるが、そのような際も通訳者は中立の立場を守ったことが、語りからうかがえる（たとえば第6章の西山）。

性別

アンジェレーリの調査報告では、「通訳の役割観に男女の違いはない」(p. 69) であったが、これは本研究においても、同様である。男性四名は、いずれも性別の問題に言及しなかった。わずかに小松が著書で、女性通訳者増加の状況を伝えているのみである。

相馬は、日本で最初に同時通訳を試みた女性であり、さまざまな偏見を経験している。女性であるというだけの理由で、米国訪問中の通訳がすべて西山へ回ったことへの怒りも語った。しかし、女性はおしゃべりだから通訳に向いているかもしれない、と述べた以外は、特に女性としての役割観を提示していない。ジェンダーという観点から通訳を研究するのであれば、調査対象者を増やし、より広く、深く検討する必要があろう。

年齢

アンジェレーリによれば、年配の通訳者の方が「見えない存在」としての自分を強く意識していた、という。

本研究が対象とした同時通訳パイオニアは、アンジェレーリが設定した年齢層では、「六九歳以上」という最高齢グループに属する。インタビュー時における年齢は、西山と相馬が九二歳、村松と國弘が七三歳、小松が六九歳であった。この五名は、日本における会議通訳の第一世代であり、一人として正規の訓練を受けていない。國弘の言葉を借りれば、現場で仕事を覚えた「たたきあげの大工」である。ただし、相馬と西山は欧米で、萌芽期の同時通訳者の姿を目の当たりにしており、その通訳スタイルを参考にしている可能性はある。

アンジェレーリが指摘するように、「通訳者を対話の参加者としてとらえ、中立性という規範を問題視するようになったのは、この一五年ほどのことである」(pp. 69-70)ので、そのような新しい見方を反映した若い世代と、伝統的な規範を信奉する年配通訳者との間に違いが出たことは考えられる。

教育と収入

教育に関するアンジェレーリの調査は、「不可視性に関する考えとの相関関係はない」という結論であり、収入については、「年収が高いほど、自分を目に見えない存在と考えることが多い」(p. 70)という結果であった。これは当然であろう。通常は年齢が高く通訳歴も長いベテラン会議通訳者の方が収入は高く、高齢の会議通訳者ほど従来型の役割規範を信条としている可能性が高い。

五名のパイオニアの学歴については、大学院修了から大学卒、女学校卒と幅があるが、相馬が大学へ進学しなかったのは、当時の社会状況と父親の判断による。昭和初期の日本で女子が進学するには女子大しか選択肢がなかったが、相馬はそれを拒否し、むしろ職業につくことを希望した。渡英中の昭和七年(一九三二年)にロンドン大学の入学試験に合格したが、「勉強は一生かかってするものです」という父親の判断で、入学を断念したといういきさつもある。相馬が家庭で古典などを読んで学習したことを考えると、高等教育の有無だけで「受けた教育」を判断するのは困難であり、学歴が個々の役割観に影響を与えているかどうか、語りから読み取ることはできない。

結論から言えば、五名のパイオニア通訳者の「役割意識」に何らかの影響を与えた社会的要素として考えられるのは、時代背景と年齢であろう。

(2) 通訳する「場」(setting)によって、「可視性—不可視性」間のどこに位置するか違いが出るか?

「可視性(visibility)」から「不可視性(invisibility)」までを一列に並べてみると、「医療通訳者が最も可視性に近い箇所に位置し、次が法廷であり、会議通訳者は一番右の不可視性により近い。ただし、会議通訳者全員が、自分を見えない存在と考えているわけではない」とアンジェレーリは報告する(p. 71)。

会議通訳者は、発言者から離れた通訳ブースに隔離され、マイクとヘッドフォンを通して同時通訳を行うので、「目に見えない存在」として不可視性を強調するのは、当然ともいえる。これは、五名の同時通訳パイオニアも同様である。

ただ、ここで問題となるのは、「会議通訳」と言っても、通訳する場は会議だけとは限らず、同時通訳に限定されるわけでもない点である。講義や記者会見での逐次通訳もあれば、外交交渉における対話通訳もある。これらすべてを網羅して「会議通訳(conference interpreting)」と総称するのである。

つまり、会議通訳ではモノローグもダイアローグも対象となり、同時も逐次も行い、ブースに入って遠くから通訳する「見えない存在」もあれば、話し手の傍で「見える存在」として通訳をする場合もある。公的な場が大半であるが、非公式のトップ会談なども手がける。したがって、「会議通訳=ブースから遠隔で同時通訳をする見えない存在」と単純化して考えることは危険である。日本の五名の語りでも、会議での同時通訳もあれば、挨拶の逐次通訳もある。対面での外交交渉にも携わり、放送通訳も四名が手がけている。それらの、いずれを念頭に置くかで、通訳者の役割や透明性についての発言は違ってくる可能性がある。

この点がアンジェレーリの調査では曖昧なままであり、会議通訳者に関する分析が不十分なものとなっている。

より根本的な問題として、「透明性」「不可視性」というのは物理的に「見えない存在」というよりは、通訳者の内的なスタンス、あるいはポジショニングに関する意識であるので、ブースでの遠隔通訳という物理的状況が通訳者の心理に影響を及ぼす可能性はあるにしても、直接的に関連させて考えるのは誤解を招くかもしれない。

さらに補足すれば、会議通訳は「モノローグ」を訳すだけではなく、対話（ダイアローグ）も手がけることは指摘したが、「モノローグ」が対象であったとしても、バフチン（Bakhtin）の言語論に従えば、実は「ダイアローグに満ちている」と考えられる（1984, p. 92）。バフチンは、ダイアローグを極めて広義に解釈し、スピーチにせよ発話にせよ、他者の言葉と絶え間なく相互作用を続けており、異質性と自分らしさが多様な度合いで混交する（1986, p. 89）、としている。そのような視座から考えれば、どのような場においての通訳であっても、ブースに隔離された同時通訳であったとしても、さまざまな人間の過去から未来へ繋がる異なった声が相互に作用する（p. 18）、動的なダイアローグを対象にしていることになる。

(3) 通訳する「場(setting)」によって、「役割観」は異なるか?

「透明性」についての役割観の違いは、医療通訳と、法廷・会議通訳の間がもっとも大きく、法廷通訳者と会議通訳者との間に大きな差はなかった、とアンジェレーリは報告している(2004a)。これは、医師と患者というプライベートな場面での通訳と、法廷や会議という公的な場との違いに由来する、とアンジェレーリは推測する(pp. 72-73)。

この結果は、日本の状況とは異なる。日本では、「通訳者を対話の参加者」とみなしたり、「アドボカシーとしての役割」を許容する考えは、未だ市民権を得ていない。むしろコミュニティ通訳では、中立という規範が当然視されている。

日本通訳学会で「コミュニティ通訳分科会」を率いる水野真木子(千里金蘭大学助教授)は、「日本の場合、コミュニティ通訳の中では法廷通訳が一番初めに発達し、アメリカの法廷通訳倫理規定に学ぶことが多かった」ので、正確性、中立性についての倫理規定が非常に厳しいアメリカの考え方が当然とされている、と歴史的経緯を説明する。コミュニティ通訳と一括りにされることが多いが、同じアメリカでも、法廷通訳とは異なり、「医療通訳については、文化の仲介者などの役割も期待され、アドボカシーの概念も重視されており、中立性の原則との矛盾も問題」になっている。オーストラリア、イギリスなど国によっても状況が異なるが、「日本では、現在のところ、アメリカをはじめとする諸外国が impartiality を重視しているので、それをそのまま採用しているだけで、議論が行なわれたことはほとんどありません」という。

水野真木子は個人的には、法廷通訳に関し「警察官という立場から来る先入観により誤訳が生じたケースもいくつかあり」、「中立性こそが正確性の土台だと思うようになりました」と経験則を語った。[29]

医療通訳者養成に取り組む押味貴之は、カナダや米国で医療通訳を学んだ体験をふまえ、「何も足さない、何も引かない、何も変えない」が医療通訳の基本だと説き、「医療の知識だけでなく、守秘義務、中立などの倫理も必要」と考え、日本英語医療通訳協会（大阪吹田市）を立ち上げた（朝日新聞、二〇〇六年一月二四日）。

通訳をする場によって通訳倫理が異なることは、最近の研究によっても明らかである。(30) 法廷通訳と医療通訳で倫理規定に差があるほか、法廷通訳とビジネス通訳ではその違いが特に顕著である。(31) 中国での通訳翻訳事情に詳しい永田小絵は、前述の通り、中国語での通訳は「大きな目標を達成できれば個々の言い回しなどは大した問題とは考えない」と指摘し、「実利実益と乖離した忠実さや中立性」を強調しない背景には、「話し手、聞き手、通訳者がすべて人間である以上、完全な解釈も完全な中立性も不可能」であり、「むしろ目の前にある、差し当たっての目的を達し得ることのほうが我々に課された任務である」という考えがあるのではないかと推察する。(32)

コミュニティ通訳に関する研究が急速に進みつつある日本で、今後、通訳の役割に関する論議が、どのように進んでいくか期待したい。

アンジェレーリによる調査結果を考えるにあたり、忘れてならない要素は、コミュニティ通訳は専門的訓練を受けたことのない素人が担っている場合が多い、という点である。アンジェレーリのアンケート調査の回答者二九三名についても、訓練を受けている割合は、会議通訳者の二六％に対し、法廷通訳者では五・五％、医療通訳者が一一％である。

ヘイル（Sandra Hale, 2005）は、コミュニティ通訳に関する研究が「主として、訓練を受けたことのない通訳者を対象に行われており、現場で起こっていることは分かるが、どうあるべきかに触れていない」（p. 26）ことを問題視している。訓練機関で養成されることが多い近年の会議通訳者と異なり、コミュニティ通訳は「訓練が義務づけられておらず、登録や資格認定なども制度化されていない国がある」（p. 16）とヘイルは指摘しており（日本も例外ではない）、そのような事情がアンジェレーリの調査に反映されている可能性は否定できない。

通訳者の役割再考から生まれた「正確性」「忠実性」などの規範への疑問について、ヘイルは「役割に関する議論で最も肝要なのは、それがもたらす結果である」（p. 26）と警告し、押味（2006）も、医師と患者が理解し合う上で「混乱した言葉をつじつまを合わせて訳すと心の病を見逃しかねない」と例示して注意を促す。

アンジェレーリは、「他の通訳職と比べ、会議通訳者は年齢が高く、収入も上であり、役割意識の問題は会議通訳には該当しないと考えている」ことが特徴であるとし、全体として通訳者の可視性についての意識は、「年齢や所得に関わらず、通訳する場（setting）によって左右される」と結論づけた。

五名のパイオニアは、「年齢が高く、収入も上」である会議通訳者の範疇に入るだろうが、「役割意識の問題は会議通訳には該当しない」とは考えていない。役割観や可視性に関する考えに個人差はあったが、通訳者の役割について強い問題意識を持っており、通訳現場の状況に応じて、その都度、判断をしている様子は第6章で詳述した通りである。

アンジェレーリは調査結果について、「通訳者は、どのような場においても、ある程度の可視性があると自身で感じている」と総括し、これは「信頼関係の構築や、メッセージと情動の伝達、文化的差異の説明、コミュニケーションの流れの調整、参加者との同調などの面で役割を果たしていることを、通訳者自身が自覚していることの表れである」としている（p. 82）。五名のパイオニアの語りは、アンジェレーリの研究結果と必ずしも完全には一致しないが、「通訳をする場が行動や実践に制約を与える」（p. 82）ことについては、同様の結果が読み取れる。

会議通訳者

アンジェレーリの調査で興味深いのは、アンケートの自由記述欄である。九六七名に送られたアンケート用紙は二九三名から回答があったが、自由記述欄に何らかの意見を書いたのは、会議通訳者が主だったという（p. 77）。アンジェレーリは、寄せられた意見を、「透明性と中立性に関するもの」「通訳する場による違い」「力関係意識の欠如」の三種類に分けたが、ここでは特に、「透明性と中立性」に関する意見を抽出してみる。

透明性と中立性に関しては、以下に代表されるように、「完全な中立性を強調する」意見が多かった（pp. 78-79）。

「会議通訳者というのは、完全に中立である義務があります（残念ながら自分の好みに反しても、で

す！）」（ＡＩＩＣ会員、カナダ）

「もちろん、私たちにも感情はあります――人間なのですから――でも、それは自分の中にしまっておきます。私たちは参加者ではない。他の人々の言葉や感情を伝えることに専念するのです」（ＡＩＩＣ会員、米国）

「政治関連の逐次通訳をする時は、中立であるよう注意しなければなりません」（ＡＩＩＣ会員、カナダ）

「通訳者は、いかなる場合も透明です」（ＡＩＩＣ会員、米国）

これらの意見についてアンジェレーリは、「透明と中立という神話は、この人たちには現実」として見えているようだと述べ、「通訳は（発言者と聞き手とをつなぐ単なる）導管という説には欠陥がある、と実証研究で報告されているにもかかわらず、多くの通訳者が根拠のない規範に従っている」（pp. 78-79）と結論づける。

問題は、なぜ会議通訳者がこのような意識を持つに至ったか、という点である。

中立性に関する会議通訳者の意見は「職能団体や現役通訳者が共有しているイデオロギーを反映している」（p. 79）というのがアンジェレーリの見解であり、職能団体が規定する職業倫理に通訳者が従っていると推測している。

この見方は、日本のパイオニアにはあてはまらない。そもそも訓練を受けていない上、職業倫理の存在も知らなかった。西山と相馬が初めて同時通訳を行った一九五〇年は、欧米でもまだ職能団体が設立されていない時代であった。世界各国の会議通訳者を会員とする国際会議通訳協会[33]（ＡＩＩＣ）が設立されたのは三年後の一九五三年である。五名は、ＡＩＩＣの設立について知ってはいたが会員ではない。米国やスイスでの会議通訳者の姿を見て影響を受けたことはあるにしても、職能団体が規定する職業倫理に従っているわけではない。

さらに重要なことは、ＡＩＩＣが定めている職業倫理（code of ethics）は守秘義務が中心であり、役割について、中立性についての規定はない（第2章を参照）。

近藤正臣は、大学院での通訳コースで毎年一回は、守秘義務などを中心に通訳倫理を講義するが、ＡＩＩＣ会員であったときに「中立にやれ」という注意を受けた記憶はないし、ＩＬＯ総会での同時通訳で、ヨーロッパの通訳者から規範を学んだこともない、と証言する[34]。

米国国務省での訓練についても、同様である。一期の村松、二期の國弘、四期の小松とも、訓練はおろか通訳倫理の講義などまったく受けていない。一九六三年夏から一九六四年一一月末まで国務省通訳官として勤務した近藤正臣にしても、「国務省でほんの三週間ほどの訓練を受けただけですし、その半分くらいは、escortについてのオリエンテーションのようなものでした。倫理について聞いた覚えはありません[35]」と語る。

倫理について教え込まれたわけではないという近藤は、いつのまにか中立という規範を意識するようになったようである。オーストラリアの国立大学で通訳コースを立ち上げた際に趣意書を見せてもらったところ、「このコースは、オーストラリアのために、その国益確保に」という表現があり、「ふつうは、偏らない通訳をするとか、中立性とか言うのではないか」と指摘してみたと回想する。それまでの仕事を通しての経験から生まれた意識とも考えられる。近藤は、「究極的には、中立というのは難しい」と認めつつ、ＩＬＯでの通訳を例に通訳者としてのスタンスを説明する。

たとえばＩＬＯ総会の条約勧告適用委員会で日本政府が槍玉にあげられているときでも、国益を意識したことはなかった。しいていえば、「相手の言っていることをちゃんと伝えることが通訳者としてのオレの役割だ」くらいになるのではないかと思います。問題は「ちゃんと」の内容でしょうか。それは、発言者の立場に立って（できるだけ）、日本政府批判のポイントをはずさない、非難の程度をできるだけ精密に伝えるということくらいでしょうか。それから日本側の発言については、聴いている方に日本政府の弁明・釈明・説明・主張などのポイントがわかるように英語で表現する、ということくらいでしょうか。（二〇〇六年三月二二―二四日、Ｅメールによるコメント）

この姿勢は、基本的に五名のパイオニアと同一線上にある。いずれも、明示的な教育や規定とは別のところで、倫理を身につけ中立性を信条もしくは規範として通訳を行っている。通訳者としての役割を逸脱する際にも、規範としての中立性は指標として意識している。

教えられていないのに規範を身につけている。どこからか規定されているわけでもないのに、中立性を守ろうと努力している。これは、どのように解釈したら良いのであろうか。シュレシンジャー（Shlesinger, 1989）も同様に、「通訳者というのは、一連の規範を自分の中に取り込み、そこから形成された、一種の共有モデルに従って通訳をするのだろうか」（p. 114）と疑問を呈し、「同僚の通訳ぶりを観察して学習したのだろうか、規範について書かれたものや指導者の教えから学んだのだろうか」（p. 114）などの可能性を挙げている。

これに関して、近藤正臣が興味深いエピソードを語っている。米国国務省では訓練らしい訓練はなかったものの、あるベテラン通訳者の体験談が印象に残っているという。日米間交渉で、日本の大臣が長々と話したことを通訳したことがあった。発言が終わると、米側代表は通訳者に向かい、「いったい彼は何を言いたいんだ？」と怒鳴った。しかし通訳者は、その言葉をそのまま日本語に訳した。「大臣の話を解釈するのは彼の仕事で、通訳者の仕事ではない」というのが、理由である。この話はそれ以来、近藤にとって通訳の指針となった[36]。明示的な形ではなく、このような体験談から倫理や規範を学びとるということなら、国務省で先輩通訳者と交流する機会のあった村松、國弘、小松も同様の学習をしたことが考えられる。西山と相馬にしても、米国とヨーロッパで初めて見た会議通訳者の通訳ぶりに感動したと語っていることから、手本にした可能性はある。

中立性について何らかの形で学ぶことのほかに、ワデンジョー（Wadensjö, 1998）は、「中立であることは通訳者自身の利益にかなう」という穿った見方をしている（p. 64）。近藤正臣は、「特にフリーランスの場合、話し手の意図を解釈することはリスクを伴うことであり、中立な立場を守り言語面での通訳に徹することは、自分の身を守ることになる」と指摘する[37]。

トゥリー（Toury, 1995）によれば、訳すという行為はもともと相互作用的なものであり（p. 248）、訳者が得るフィードバック自体が規範となる（p. 249）という。訳者も人間である以上、できる限り肯定的な評価を得ようと適切な行動を取り、否定的な評価に結びつくような行動は避ける（p. 249）。そのような社会化を経て、新人は規範を自分のものにしていく（p. 250）。

通訳倫理や規範意識の形成は、外から一方的に与えられるものではない。先輩や同僚の通訳を見たり体験談を聞いたり、自分で試みた通訳に対して与えられる評価などのフィードバックなどを通した「社会化プロセス（socialization）」を経るという視点は、たとえばヴィゴツキー[38]（Lev Vygotsky）の社会文化理論にも通じるものであり、この点での研究は今後いっそう重要になると思われる。

まとめ

アンジェレーリは、通訳者（特に会議通訳者）の意識が伝統的な規範に縛られている状況を調査した上で、二言語をつなぐだけの「見えない導管」としての役割意識を脱する必要を説き、通訳者が対話の一員として他の参加者と協同で意味を構築する新たな役割モデルを提案した。

五名の語りからは、規範意識が必ずしも他から押し付けられたものではなく、むしろ現場での体験から生み出された社会化の一環であることがうかがわれるが、役割意識の形成プロセスを解明するにはさらなる研究が必要である。

同時通訳パイオニアの役割意識が、決して単純なものではないことも明らかになった。「中立」という規範を信条としながらも、「可視性」の度合いは個々で異なり、実際の場では異文化コミュニケーションに欠かせない存在として、それぞれが自主的な判断でポジショニングを決めている。村松がいみじくも述べたように、通訳者は黒衣ではあるが、役者の衣装の裾を「ちょっと直す」ことはある。そして、いつ、どのように裾を直すのかを決めるのは、通訳者自身である。

注

（１）primacy of oral speech
（２）'Language is an oral phenomenon.'
（３）Edmonson, 1971, pp. 323, 332, Ong, 2002, p. 7 所収。
（４）Goody, 1977, pp. 29-30, Ong, 2002, pp. 41-42 所収。
（５）推測（educated guesses, inferences）を可能にする背景知識（prior knowledge）には、内容に関する予備知識、および言語の結束性や一貫性などに関する言語的知識が含まれる（Ong, 2002, p. 40）。
（６）Chafe, 1982, Ong, 2002, p. 40 所収。
（７）Havelock, 1963, pp. 145-6, Ong, 2002, p. 45 所収。
（８）'The reader is absent from the act of writing; the writer is absent from the act of reading.'
（９）'Orality is closely tied to communication.' (Ong, 2002, p. 34)
（10）Edward T. Hall (1959). *The Silent Language*; 日本語版『沈黙のことば』（一九六六、南雲堂）。
（11）Hall (1966) の訳書の中で國弘は、「異文化におけるコミュニケーション」と言う表現を使用している。加藤秀俊は当時、國弘から 'intercultural communication' をどう訳すべきか相談され、議論の末、「異文化間コミュニケーション」に決めた，と記憶している（Torikai, 2006, p. 24）。

(12) Kroeber, A. L., & Kluckhohn, C. (1952). *Cultures : A critical review of concepts and definitions.* Peabody Museum Papers Vol. 47, 1. Cambridge, MA : Harvard University Press. p. 181. Katan (2004, p. 25) 所収。

(13) Tylor, E. B. (1871). *Primitive culture.* 平野健一郎 (2000)『国際文化論』東京大学出版会 (p. 7) 所収。

(14) 平野『国際文化論』(p. 8) 所収。

(15) 1997, pp. 21-22, Katan, 2004, p. 38 所収。

(16) 1991, pp. 7-9, Katan, 2004, p. 25 所収。

(17) 'cultural interpreter' の概念については，Mesa (2000) も参考になる。

(18) *Intercultural attitudes* (*savoir être*): curiosity and openness, readiness to suspend disbelief about other cultures and belief about one's own.

(19) *Knowledge* (*savoirs*): of social groups and their products and practices in one's own and in one's interlocutor's country, and of the general processes of societal and individual interaction.

(20) *Skills of interpreting and relating* (*savoir comprendre*): ability to interpret a document or event from another culture, to explain it and relate it to documents or events from one's own.

(21) *Skills of discovery and interaction* (*savoir apprendre/faire*): ability to acquire new knowledge of a culture and cultural practices and the ability to operate knowledge, attitudes and skills under the constraints of real-time communication and interaction.

(22) *Critical cultural awareness* (*savoir s'engager*): an ability to evaluate, critically and on the basis of explicit criteria, perspectives, practices and products in one's own and other cultures and countries.

(23) Hale, 2005 ; Mason, 2005 などを参照。

(24) ‘ambiguities and conflicts of the interpreter role’ Anderson, R. B. W. (1976). Perspectives on the role of interpreter. In R. W. Brislin (Ed.). *Translation : Applications and research* (pp. 208-28). New York : Gardner Press. Pöchhacker & Shlesinger, 2002, p. 211 所収。

(25) ‘zones of uncertainty in social space’ Bourdieu, P. (2000). *Pascalian meditations* (R. Nice, Trans.). London : Polity Press. (p. 160) Inghilleri, 2005a, p. 70 所収。

(26) 二〇〇六年三月二五日、Eメールでのコメント。

(27) 二〇〇六年三月二五日、Eメールでのコメント。

(28) Invisibility は「透明性」とするのが分かりやすいが、transparency と区別する必要がある場合、あるいはアンジェレーリの研究のように visibility-invisibility と対で使用される場合は、より厳密に「可視性―不可視性」と日本語訳する。ただし、一般的な意味で使われている場合は、透明性と訳すこともある。

(29) 二〇〇六年三月二三日、二九日、Eメールでのコメント。

(30) たとえば、Harris, 1990 ; Hyang-Ok Lim, 2004 ; Angelelli, 2004b, Hale, 2005 等々。

(31) ピンカートン 1996 ; 水野真木子、二〇〇六年三月二九日、Eメールでのコメント。

(32) 二〇〇六年三月二五日、Eメールでのコメント。

(33) Association Internationale des Interprètes de Conférence

(34) 二〇〇六年三月二三日、Eメールでのコメント。

(35) 二〇〇六年三月二二―二四日、Eメールでのコメント。

(36) 二〇〇六年三月二九日、Eメールでのコメント。

(37) 二〇〇六年三月三〇日、Eメールでのコメント。

(38) Vygotsky, L. (1986). *Thought and language* (A. Kozulin, Trans.). Cambridge, MA ; London, UK : MIT Press.

Vygotsky, L. (1978). *Mind in society.* Cambridge, MA ; Lndon, UK : Harvard University Press.

終章　今後の課題

本研究は、日本の戦後外交という舞台で黒衣の役割を果たした通訳者の存在に光を当て、ひとりの人間としてのライフストーリーに耳を傾けたものである。他人の言葉を自分のものとして語ることから離れ、自分自身の気持ちを自らの言葉で語ってもらった。個性豊かな五名の物語から学んだことは多くあるが、終章では今後の課題をいくつか挙げておく。

通訳規範の生成とハビトゥス

第一に、通訳コミュニケーションを理解する出発点として必須なのは、シュレシンジャーが提示した「通訳者は、どのようにして規範を内在化し共有するのだろうか」(Shlesinger, 1989, p. 114) と言う疑問に答えることである。翻訳分野では、ヴェヌティが翻訳者の不可視性の歴史的変遷を明確に打ち出したが (Venuti, 1995)、通訳分野ではどうであろう。可視性や規範の問題が取り上げられるようになったのは最近のことであり、歴史を遡れば、たとえば一六世紀の新世界におけるマリンチェ (Malinche 別名 Doña Marina) に代表される通訳においては、中立という規範は、その概念さえ存在しなかった。南米を征服したコルテス（Hernán Cortés）の通訳をすることを余儀なくされたマリンチェは、常にコルテスの側に立ち、自らの部族からは裏切り者とみなされる存在となった。メキシコでは、裏切り者を指す場合に、'Malinchista' という言葉を用いるほどであり、コルテスとマリンチェが一体となった舞踊、あるいは、表はコルテスの面、裏はマリンチェという踊りが未だに残っているという（Karttunen, 1994, pp. 2-4; Baker, 2001, p. xv）。

日本の長崎通詞はプロ集団であったが、第3章で紹介したとおり、徳川幕府への忠誠が職業倫理であり、中立という概念は持たなかった。しかし、本書に登場する第二次大戦後のプロ通訳者になると、「中立」「透明」「忠実」という通訳規範を共有している。語りからは、規範について明示的な指導は受けなかったものの、海外の通訳者の仕事ぶりを観察したり、先輩の体験談を聞いたり、もしくは自身の経験から身につけたらしいことが、おぼろげに浮かび上がる。

規範意識が、社会化の一環として周囲の影響を受けながら内在化されていくものであるとするならば、通訳者自身の「ハビトゥス」と「実践（プラクティス）としての通訳」との関係に、今後さらなる検討を加えることにより興味深い方向性が生まれる可能性がある。既に翻訳研究では、インギレーリ（Inghilleri）やグアンヴィック（Gouanvic）などがブルデュー社会学を応用しており（第2章を参照）、規範の問題について、グアンヴィック（Gouanvic, 2005）は以下のように述べている。

実践（プラクティス）としての翻訳は、特定の方略を意図的に使って規範に従うことではない。換言すれば、一連の解決策の中から意識的にどれかを選ぶという問題ではない。規範では、翻訳者の主観的かつランダムな選択を説明することが出来ない。翻訳する際に、どれを訳し、どれを訳さないかというのは翻訳者の自由裁量による。翻訳者が原文にないリズムや単語、構文をテクストに加え、原作者の声を自身の声に代えてしまった場合、これは基本的には意識的な方略選択ではなく、翻訳者のハビトゥスの影響である［…］。(p. 158)

五名のパイオニアは、準拠すべき規範を語りながら、実際の通訳現場では各々が創造的な選択をしており、あるときは「受容化」、別の機会には「異質化」的な通訳を行い、「発声体」から「作者」へ、時には「本人」へとフッティングを無意識にシフトしている。「主観的かつランダム」のように見えるこれらの選択は、「ハビトゥスの影響」と理解してみると、新たな視界が拓ける。

狭間に立つ通訳者

次に、通訳の役割をどのように解釈しようとも、通訳者が「第三者」であることに変わりはない。「当事者同士の間に立つ（in the middle）」「中間的存在（in-between presence）」である以上、いくら透明であろうとしても、その存在自体がコミュニケーションに何らかの影響を及ぼす（Wadensjö, 1998, p. 64）。そして、そのような立場にある以上、通訳者がインターアクションに参加することは不可避である。メイソンは、それを「三者間の対話（triadic exchanges）」（Mason, 2001）と評し、ワデンジョーはバレエになぞらえ「コミュニケーションのパ・ドゥ・トロワ（communicative *pas de trois*）」（Wadensjö, 1998）と表現した。規範意識とは関わりなく、通訳者は二人の人間の間に立ってコミュニケーションを成立させる存在として、バーバ（Bhabha, 1994, p. 36）の言葉を借りれば、「第三のスペース（a Third Space）」、あるいはマイヤー（Carol Maier,

1995, p. 23）の言う「狭間（betweenness）」と関わるのが宿命である。そのような存在であることを考慮に入れて通訳コミュニケーションを理解することが求められる。

問題は、そのような認識をどのように現場に還元し教育に反映させるかであろう。ヘイルは、「現場で何が起きているか」だけではなく「何が起きるべきか」を研究しなければならない（Hale, 2005, p. 26）と訴えた。ハリス（Harris, 1990）は、通訳の普遍的な規範として「正直なスポークスパーソン（honest spokesperson）」という原点を述べたが、その素朴な規範を出発点として、さまざまな社会コンテクストにおける通訳のあり方を、理論と実践の往還を通しつつ模索していく努力が求められている。

「黒衣」再考

最後に、「黒衣《くろこ》」という日本独自の存在は、通訳者の役割を考える上での鍵概念になるように思われる。

ゴフマンは、日常生活で人間がどのように自己を提示するかを考察した際に、演劇を例に引いて説明した（1959, p. 15 ; pp. 73-74）。演劇用語である「黒衣」をゴフマン（Goffman, 1959）の「フロント（front）」という概念にあてはめて再考すると、どうなるであろうか。

ゴフマンは、人がある役割を果たそうと努力し、その役割を演じているうちに、いつしかそれが第二の性質として個性の不可欠な部分となることを指摘し（1959, pp. 19-20）、特定の場（setting）にあって特定の形で規則的に機能する個人の行動の一面を「フロント」と呼んだ。これは通訳者の役割についても示唆を与えてくれる。通訳者が裏方としての役割を果たす際には、「黒衣」が黒い衣をまとうが如く、ゴフマンの言う「フロント」が機能すると考えられないだろうか。

「黒衣」は歌舞伎には欠かせない存在として、演目を熟知した上で舞台にあがり、役者の演技を助ける。聴衆からは見えないというのが暗黙の了解であるが、実は「黒衣」は見えない存在ではないし、透明でもない。この点は見逃されることが多いが、「黒衣」は「透明人間」とは違う。見えないふりをしているだけで、「黒衣」の動きは聴衆に見えている。

通訳者も同じではなかろうか。異言語間のコミュニケーションという舞台では必須な存在であり、見えないということになっているが、けっして透明ではない。通訳者の姿や声を無視することは虚構である。同時に、通訳者は「黒衣」と同じく、けっして舞台の主役ではないのも事実である。スポットライトを浴びて踊るのではなく、踊り手が見事な踊りを見せるように蔭から補佐する役割を担うのが「黒衣」であり、通訳者である。

クローニン（Cronin, 2003, p. 67）は、これからの訳者は「何をしなければならないか」ではなく、「何ができるか」が問われると述べ、訳者自身が自らの任務をより広い概念で捉えない限り、訳者が何を知り何ができるか社会に認知させることはできない、と主張する。これは翻訳者にも通訳者にも言えることである。

クローニンはまた、「洞察力と想像力」は変化を可能にする人間の言語の特徴であるとし（p. 27）、異なった言語のおかげで人間は「多くの異なる解釈に接することになり、これが挑戦や機会を与えられた際の複合的かつ柔軟な対応の基盤となる」（p. 74）と説く。翻訳者や通訳者は、人間の言語の専門家であり、「このような多様な解釈へ接近する可能性を与えてくれる」存在であることを忘れてはならない（p. 74）。「間」に位置する通訳者は、二人の人間のコミュニケーションをつなぐ「第三のスペース」（Bhabha,

1994, p. 36）で貢献をする。これは容易な任務ではないが、真に多文化であり多言語である世界の多様性を持続していく上で、決定的な役割である。

通訳者は、「透明な機械」ではなく、異文化接触を橋渡しするコミュニケーションの専門家である。「黒衣」としての役割を果たす中で、共感と情熱、そして強い意志と洞察に支えられ、自身の判断で自立的に創造性に富む決定を下している。その意味で通訳者は、透明性や匿名性を超えた存在だといえる。

あとがき

本書は、二〇〇六年一二月、英国サウサンプトン大学へ提出した博士論文（Diplomatic Interpreters in Post-World War II Japan : Voices of the Invisible Presence in Foreign Relations）を、日本の読者へ向けて書き改めたものである。紙幅の関係でナラティブ分析についてなど理論的な解説を一部割愛したが、その代わり日本の通訳教育に関する記述を加え、聞き語りの部分を大幅に増やした。

筆者の長年の念願であった「通訳者の役割」について執筆するにあたり、最も感謝しなければならないのは、快くインタビューに応じて下さった五名の先輩諸氏である。西山千、相馬雪香、村松増美、國弘正雄、小松達也の各氏は、研究テーマに興味を示され、時にプライベートなことにまで立ち入る長時間にわたる質問に忍耐強く答えて下さった。

卓越した記憶で稀有な体験、深い洞察を語っていただいたことは、筆者にとって忘れられない貴重な時間となった。本研究に取り組む情熱とエネルギーを支えたのは、五氏の語りの魅力そのものであり、この語りこそが本研究の主役である。インタビューは、各氏の了解を得た上で録音し、後日、書き起こしたものを各自に点検していただいた。実名使用についても五名全員から同意を得たことを感謝するものである。

そもそも、通訳をすることが苦しくなって大学職に転じた筆者が、通訳に正面から取り組んで研究しようと考えたのは、第22期国語審議会の席上、「国際関係の研究に言葉の問題が欠如している」こと、「通訳の社会文化史的意義を研究することの必要性」を指摘した平野健一郎氏（早稲田大学教授）の発言が契機となっている。その後、平野健一郎氏からは終始、温かい励ましと助言を賜った。また、同じ国語審議会でご一緒した井出祥子氏（日本女子大学教授）からも、通訳の研究に理解をいただき様々な場で指導を頂いた。国際関係論と社会言語学という異なった分野の碩学から与えられた課題を、何とか形にすることができたことをもって、両氏へのお礼に代えたい。

通訳者の役割について研究しようと決心しながら方法論で悩んでいた頃、酒井順子氏（オーラル・ヒストリー学会）を通して「オーラル・ヒストリー」という研究手法を知ったことは、幸いなことであった。通訳研究に最適な方法であると考えたものの、歴史学が専門ではないため不安な面もあったが、酒井氏からその都度、適切なアドバイスを頂戴したことはありがたかった。元・産経新聞社の草野淳氏からは、本研究のテーマそのものともいえる英文記事を送っていただき、一章の冒頭を飾ることができた。立教大学での同僚であったジョゼフ・ショールズ（Joseph Shaules）氏からの温かい協力は、本研究を実現する上で大きな推進力となった。

この研究を博士論文としてまとめるにあたっては、英国サウサンプトン大学人文学研究科（University of Southampton, School of Humanities）において指導をいただいたマイケル・ケリー（Michael Kelly）教授、パトリック・スティーブンソン（Patrick Stevenson）教授に大変お世話になった。当初より、並々ならぬ関心を持って内容についての議論をしていただいたことは誠にありがたく、筆者にとっては至福の時であったと言って良い。

サウサンプトン大学では他に、エリザベス・ドーア（Elizabeth Dore）教授からオーラル・ヒストリーについて文献を教えていただき、学内審査員のアラスデール・アーチボールド（Alasdair Archibald）教授に論文全体を綿密に見ていただいた。

学外審査員として主査を務めて下さったマイケル・クローニン（Michael Cronin, Dublin City University）教授には、丁寧に論文を読んだ上で、鋭く、かつ示唆に富んだコメントをいただき、励まされる思いであった。

その他、執筆にあたってはクラウディア・アンジェレーリ（Claudia Angelelli）、モナ・ベーカー（Mona Baker）、ジョン・カーンズ（John Kearns）、イアン・メイソン（Ian Mason）、エティ・ツェン（Etilvia Arjona-Tseng）、ローレンス・ヴェヌティ（Lawrence Venuti）、セシリア・ワデンジョー（Cecilia Wadensjö）など各国の通訳翻訳研究者のほか、米国国務省デービッド・ソーヤー（David Sawyer）および英国外務省アレックス・クルーグロフ（Alex Krouglov）の両氏からも協力を得た。

日本通訳学会では、初代会長の近藤正臣氏、理事の水野真木子氏、永田小絵氏から貴重なコメントをいただき、水野的氏、鶴田知佳子氏からは文献についてご教示いただいた。

立教大学から一年間の研究休暇を与えられたことで研究に専心することができたが、その間、サポートを惜しまなかった立教大学大学院異文化コミュニケーション研究科の同僚に感謝したい。さらに異文化コミュニケーション論の久米昭元教授をはじめ、筆者にとっては未知の分野への紹介者ともいえる環境文学の野田研一教授、環境教育の阿部治教授、語用論の平賀正子教授、言語人類学の小山亘准教授から大いなる知的刺激を受け学んだことを記しておく。

インタビューの書き起こしにあたっては、原田のぶ子氏、立教大学卒業生である小河原澄絵さんの助けを借りた。ただし、本書に引用した語りについては筆者が責任のすべてを負う。

博士論文は英語で執筆したが、五名のパイオニア同時通訳者の語りは、日本語でこそ、その個性と躍動感が十全に発揮されるので、できたら日本で出版したいと願っていた。関根健一氏（読売新聞社）のお力添えで、みすず書房から刊行できることになったことは望外の幸せである。分量が多くなっても可能な限り語りを生かすという英断をして下さり、通訳論の出版に全面的協力を惜しまなかった守田省吾編集長、担当の島原裕司氏に心からの謝意を表したい。

最後に、研究を完成させるまでの道のりを支えてくれた家族、とりわけ、インタビュー録音の補佐などを含め有形無形の支援をしてくれた、学、郁子、彩子の存在を銘記する。

本書は、異文化コミュニケーションの最前線で活躍するすべての通訳者に捧げるものである。

二〇〇七年七月七日

鳥飼玖美子

通訳者と戦後日米外交

2019年10月11日　新装版第1刷発行
2020年3月27日　新装版第2刷発行

著　者　　鳥飼玖美子
発行所　　株式会社 みすず書房
〒113-0033 東京都文京区本郷2丁目20-7
電話 03-3814-0131(営業) 03-3815-9181(編集)
www.msz.co.jp
印刷・製本　大日本印刷株式会社

Printed in Japan
ISBN 978-4-622-08879-0
[つうやくしゃとせんごにちべいがいこう]

本書は、みすず書房より2007年8月3日、第1刷として発行した『通訳者と戦後日米外交』の2012年9月14日発行、第4刷を底本としています。

著者略歴

（とりかい・くみこ）

東京都港区生まれ．上智大学外国語学部イスパニア語学科卒業，コロンビア大学大学院修士課程修了（MA），サウサンプトン大学大学院人文学研究科博士課程修了（Ph.D.）．会議通訳者を経て，立教大学教授．現在，立教大学名誉教授．NHKテレビ「世界へ発信 SNS 英語術」講師．NHK オンライン「ニュースで英語術」監修．専門は，通訳翻訳学，言語コミュニケーション論，英語教育学．日本コングレス・コンベンション・ビューロー会長（2002-2008），日本通訳翻訳学会会長（2004-2010）等を経て，現在，内閣府政府広報アドバイザー，日本学術会議連携会員，（一般財団法人）港区国際交流協会理事長，日本通訳翻訳学会名誉会員，国際文化学会顧問．
著書に『歴史をかえた誤訳』（新潮社，1998/2004）*Voices of the Invisible Presence*（John Benjamins，2009）『異文化コミュニケーション学への招待』（編著，みすず書房，2011）『国際共通語としての英語』（講談社，2011）『戦後史の中の英語と私』（みすず書房，2013）『英語教育論争から考える』（みすず書房，2014）『本物の英語力』（講談社，2016）『話すための英語力』（講談社，2017）『英語教育の危機』（筑摩書房，2018）など．訳書に，フランツ・ポェヒハッカー『通訳学入門』（監訳，みすず書房，2008）など．

参考文献

AIIC. (1998-2006). Code of professional ethics. (Version 1994). Retrieved March 31, 2006, from http://www.aiic.net/ViewPage.cfm/article24.htm

Anderson, R. B. W. (1976). Perspectives on the role of interpreter. In R. W. Brislin (Ed.), *Translation : Applications and research* (pp. 208-28). New York : Gardner Press.

Angelelli, C. V. (2004a). *Revisiting the interpreter's role : A study of conference, court, and medical interpreters in Canada, Mexico, and the United States.* Amsterdam/Philadelphia : John Benjamins.

Angelelli, C. V. (2004b). *Medical interpreting and cross-cultural communication.* Cambridge : Cambridge University Press.

Arjona-Tseng, E. (2005 August). Acceptance speech for Pierre François Calle Memorial Medal, presented at FIT (*International Federation of Translators*) *XVII World Congress* Tampere, Finland. Unpublished.

Atkinson, R. (1998). *The life story interview.* London : Sage.

Austin, J. L. (1962/1975). *How to do things with words* (2nd ed.). Cambridge, MA : Harvard University Press.

Backhouse, A. (1993). *The Japanese language : An introduction.* Melbourne : Oxford University Press.

Bachman, L. (1990). *Fundamental Considerations in language testing.* New York : Oxford University Press.

Baker, M. (1992). *In other words : A course book on translation.* London & New York : Routledge.

Baker, M. (1998/2001). Introduction. In M. Baker (Ed.), *Routledge encyclopedia of translation studies* (2nd ed., pp. xiv-xv). London & New York : Routledge.

Baker, M. (Ed.). (1998/2001). *Routledge encyclopedia of translation studies* (2nd ed.). London & New York : Routledge.

Baker, M. (2006). *Translation and conflict : A narrative account.* London & New

York : Routledge.

Bakhtin, M. M. (1981). *The dialogic imagination* (C. Emerson, M. Holoquist, Trans.). Austin : University of Texas Press.

Bakhtin, M. M. (1986/2002). *Speech genres and other late essays* (V. W. McGee, Trans.). Austin : University of Texas Press.

Barik, H. C. (1969). A study of simultaneous interpretation. Unpublished doctoral dissertation. University of North Carolina, Chapel Hill.

Barnhart, M. A. (2001). From Hershey bars to motor cars : America's economic policy toward Japan, 1945-76. In A. Irie, R. A. Wampler (Eds.), *Partnership : The United States and Japan 1951-2001* (pp. 201-222). Tokyo, New York, London : Kodansha International.

Bassnet, S., & Trivedi, H. (Eds.). (1999). *Post-colonial translation.* London & New York : Routledge.

Bell, S. E. (1988). Becoming a political woman : The reconstruction and interpretation of experience through stories. In S. Todd. (Ed.), *Gender and discourse : The power of talk* (pp. 97-123). Norwood, NJ : Ablex.

Bellos, D. (1987). Summing up. In C. Picken (Ed.). *ITI conference 1 : The business of translation and interpreting.* London : Aslib.

Bennett, M. J. (1993). Toward ethnorelativism : A developmental model of intercultural sensitivity. In M. R. Paige (Ed.), *Education for the intercultural experience* (pp. 22-73). Yarmouth, Maine : Intercultural Press.

Benjamin, W. (1992). The task of the translator (H. Zohn, Trans.). In R. Schulte & J. Biguenet (Eds.), *Theories of translation : An anthology of essays from Dryden to Derrida* (pp. 71-82). Chicago & London : The University of Chicago Press.

Berman, A. (1985/2004). Translation and the trials of the foreign (L. Venuti, Trans.). In L. Venuti (Ed.), *The translation studies reader* (2nd ed., pp. 276-289). New York & London : Routledge.

Bermann, S. (2005). Introduction. In S. Bermann, & M. Wood (Eds.), *Nation, language, and the ethics of translation* (pp. 1-10). Princeton & Oxford : Princeton University Press.

Bhabha, H. K. (1994). *The location of culture.* London & New York : Routledge.

Blumer, H. (1939/1979). *Critiques of research in the social sciences : I : An appraisal of Thomas and Znaniecki's The Polish peasant in Europe and America.*

New York: Social Science Research Council (2nd ed. with a new introduction), New Brunswick, NJ: Transaction Books.

Bot, H. (2003). The myth of the uninvolved interpreter: interpreting in mental health and the development of a three-person psychology. In L. Brunette, G. Bastin, I. Hemlin & H. Clarke (Eds.), *The critical link 3* (pp. 27-35). Amsterdam: John Benjamins.

Bourdieu, P. (1977). *Outline of a theory of practice* (R. Nice, Trans.). Cambridge: Cambridge University Press.

Bourdieu, P. (1990). *The logic of practice* (R. Nice, Trans.). Stanford, CA: Stanford University Press.

Bourdieu, P. (1991). *Language and symbolic power* (R. Gino &. M. Adamson, Trans.). Cambridge, MA: Harvard University Press.

Bourdieu, P. (1993). *La misère du monde.* Paris: Seuil.

Bourdieu, P. (1996). Understanding (B. Fowler, Trans.). *Theory, Culture and Society,* 13. 17-37.

Bourdieu, P. (2000). *Pascalian meditations* (R. Nice, Trans.). London: Polity Press.

ブルデュー, P. (1991). 石崎晴己（訳）『構造と実践』藤原書店.

ブルデュー, P. (1993). 原山哲（訳）『資本主義のハビトゥス――アルジェリアの矛盾』藤原書店.

Bowker, L., Cronin, M., Kenan, D., & Pearson, J. (Eds.). (1998). *Unity in diversity? Current trends in translation studies.* Manchester: St. Jerome.

Brown, P., & Levinson, S. C. (1978/1987). *Politeness: Some universals in language usage* (2nd ed.). Cambridge: Cambridge University Press.

Byram, M. (Ed.). (2003). *Intercultural competence.* Strasbourg: Council of Europe Publishing.

Byram, M., Nichols, A., & Stevens, D. (Eds.). (2001). *Developing intercultural competence in practice.* Clevedon, Buffalo, Toronto, Sydney: Multilingual Matters.

Byram, M., Zarate, G., & Neuner, G. (1997). *Sociocultural competence in language learning and teaching.* Strasbourg: Council of Europe Publishing.

Chafe, W. L. (1982). Integration and involvement in speaking, writing, and oral literature. In D. Tannen (Ed.), *Spoken and written language: Exploring orality*

and literacy. Norwood, NJ : Ablex.

Chesterman, A. (1997). Ethics of translation. In M. Snell-Hornby, Z. Jettnarova, & K. Kaindl (Eds.), *Translation as intercultural communication.* Amsterdam/Philadelphia : John Benjamins.

Chesterman, A. (2001). Proposal for a hieronymic oath. *The Translator : Studies in Intercultural Communication, 7* (Special Issue : The Return to Ethics), 139-154.

筑紫哲也 (1982).「奇妙な秘書官」. 國弘正雄 (編)『國弘正雄自選集 5巻』所収 (pp. 297-299). 日本英語教育協会.

Cicero, M. T. (1949). *De inventione, De optimo genere oratorum, Topica.* (H. M. Hubbel, Trans.). Cambridge, MA : Harvard University Press.

Clifford, J. (1986). Partial truths. In J. Clifford, & G. E. Harcus (Eds.), *Writing culture : The poetics and politics of ethnography* (pp. 1-26). Berkeley : University of California Press.

Cronin, M. (2002). The empire talks back : Orality, heteronomy and the cultural turn in interpreting studies. In M. Tymoczko & E. Gentzler (Eds.), *Translation and power.* Amherst, MA : University of Massachusetts Press.

Cronin, M. (2003). *Translation and globalization.* London & New York : Routledge.

Cronin, M. (2006). *Translation and identity.* London & New York : Routledge.

Cummins, J. (2000). *Language, power and pedagogy : Bilingual children in the crossfire.* Clevedon, Buffalo, Toronto, Sydney : Multilingual Matters.

Deci, E. L. & Ryan, R. M. (1985). *Intrinsic motivation and self-determination in human behavior.* New York : Plenum.

Delisle, J., & Woodsworth, J. (Eds.). (1995). *Translators through history.* Amsterdam/Philadelphia : John Benjamins. UNESCO Publishing.

Dörnyei, Z. (2001). *Teaching and researching motivation.* Essex, England : Pearson Education.

Eco, U. (2003/2004). *Mouse or rat ? Translation as negotiation.* London : Phonix.

Edmonson, M. E. (1971). *Lore : An introduction to the science of folklore and literature.* New York : Holt, Rinehart & Winston.

Edwards, D. (1997). *Discourse and cognition.* London : Sage.

Ellison, R. (1947). *Invisible man.* NewYork : Random House.

Erikson, E. H. (1968). *Identity : Youth and crisis.* New York : W. W. Norton & Co.

Evans, G. E. (1973). Approaches to interviewing. *Oral History, 1* (4), 62-63.

Evans, G. E. (1975). *The days that we have seen.* In P. Thompson, 2000, p82.

Flanagan, S. C. (1991). *The political and cultural dimensions of the trade friction between the United States and Japan.* MacMillan.

福沢諭吉 (1899/1978). 『福翁自伝』岩波書店.

Gaiba, F. (1998). *The origins of simultaneous interpretation : The Nuremberg trial.* Ottawa : University of Ottawa Press.

Gardner, R. C. (1985). *Social psychology and second language learning : The role of attitudes and motivation.* London : Edward Arnold.

Gardner, R. C., & Lambert, W. E. (1972). *Attitudes and motivation in second language learning.* Rowley, MA : Newbury House.

Gentzler, E. (2001). *Contemporary translation theories* (2nd ed.). Celvedon, Buffalo, Toronto, Sydney : Multilingual Matters.

Gerver, D. (1971). *Aspects of simultaneous interpretation and human information processing.* Unpublished doctoral thesis, Oxford University.

Gile, D. (1985). Le modele d'effort et l'equilibre en interpretation simultanee. *Meta, 30* (1), 44-48.

Gile, D. (1994). Opening up in interpretation studies. In M. Snell-Hornby, F. Pöchhacker & K. Kaindl (Eds.), *Translation studies : An interdiscipline* (pp. 149-158). Amsterdam/Philadelphia : John Benjamins.

Goffman, E. (1959). *The presentation of self in everyday life.* New York, London, Toronto, Sydney, Auckland : Doubleday.

Goffman, E. (1967). *Interaction ritual : Essays on face-to-face behavior.* New York : Pantheon Books.

Goffman, E. (1981). *Forms of talk.* Philadelphia : University of Pennsylvania Press.

Goldman-Eisler, F. (1967). Sequential temporal patterns and cognitive processes in speech. *Language and speech,* 10 (3), 122-132.

Goldman-Eisler, F. (1972). Segmentation of input in simultaneous translation. *Journal of Psycholinguistic Research,* 1 (2), 127-140.

Goody, J. [John Rankin] (Ed.). (1977). *The domestication of the savage mind.* Cambridge : Cambridge University Press.

Gottlieb, N. (2005). *Language and society in Japan.* Cambridge: Cambridge University Press.

Gouanvic, J. -M. (2005). A Bourdieusian theory of translation, or the coincidence of practical instances: Field, *'habitus'*, capital and *'illusio'*. *The Translator, 11* (2 Special Issue: Bourdieu and the Sociology of Translation and Interpreting), 147-166. Manchester, UK: St. Jerome.

Grice, H. P. (1989). *Studies in the way of words.* Cambridge & London: Harvard University Press.

Gutt, E. A. (2000). *Translation and relevance: Cognition and context.* Manchester, UK: St. Jerome.

芳賀徹 (2000).『翻訳と日本文化』山川出版.

Halberstam, D. (1986). *The reckoning.* New York: Avon Books.

Hale, S. (2005). The interpreter's identity crisis. In J. Mundy (Ed.), *IATIS year book 2005: Translation and the construction of identity* (pp. 14-29). Seoul: IATIS (International Association for Translation & Intercultural Studies).

Hall, E. T. (1952/1973). *The silent language* (Anchor Book ed.). Garden City, New York: Doubleday & Company.

ホール，エドワード・T. (1966). 國弘正雄，斉藤美津子他 (訳)『沈黙のことば』南雲堂.

Hall, E. T. (1982). *The hidden dimension.* New York: Doubleday.

Hanna, S. F. (2005). Hamlet lives happily ever after in Arabic. *The Translator: Studies in Intercultural Communication, 11* (2 Special Issue: Bourdieu and the Sociology of Translation and Interpreting), 167-192. Manchester, UK: St. Jerome.

原不二子 (2004).『通訳ブースから見る世界 (*A Booth with a View*)』ジャパンタイムズ.

Harris, B. (1990). Norms in interpretation. *Target, 2* (1), 115-119.

Hatim, B., & Mason, I. (1990). *Discourse and the translator.* Essex, UK: Longman.

Hatim, B., & Mason, I. (1997). *The translator as communicator.* London: Routledge.

Havelock, E. A. (1963). *Preface to Plato.* Cambridge, MA: Belknap Press of Harvard University Press.

林陸朗 (2000).『長崎唐通事——大通事林道栄とその周辺』吉川弘文館.

Hermann, A. (1956). Dolmetschen im Altertum. Ein Beitrag zur antiken Kulturgeschichte. In K. Thieme, A. Hermann & E. Glässer (Eds.). *Beiträge zur Geschichte des Dolmetchens.* (pp. 25-59). München : Isar Verlag.

Hewson, L. (1995). Detecting cultural shifts : some notes on translation assessment. In I. Mason & C. Pagnoulle (Eds.). *Cross-Words. Issues and debates in literary and non-literary translating* (pp. 101-108). Liège : L3—Liège Language and Literature.

Hermans, T. (Ed.). (2002). *Crosscultural transgressions : Research models in translation studies in historical and ideological issues.* Manchester, UK & Northampton, MA : St. Jerome.

Hickey, L. (Ed.). (1998). *The pragmatics of translation.* Clevedon, Philadelphia, Toronto, Sydney, Johannesburg : Multilingual Matters.

日野原重明＆相馬雪香（2003).『明日の日本への贈り物』毎日新聞社.

Hirsh, E. D. (1987). *Cultural literacy : What every American needs to know.* New York : Houghton Mifflin.

平野健一郎（2000).『国際文化論』東京大学出版会.

Hofstede, G. (1991). *Cultures and organizations : Software of the mind.* London : McGraw-Hill.

Holmes, J. S. (2004). The name and nature of translati on studies. In L. Venuti (Ed.), *The translation studies reader* (2nd ed., pp. 180-192). New York & London : Routledge.

細谷千博，有賀貞，石井修，佐々木卓也（編）(1999).『日米関係資料集 1945-97』東京大学出版会.

Hosoya, C. (Ed.). (2001). *Japan and the United States : Fifty years of friendship.* Tokyo : The Japan Times.

細谷千博（監修），A50 日米戦後史編集委員会（編）(2001).『日本とアメリカ――パートナーシップの 50 年』ジャパンタイムズ.

Hymes, D. (1972). On communicative competence. In J. B. Pride & J. Holmes (Eds.), *Sociolinguistcs* (pp. 269-293). Harmondsworth : Penguin.

五十嵐英美（2006 年 3 月 31 日).「永田町を離れても――こたつで憂える国際派」. 毎日新聞特集「永田町を離れても――この国はどこへ行こうとしているのか」p. 4. 毎日新聞社.

井波律子（2000).「日本人の教養と伝統をめぐって」. 芳賀徹（編）『翻訳と

日本文化』所収（pp. 24-37）．山川出版．

Inghilleri, M. (2003). Habitus, field and discourse: Interpreting as a socially situated activity. *Target, 15* (2, 2003). 243-268. Amsterdam/Philadelphia: John Benjammins.

Inghilleri, M. (2005a). Mediating zones of uncertainty: Interpreter agency, the interpreting habitus and political asylum adjudication. *The Translator: Studies in Intercultural Communication, 11* (1 November 2005), 69-85. Manchester, UK: St. Jerome.

Inghilleri, M. (2005b). The sociology of Bourdieu and the construction of the 'object' in translation and interpreting studies. *The Translator: Studies in Intercultural Communication, 11* (2 Special Issue: Bourdieu and the Sociology of Translation and Interpreting), 125-145. Manchester, UK: St. Jerome.

Initiatives of Change. (2006). Moral Re-Armament. Retrieved from http://www.uk.initiativesofchange.org/May26, 2006.

Iriye, A., & Wampler, R. A. (Eds.). (2001). *Partnership: The United States and Japan 1951-2001.* Tokyo, New York, London: Kodansha International.

Itasaka, G. (Ed.). (1996). *Japanese history: 11 experts reflect on the past.* Tokyo, New York, London: Kodansha International.

Jacobson, R. (2000). On linguistic aspects of translation. In L. Venuti (Ed.), *The translation studies reader.* London & New York: Routledge.

James, D. (2000). *Doña Maria's story: Life, history, memory, and political identity.* Durham & London: Duke University Press.

Jänis, M. (1996). What translators of plays think about their work. *Target,* 8 (2). 341-364.

Japan Arts Council. (2001-2003). 歌舞伎事典：黒衣. Retrieved March26, 2006, from http://www2.nt.jac.go.jp/dglib/edc_dic/dictionary/dic_ka/dic_ka_33html

Karttunen, F. (1994). *Between worlds: Interpreters, guides, and survivors.* New Brunswick, New Jersey: Rutgers University Press.

糟谷啓介（2003）．「言語と権力――言語的権威の承認の構造」．宮島喬，石井洋二郎（編）『文化の権力――反射するブルデュー』所収（pp. 139-161）．藤原書店．

片桐一男（1995）．『阿蘭陀通詞 今村源右衛門英生』丸善．

Katan, D. (1999/2004). *Translating cultures: An introduction for translators, interpreters and mediators.* (2nd ed.). Manchester, UK & Northampton MA: St. Jerome.

加藤周一 (2000).『私にとっての20世紀』岩波書店.

Kelly, M. (2006). Intercultural communication studies in Europe: The policy connection. *Intercultural Communication Review* (4), 23-37.

Kenyon, G. M., & Randall, L. W. (1997). *Restorying our lives: Personal growth through autobiographical reflection.* London: Praeger.

Kodama, S. (2000). *The complete guide to traditonal Japanese performing arts.* Tokyo, New York, London: Kondansha International.

国語審議会 (2000).「国語審議会答申――国際社会に対応する日本語のありかた」. 第22期国語審議会.

小松達也 (2003).『通訳の英語 日本語』文藝春秋.

小松達也 (2005).「大学における通訳訓練プログラムのありかた」日本通訳学会第6回年次大会講演. 2005年9月23日青山学院大学.

小松達也 (2005).『通訳の技術』研究社.

Korchilov, I. (1997). *Translating history: Thirty years on the front lines of diplomacy with a top Russian interpreter.* New York: Lisa Drew/Scribner.

Kramsch, C. (1993). *Context and culture in language teaching.* Oxford: Oxford University Press.

Kramsch, C. (1998). *Language and culture.* Oxford: Oxford University Press.

Kramsch, C. (Ed.). (2002). *Language acquisition and language socialization: Ecological perspectives.* London/New York: continuum.

Kramsch, C. (2005). Intercultural literacy vs. communicative competence. In *Kokusai Kenkyuu Shuukai: Kotoba, bunka, shakai no gengo kyouiku.* Waseda University, Tokyo: Kuroshio Publishing.

Krashen, S. D. (1987). *Principles and practice in second language acquisition.* London: Prentice-Hall.

Kroeber, A. L., & Kluckhohn, C. (1952). Cultures: a critical review of concepts and definitions. *Peabody Museum Papers, 47* (1), (p. 181). Cambridge MA: Harvard University Press.

Krouglov, A. (2004). *Teaching diplomatic interpreting.* Paper presented at Critical Link 4: International Conference on Interpreting in the Community,

Stockholm. Unpublished.
國弘正雄 (1970).『英語の話しかた』サイマル出版会.
國弘正雄 (1999).『國弘流 英語の話しかた』たちばな出版.
國弘正雄, 西山千, 金山宣夫 (1969).『通訳――英会話から同時通訳まで』日本放送出版協会.
Lang, R. (1978). Behavioral aspects of liason interpreters in Papua New Guinea: Some preliminary observations. In D. Gerver & H. W. Sinaico (Eds.), *Language interpretation and communication* (pp. 231-244). New York & London: Plenum.
Lim, H-O. (2004). Revisiting the role of interpreters. *Conference Interpretation and Translation, 6* (2), 81-96.
Longley, P. (1968). *Conference interpreting.* London: Sir Isaac Pitman & Sons.
Longman. (2003). *Longman dictionary of contemporary English* (4th ed.). Essex: Pearson Education.
Luther, M. (1530). Sendbrief von dolmetschen (English tr., circular letter on translation). In U. Eco, 2003, p. 89.
Maier, C. (1995). Toward a theoretical practice for cross-cultural translation. In A. Dingwaney & C. Maier (Eds.), *Between languages and cultures: Translation and cross-cultural texts,* pp. 21-38. Pittsburgh & London: University of Pittsburgh Press.
牧野修也 (1999).「近代資本主義と変容する農業・農村――ブルデューのアルジェリア研究をてがかりに」. P. ブルデュー社会学研究会 (編)『象徴的支配の社会学』所収 (pp. 149-172). 恒星社厚生閣.
丸山真男&加藤周一 (1998).『翻訳と日本の近代』岩波書店.
Maslow, A. H. (1970). *Motivation and personality* (2nd ed.). New York: Harper & Row.
Mason, I. (2005). Projected and perceived identities in dialogue interpreting. In J. Mundy (Ed.), *IATIS year book 2005: Translation and the construction of identity* (pp. 30-52). Seoul: IATIS (International Association for Translation & Intercultural Studies).
Mason, I. (Ed.). (2001). *Triadic exchanges: Studies in dialogue interpreting.* Manchester, UK & Northampton MA: St. Jerome.
Mason, I., & Stewart, M. (2001). Interactional pragmatics: Face and the dialogue

interpreter. In I. Mason (Ed.), *Triadic exchanges: Studies in dialogue interpreting* (pp. 51-70). Manchester, UK & Northampton MA : St. Jerome.

Mesa, A. (2000). The cultural interpreter: An appreciated professional. In R. Roberts, S. Carr, D. Abraham & A. Dufour (Eds.), *The Critical Link 2: Interpreters in the community* (pp. 67-79). Amsterdam/Philadephia: John Benjamins.

宮島喬 (2003).「言語資本とマイノリティ――母語という資本をどう捉えるか」. 宮島喬, 石井洋二郎 (編)『文化の権力――反射するブルデュー』所収 (pp. 21-42). 藤原書店.

村松増美 (1978).『私も英語が話せなかった』サイマル出版会.

村松増美 (1986).『だから英語は面白い』サイマル出版会.

Moser-Mercer, B. (1997). Process models in simultaneous interpretation. In C. H. Hauenschild & S. Heizmann (Eds.), *Machine translation and translation theory* (pp. 3-17). Berlin & New York : Mouton de Gruyter.

Munday, J. (2001). *Introducing translation studies: Theories and applications.* London & New York : Routledge.

Mydans, S. (2005, October1～2). For the Kremlin, he was the man in the middle. *International Herald Tribune,* pp. 1-6.

中曾根康弘 (1997).『戦後 50 年と日本の進路』世界平和研究所.

中曾根康弘 (2004).『自省録』新潮社.

夏目漱石 (1969). *Kokoro* (E. McClellan, Trans.). Tokyo: Tuttle.

Nida, E. A. (1964). *Toward a science of translating.* Leiden : Brill.

日本英学史学会 (編) (1976).『英語事始』日本ブリタニカ.

日本聖書協会 (1954).「新約聖書」.

日本通訳学会 (編) (2000).『日本通訳学会設立記念号』.

西島大美 (2002).『心の開国を――相馬雪香の 90 年』中央公論新社.

西山千 (1970).『通訳術』実業之日本社.

西山千 (1972).『誤解と理解――日本人とアメリカ人』サイマル出版会.

西山千 (1979).『通訳術と私』プレジデント社.

Nord, C. (1991). *Text analysis in translation.* Amsterdam : Rodopi.

Oberdorfer, D. (1997). Japan and the United States : Adventures and reflections of a diplomatic correspondent. *IHJ Bulletin, 17* (2), 16-20.

Oberdorfer, D. (2001). The American ambassadors, 1977-96. In A. Iriye & R. A.

Wampler (Eds.), *Partnership: The United States and Japan 1951-2001* (pp. 77-93). Tokyo, New York, London: Kondansha International.

大谷特派員 (1975年8月8日). 「通訳の'美技'が助け舟」. 朝日新聞, p. 2.

Ohsawa, Y. (2005). Amalgamation of literariness: Translations as a means of introducing European literary techniques to modern Japan. In E. Hung & J. Wakabayashi (Eds.), Asian translation traditions (pp. 135-154). Manchester, UK & Northampton MA: St. Jerome.

Oléron, P., & Nanpon, H. (1965). Récherche sur la traduction simultanée. *Journal de Psychologie Normale et Pathologique,* 62 (1), 73-94.

Ong, W. J. (1982/2002). *Orality and literacy: The technologizing the word.* London & New York: Routledge.

Ortega y Gasset, J. (1992). The misery and the splendor of translation (E. G. Miller, Trans.). In R. Schulte & J. Biguenet (Eds.), *Theories of translation: An anthology of essays from Dryden to Derrida* (pp. 93-112). Chicago & London: The University of Chicago Press.

OUP. (1991). *The compact Oxford English dictionary.* Oxford: Oxford Universtiy Press.

Paneth, E. (1957). *An investigation into conference interpreting (with special reference to the training of interpreters).* Unpublished MA thesis, University of London.

Passin, H. (1982). Kunihiro Masao—In Admiration. ハバート・パッシン「國弘正雄——敬意をこめて」『國弘正雄自選集1 異文化のかけ橋として』(pp. 263-267). 日本英語教育協会.

Personal Narratives Group. (1989). Truths. In Personal Narratives Group (Eds.), *Interpreting women's lives: Feminist theory and personal narratives.* (pp. 261-264). Indianapolis: Indiana University Press.

Petersen, M. (2003). マーク・ピーターセン『英語の壁 (*The English barrier*)』文藝春秋.

Phelan, M. (2001). *The interpreter's resource.* Clevedon, Buffalo, Toronto, Sydney: Multilingual Matters.

Pinter (Kurz), I. (1969). *Der Einfluß der Übung und Konzentration auf simultanes Sprechen und Hören.* Unpublished doctoral dissertation, University of Vienna.

Pinkerton, Y. (1996). 「通訳者には編集が許されるか——日本とオーストラ

リアの通訳原理の比較」.『通訳理論研究』第6巻第2号, pp. 4-15.

Plummer, K. (2001). *Documents of life 2: An invitation to a critical humanism.* London, Thousand Oaks, New Delhi: Sage.

Pöchhacker, F. (1998). Unity in diversity: The case of interpreting studies. In M. Cronin, L. Bowker, D. Kenny & J. Pearson (Eds.), *Unity in diversity? Current trends in translation studies* (pp. 169-176). Manchester, U. K.: St. Jerome.

Pöchhacker, F., & Shlesinger, M. (2002). *The interpreting studies reader.* London & New York: Routledge.

Pöchhacker, F. (2004). *Introducing interpreting studies.* London & New York: Routledge.

Portelli, A. (1997). *The battle of Valle Giulia: Oral history and the art of dialogue.* Madison: University of Wisconsin Press.

Poyatos, F. (Ed.). (1997). *Nonverbal communication and translation.* Amsterdam/Philadelphia: John Benjamins.

Pym, A. (2001). The return to ethics in translation studies. *The Translator: Studies in Intercultural Communication, 7* (2 Special Issue: The Return to Ethics), 129-138.

Reischauer, E. O. (1982). Le mot juste. 國弘正雄（編）『國弘正雄自選集 6巻』(pp. 289-293). 日本英語教育協会.

ライシャワー, エドウィン・O. & ライシャワー, ハル (2003).『ライシャワー大使日録』講談社学術文庫.

Reston, J. (1975, August 8, Friday). Hiroshima plus thirty. *THE NEW YORK TIMES,* p. 27.

Richardson, L. (1990). *Writing strategies: Reaching diverse audiences.* London: Sage.

Ricœur, P. (1991). *From text to action: Essays in hermeneutics, II* (K. Blamee & J. B. Thompson, Trans.). Evanston, IL: Northwestern University Press.

Riessman, C. K. (1993). *Narrative analysis.* Newbury Park, London, New Delhi: Sage.

Roberts, R., Carr, S. E., Abraham, D., & Dufour, A. (Eds.). (2000). *The critical link 2: Interpreters in the community.* Amsterdam/Philadelphia: John Benjamins.

Roditi, E. (1982). Interpreting: Its history in a netshell. *National Resource Center for Translation and Interpretation Outreach Paper.*

Roditi, E. (1978). How I became a conference interpreter [videotape]. Washington DC: Georgetown University.

Roland, R. A. (1999). *Interpreters as diplomats: A diplomatic history of the role of interpreters in world politics.* Ottawa: University of Ottawa Press.

Roy, C. B. (1993). A sociological analysis of the interpreter's role in simultaneous talk. *Multilingua,* 12 (4), 341-363.

斎藤兆史 (2001).『英語襲来と日本人』講談社.

坂本俊生 (1991).「トークと社会関係」. 安川一編『ゴフマン世界の再構成——共在の技法と秩序』所収 (2000, pp. 102-128). 世界思想社.

桜井厚 (2002).『インタビューの社会学——ライフストーリーの聞き方』せりか書房.

Samovar, L. A., Porter, R. E. & Jain, N. C. (1981). *Understanding intercultural communicaiton.* Belmont, CA: Wadsworth.

Sapir, E. (1921). *Language: An introduction to the study of speech.* Orlando, FL: Harcourt Brace.

Schaller, M. (2001). The United States, Japan, and China at fifty. In A. Iriye & R. A. Wampler (Eds.), *Partnership: The United States and Japan 1951-2001* (pp. 33-61). Tokyo, New York, London: Kodansha International.

Schleiermacher, F. (1992). On the different methods of translating. In R. Schulte & J. Biguenet (Eds.), *Theories of translation: An anthology of essays from Dryden to Derrida* (pp. 36-54). Chicago & London: The University of Chicago Press.

Schulte, R., & Biguenet, J. (Eds.). (1992). *Theories of translation: An anthology of essays from Dryden to Derrida.* Chicago & London: The University of Chicago Press.

Searle, J. R. (1969). *Speech acts.* Cambridge: Cambridge University Press.

Seleskovitch, D. (1978). *Interpreting for international conferences* (S. M. Dailey & E. N. McMillan, Trans.), Washington DC: Pen & Booth.

Semizu, Y. (2001). Oranda tsuji and the Sidotti incident: An interview with an Italian missionary by a Confucian scholar in eighteenth-century Japan. In I. Mason (Ed.), *Triadic exchanges: Studies in dialogue interpreting* (pp. 131-145). Manchester, UK & Northampton MA: St. Jerome.

Setton, R. (1999). *Simultaneous interpretation: A cognitive-pragmatic analysis.* Amsterdam/Philadelphia: John Benjamins.

Shlesinger, M. (1989). Extending the theory of translation to interpretation: Norms as a case in point. *Target, 1* (1), 111-115.

Simeoni, D. (1998). The pivotal status of the translator's habitus. *Target, 10* (1), 1-39.

Snell-Hornby, M. (1988). *Translation studies: An integrated approach.* Amsterdam/Philadelphia: John Benjamins.

Snell-Hornby, M., Jettmarova, Z., & Kaindl, K. (Eds.). (1997). *Translation as intercultural communication.* Amsterdam/Philadelphia: John Benjamins.

Snell-Hornby, M., Pöchhacker, F., & Kaindl, K. (Eds.). (1994). *Translation studies: An interdiscipline.* Amsterdam/Philadelphia: John Benjamins.

Steiner, G. (1975/1998). *After Babel: Aspects of language and translation* (3rd ed.). Oxford, New York: Oxford University Press.

玉井健（2005).『シャドーイングの効果に関する研究』風間書房.

Thompson, P. (1978/2000). *The voice of the past: Oral history* (3rd ed.). Oxford & New York: Oxford University Press. 酒井順子（訳）(2002). ポール・トンプソン『記憶から歴史へ——オーラル・ヒストリーの世界』青木書店.

鳥飼玖美子（2002).『TOEFL テスト・TOEIC テストと日本人の英語力』講談社.

鳥飼玖美子（2004).「アメリカン・ウェイ・オブ・コミュニケーション」. 小田, 柏木, 巽, 能登路, 松尾, 吉見編『事典 現代のアメリカ』(pp. 812-820). 大修館.

Torikai, K. (2005). The challenge of language and communication in twenty-first century Japan. *Japanese Studies, 25* (3), 249-256.

鳥飼玖美子（2006).『危うし！ 小学校英語』文藝春秋.

鳥飼玖美子（2001/2004).『歴史をかえた誤訳』新潮社.

鳥飼玖美子（2005).「通訳における異文化コミュニケーション学」. 井出祥子・平賀正子（編）『講座社会言語科学 1 異文化とコミュニケーション』所収（pp. 24-39). ひつじ書房.

Torikai, K. (2006). Mapping the intercultural field in Japan: Possibilities and potentials. *Journal of Intercultural Communication,* 2006 (9), 21-31.

Toury, G. (1995). *Descriptive translation studies—and beyond.* Amsterdam &

Philadelphia : John Benjamins.

Trevelyan, H. (1973). *Diplomatic channels.*. London : Macmillan. United Nations.

Trompenaars, F., & Hampton-Turner, C. (1997). *Riding the waves of culture.* London : Nicholas Brearley.

Tylor, E. B. (1871/1958). *Primitive culture.* New York : Harper.

Tymoczko, M., & Gentzler, E. (Eds.). (2002). *Translation and power.* Amherst & Boston : University of Massachusetts Press.

宇都宮京子 (1999).「ブルデューにおける「象徴性」と「ハビトゥス」」. P. ブルデュー社会学研究会 (編)『象徴的支配の社会学――ブルデューの認識と実践』所収 (pp. 49-76). 恒星社厚生閣.

Venuti, L. (1995). *The translator's invisibility : A history of translation.* London & New York : Routledge.

Venuti, L. (1998). *The scandals of translation : Towards an ethics of difference.* London & New York : Routledge.

Venuti, L. (2000/2004). Translation, community, utopia. In L. Venuti (Ed.), *The translation studies reader* (2nd. ed., pp. 482-502). New York & London : Routledge.

Venuti, L. (Ed.). (2000/2004). *The translation studies reader* (2nd. ed.). New York & London : Routledge.

Venuti, L. (2005). Translating humor : Equivalence, compensation, discourse, *2nd Annuat Meeting of Rikkyo Intercultural Communication Society* (*RICS*).
鳥飼玖美子 (訳) (2006).「ユーモアを訳す――等価・補償・ディスコース」.『異文化コミュニケーション論集』(立教大学大学院異文化コミュニケーション研究科) (4), 7-22.

Vermeer, H. J. (2004). Skopos and commission in translational action (A. Chesterman, Trans.). In L. Venuti (Ed.), *The translation studies reader* (2nd ed., pp. 227-238). New York & London : Routledge.

Visson, L. (2005). Simultaneous interpretation : Language and cultural difference. In S. Bermann & M. Wood (Eds.), *Nation, language, and the ethics of translation* (pp. 51-64). Princeton & Oxford : Princeton University Press.

Wadensjö, C. (1993). The double role of a dialogue interpreter. *Perspectives : Studies in Translatology.*

Wadensjö, C. (1998). *Interpreting as interaction.* London & New York : Addison

Wesley Longman.

Wadensjö, C. (2001). In terpreting in crisis. In I. Mason (Ed.), *Triadic exchanges : Studies in dialogue interpreting* (pp. 71-85). Manchester, UK & Northampton MA : St. Jerome.

Wakabayashi, J. (2005). Translation in the East Asian cultural sphere : Shared roots, divergent paths ? In E. Hung & J. Wakabayashi (Eds.), *Asian translation traditions* (pp. 17-61). Manchester, UK & Northampton MA : St. Jerome.

渡部富枝 (1998).「東京裁判の通訳研究――東條英機証言を通じて」.『通訳理論研究』(通訳理論研究会) 14 (2), 104-113.

Webb, E. J., Campbell, D. T., Schwartz, R. D., & Sechrest, L. (1966). *Unobtrusive measures : Non-reactive research in the social sciences.* Chicago : Rand McNally.

Weintein, M. E. (1991). The impact of trade problems on US-Japan security cooperation. In T. Mason & M. Abdul (Eds.), *US-JAPAN trade friction* (pp. 88-104). MacMillan.

Whorf, B. L. (1956). Language, thought and reality. In J. Carroll (Ed.), *Language, thought and reality.* Cambridge, MA : MIT Press.

山口誠 (2001).『英語講座の誕生』講談社.

山本博之 (2006 年 1 月 24 日).「押味貴之さん「医療通訳育成に取り組む医師」」. 朝日新聞, 14 版・総合面, p. 2.

柳父章 (1982).『翻訳語成立事情』岩波書店.

柳父章 (1998).『翻訳語を読む』丸山学芸図書.